인물과 근대 중국

위기·이탈·회귀

저자 章開沅장개원

浙江 吳興人. 南京 金陵대학 역사과를 졸업하고 1951년부터 華中師範大學校에서 교수, 중국근대사연구소소장, 총장 등을 역임하였으며, 미국 프린스턴대학 역사과 객좌연구원, 臺灣 政治大學 역사연구소 객좌연구교수 등을 거쳐 현재 華中師範大學近代史研究所 교수로 재직중이다. 주요 업적으로는 『辛亥革命與近代社會』, 『開拓者的足跡-張謇傳稿』, 『湖北通史』, 『南京大屠殺的歷史見證』 등 저서 이외에 다수의 논문이 있다.

옮긴이 孫承會손승회

서울대학교를 졸업하고 동대학원에서 석사 박사학위를 받았다. 현재 영남대학교 문과대 사학과 교수로 재직중이다. 주요 논저로는 『一九二0年代的中國』(공저), 「萬寶山事件과 中國共産黨」, 「淸末民初 河南 치안조직의 성립과 그 성격」, 「20세기 초 중국의 土匪隱語[黑話]와 土匪文化」 등이 있고, 역서 『민족으로부터 역사를 구출하기-근대중국의 새로운 해석』(공역)이 있다.

인물과 근대 중국

초판 인쇄 2008년 2월 15일 | **초판 발행** 2008년 2월 22일

지은이 장개원 | **옮긴이** 손승회 | **펴낸이** 우동기 | **펴낸곳** 영남대학교출판부 | **디자인** GukjeAD

출판등록 1975년 9월 5일 경산 제16-1호 | **주소** 경북 경산시 대동 214-1
전화 053) 810-1801~3 | **FAX** 053) 810-4722 | **홈페이지** book.yu.ac.kr

ISBN 978-89-7581-342-9 93910

• 값은 표지 뒷면에 있습니다.
• 잘못 만들어진 책은 바꾸어 드립니다.

인물과 근대 중국

위기·이탈·회귀

章開沅 장개원 지음
孫承會 손승회 옮김

영남대학교출판부

저자 서문

이탈離脫과 회귀回歸는 인류 문화사에서 교대로 혹은 동시에 발생하는 두 가지의 경향성으로서, 문화사 연구에 있어 큰 매력을 지닌 중요한 과제이다. 특히 전통 사회에서 근대 자본주의 사회로 전환되는 시점에서, 새로운 제도를 창출하려는 선구적 사상가들은 전통 문화에 대해 이탈과 회귀라는 두 경향성을 소유하였다. 가장 먼저 자본주의를 발달시킨 서구 유럽은 하나의 전형을 제시하였다. 여기서의 이탈은 천여 년에 걸쳐 지속된 암흑기 중세에 대한 비판과 결별이며, 회귀란 주로 그리스, 로마 고대 문명에서 인문주의적 역량의 원천을 찾는 것으로 표현되었다. 이것은 시간상의 거리를 뛰어넘는 이탈과 회귀라 할 수 있다. 장기간에 걸쳐 중세의 낙후 상태에 깊이 빠져있던 동양 또한 하나의 전형을 제시하였다. 여기서의 이탈은 먼저 서양 근대 문명을 향한 모방 학습과 조급한 접근으로 표현되었다. 그리고 회귀란 대체로 전통 문화 가운데에서 민족 주체 의식을 추구함으로써, 선진 외국 문명에 의한 동화를 회피하려는 방식으로 나타났다. 이는 공간상의 거리를 뛰어넘는 이탈과 회귀라 할 수 있다.

동양이 서양의 근대 문명으로 다가서기 위해 자신의 전통 문화에 대해 결별의 태도를 취한 것은 전체적으로 볼 때 진보적인 역사 흐름이라 할 수 있다. 그러나 강자와 약자, 빈자와 부자 사이의 차이가 더욱 분명해졌고, 자신감을 상실한 민족 자괴감이나 전면 서화주의西化主義, 민족 허무주의 등이 쉽게 나타났다. 그렇지만 전통 문화로의 회귀를 둘러싼 상황은 매우 복잡하였다. 완고파는 수구적 복고주의를 내세우며 새로운 조류에 대항하였는데, 여기에는 시대 역행의 경향성이 자연스럽게 드러났다. 새로운 제도를 창출하고자 노력하는 선구적 사상가들 역시 종종 전통 문화로 회귀하였는데, 이는 독립적 민족 정신이 상실될까 걱정하였기 때문이었다. 즉 서양 문화에 의해 동양의 민족 문화가 완전히 정복되어 동화되지 않도록 하기 위해서였다. 이러한 회귀는 합리적이며 또 필요했기 때문에 그 만큼 긍정적인 요소를 자연스럽게 내포하였다. 그러나 과거의 전통이 오랫동안 깊이 뿌리내리고 있었고 타성 또한 컸기 때문에, 제한적으로 밖에 이탈할 수 없었던 새로운 사회 역량은 쉽게 회귀하여 복고로 돌아서고 말았다. 결국 동서 문화의 교류 과정 가운데 이탈과 회귀 모두에는 적당한 정도가 필요하다. 다시 말해 이탈하되 근본을 잃어서는 안 되고, 회귀하되 다시 과거로 돌아갈 수는 없는 것이다.

본서는 근대 문명을 향한 중국의 역정 가운데 나타났던 이탈과 회귀라는 두 추세에 대해 깊이 있게 다루고자 한다. 그 목적은 문화 교류의 역학이라는 각도에서 전통 문화와 근대화의 관계를 검토하는 데에 있다. 이것은 매우 어려운 과제이며, 저자의 현재 수준과 시간, 정력 등을 고려해 볼 때 전면적이고 계통적이며 심도 있는 분석을 진행하기는 매우 어렵다. 다만 이후 보다 발전된 연구를 위한 디딤돌로서 문제를 제기하여 모두의 관심을 환기시키며 더 많은 학자들이 이 과제에 대해 공동 연구를 하도록 촉구하고, 사람들이 믿고 따를 수 있는 과학적 해답을 찾는 데 기여하고자 할 뿐이다.

더 많은 독자들의 편의를 위해 특히 역사학을 전공하지 않은 독자들이 우리 과제의 의미를 이해할 수 있도록 하기 위하여, 이하에서는 청조清朝 말기 처음으로 여성 외국 유학기를 쓴 단사리單士厘에서 시작하고자 한다.

차례

제1장

청말의 여걸

청말의 여걸하면 독자들 대부분은 바로 추근秋瑾을 떠올리겠지만, 그보다는 절강浙江 출신의 또 다른 여성 단사리單士厘가 더욱 홍미를 끈다.

단사리(1856-1943)는 소산蕭山 사람으로, 추근의 고향 소흥紹興에서 멀지 않은 곳에서 태어났다. 단사리는 추근에 비해 20년 정도 일찍 태어났지만, 그녀보다 4년 빨리 출국했다. 전통 학문을 배경으로 성장한 둘은 성격과 경력 그리고 결과에 있어서 큰 차이를 보였다. 단사리는 추근과 같은 영웅적 기개와 의협심을 소유하지는 않았다. 그녀는 혁명에 직접 참가하지 않았으며 피 흘리는 희생과도 별 관계가 없었다. 그러나 그녀는 동양 여성 특유의 영민함과 섬세함을 갖고 외부 세계에 대해 진지하게 관찰하여 소개하였으며, 고리타분한 전통과 결별하고 서양 문화로 경사하는 과정에서 매우 침착하고 신중하면서도 용기 있는 모습을 보여주었다. 그 결과 그녀는 근대 문명을 향한 중국의 역정 가운데 자신의 선명한 족적을 남길 수 있었다.

단사리의 남편 전순錢恂(1853－1927, 저명한 문학가 전현동錢玄同의 맏형이며 저명한 과학자 전삼강錢三强의 백부伯父)은 청말 외교관으로서 풍부한 학식과 개명 사상을 지녔고, 일본, 러시아, 네덜란드, 이탈리아 등지를 방문하였다. 1899년 단사리가 두 명의 아이를 데리고 전순이 근무하던 일본으로 건너간 것이 그녀의 첫 번째 출국이었다. 그녀는 "1900년, 1901년, 1902년에 일 년에 한 번 내지 두 번씩 일본에 갔다. 빈번하게 다니고 또 오래 거주하게 되자 일본이 마치 고향같이 느껴졌다"[1]고 하였다. 1903년 그녀는 다시 남편을 따라 시베리아 철도를 이용해 80일 동안 유라시아를 여행하고, "3만 수천 자의 글로 2만 수천 리의 여정을 기록하여" 『계묘여행기癸卯旅行記』라는 제목의 여행기를 출간하였다. 그녀는 다년간에 걸쳐 열심히 수학하고 널리 익힌 결과 안목이 커졌을 뿐만 아니라, 학문 또한 크게 진보하여, 일본어의 경우 듣기, 말하기, 읽기, 번역하기 등 4가지 모두가 가능한 수준에 이르렀고, 유럽의 근대 언어와 고대 라틴어, 희랍어까지 구사할 수 있게 되었다. 또한 서양의 문화, 예술에 대해서도 해박한 지식을 지녔기 때문에 청말 여성 지식계의 백미라 할 만 하였다.

그런데 이상과 같은 단사리의 생애와 경력을 소개하는 것만으로는 충분한 것 같지 않다. 오히려 그녀가 깊은 규방에서 넓은 세계로 나온 이후 나타난 심리상의 극적 변화를 검토하는 것이 더 흥미로워 보인다. 당연히 변화는 여러 층위에서 이루어졌고 그 내용은 극히 풍부하고 다채로웠지만, 여기서는 두 가지의 예를 통해 그 변화의 양상을 분석해보도록 하겠다.

하나는 거주 환경에 대한 청결, 위생 관념의 변화였다. 1903년 봄 단사리는 출국하기 전 배편이 연착되어 상해上海 여관에서 며칠 머문 적이 있었다. 이 당시 그녀는 국외에서 생활한지 이미 오래되어 중국의 거주 환경에 잘 적응하지 못했다. 먼저 진승잔晋升棧에 머물렀는데 이불과 세면도구까지 여행객이 직접 준비해야 했고, 후에 옮긴 복흥잔福興棧은 비록 진승잔과 비교해 청결했지만 "번잡하기는 마찬가지였다." 단사리는 이에 탄식하여 "중국의 여관 가운데 숙박할 만한 곳이 한 군데도 없다", "한번 중국의 땅을 밟을 때마다 오히려 불편함이 더욱 많아지니 이는 정말 웃기는 일이다"[2]라고 하였다.

다른 하나는 학교 교육에 대한 관념의 변화였다. 전순은 1897년 최초로 일본으로 유학할 것을 제창하였다. 솔선하여 동생 유릉幼楞을 먼저 일본에 유학시키고, 이어 계속해서 아들, 사위, 며느리 등을 일본으로 데려가 유학시켰다. 이에 대해 단사리는 1903년 4월 17일의 일기에서 다음과 같이 썼다. "우리 집안에서 일본에 유학한 남녀 학생 4명 모두는 완전한 자비 유학생이었다. 남편은 학교의 선택이나 학비 마련 등 모두에 대해 혼자 고민하여 결정하였다. 딸은 우리 집안의 첫째였기 때문에 말할 필요도 없고, 두 아들 모두 이미 초등학교 6학년을 마쳤기 때문에 중학교 1학년, 2학년에 각각 진학하였다. 제3자는 중국인 가정 내에서 이렇게 순서에 따라 아이들이 교육받을 수 있다는 사실을 이해하기 힘들 것이다... 나는 취학할 만한 곳이 없었기 때문에 어쩔 수 없이 자식들에게 도움을 받아 배워야 했는데 이는 정말 서글픈 일이었다."[3]

시서에 능하고 전통 문화의 영향을 강하게 받고 자란 명문가 출신의 여인이 출국한지 사오 년만에 돌아와 조국에 기거할 만한 여관도 하나 없고, 자녀들을 보낼 만한 학교도 하나 없다고 한탄하였던 것이다. 당시 그녀의 이러한 말은 세상을 놀라게 하기에 충분했다.

비록 그녀가 격분한 나머지 그 표현이 극단적이기는 하였지만, 이러한 생각은 그녀만의 것은 아니었고, 당시 수많은 선진 중국인의 공통된 것이었다. 당시의 상황은 1906년 일본인 아오야기 아츠츠네青柳篤恒이 묘사한 다음과 같은 모습이었다. "이 때에 학생들은 서로 모여 "우향우右向右" 하는 명령이 있으면 일제히 발맞추어 중국 학교를 떠나 천리 길을 마다않고 일본으로 건너왔는데, 북으로는 천진天津에서 남으로는 상해로부터 조수처럼 밀려들어 왔다. 편리한 배편을 만날 때면 다투어 달려들어 배는 항상 유학생들로 가득 찼다. 일본으로 가려는 중국 유학생은 마음이 매우 조급하여, 동경東京 내 학교의 학기 또는 학년과 입학 상황 등을 제대로 따지지 않았고, 중도 입학이 거부될 수 있다는 상황도 고려하지 않았다. 분초를 다투며 빨리 동경에 도달하고자 애썼는데 이것이 바로 당시 유학 열기의 실제 모습이었다."[4] 이것은 근대 중국에 있어 첫 번째의 출국 열기를 보여주는 것으로, 규모와 영향력의 측면에서 이전에 볼 수 없었던 일이었다. 중국 유학생은 일본을 서방 문화로 통하는 교량으로 간주했고, 어떤 일본인들은 이러한 조류를 하나의 '기운' 으로 여겼다. 역사적으로 그다지 유명하지 않았던 단사리는 이러한 유행을 개창한 선구자 가운데 하나였다.

단사리는 서구 문화의 영향을 받아 사상, 심리의 측면에서 뿐만 아니라 사회 활동 분야에서도 변화된 모습을 보여 주었다. 그녀는 중국 전통의 '정삭正朔' 관념에 반대하였다. 그녀는 전국적인 양력 사용을 통해 정치, 재정, 경제, 학교, 병역, 사법 등 각 방면에 걸쳐 '동일한 효과' 를 거둬야 한다고 주장하였다. 그녀는 다른 사람의 의견에 구애받지 않고 솔선하여 "집안에서 양력을 사용함으로써 많은 편리함을 얻었다." 그녀는 전족纏足을 하는 악습에도 반대하면서, 부녀자도 사회 활동에 참여하여 남성과 같이 당당하게 자신을 드러내야 한다고 주장하였다. 풍속 개화를 몸으로 실천하기 위해 그녀는 직접 며느리를 데리고 "큰 비를 무릅쓰고 조밀하게 몰려있는 대중들 사이를 비집고 활보하며" 몇 리 떨어진 외삼촌의 집으로 걸어가 "고향 부녀들에게 영향을 주기도 하였다." 또한 그녀는 전국의 부녀자들과 서로 격려하였고, " '잘못된 풍속을 바로 잡는 데에 약이 급히 필요하다, 현재 부지런히 배워야 한다, (영국인은 19세기를 부녀자의 세기라고 주장했지만, 20세기 현재 중국 여인들은 여전히 자신의 능력을 발휘하지 못하고 있다 : 원저자 주) 때를 놓쳐서는 안 된다' 고 깊은 규방의 여인들에게 말했다."[5] 조용하고 단아한 그녀의 언행 속에는 고루한 전통에 대한 용감한 도전 정신이 내포되어 있었던 것이다.

전통 문화 속에서 오랫동안 생활해 왔던 단사리가 단지 몇 년 사이에 이렇게 크게 변화할 수 있었던 것은 무엇 때문인가? 또한 이 현숙하고 연약한 여성이 여전히 맹위를 떨치고 있던 구 전통과 과감하게 결별하고 공개적으로 서구 근대 문명에 대한 흠모의 태도를 표명할 수 있었던 것은 무엇 때문이었을까?

여기에는 확실히 일종의 힘, 즉 전통 문화로부터 이탈하려는 무형의 힘이 존재하였다. 영국 역사가 토인비의 표현을 빈다면 '이탈 의지離脫意志' 라 칭할 수도 있겠다.

토인비에 따르면, 하나의 문명이 생성 발전하는 시기에는 그 왕성한 창조력 때문에 문명 자신의 내부와 외부 그리고 사람들의 마음에는 자발적인 '귀부심리歸附心理' 가 나타난다. 그러나 그 문명이 창조력을 점차 상실해 갈 경우(토인비는 이를 '병에 걸린 문명' 이라 칭했다) 일부 민중은 소수 통치자의 '압박 의식' 에 도전하게 되고, 일종의 '이탈 의지' 가 만들어진다. 토인비는 철학적 용어로 두 의지 사이에 지속적으로 존재하는 모순의 발전을 묘사하였다. 즉 과거의 '친체親體' 문명이 점차 멸망으로 향해가고 새로운 '자체子體' 문명이 충분한 역량을 지닌 '이탈'('친체'로부터의 이탈) 과정에서 탄생한다고 서술하였다. 그는 "문명이 변화를 시작한 때부터 끝맺을 때까지, 우리는 정신적 차원에서의 극적 변화를 볼 수 있다. 우주의 생명이 가을의 정체 상태에서 겨울의 고통을 거쳐 다시 봄날의 비등하는 생명력까지 발달해 가는 창조적 재현 과정이 바로 그것이다"[6]라고 했다.

필자는 이러한 '이탈 의지'를 '이탈'이라 정하여 문명 과정 가운데 하나의 큰 힘을 지닌 추세로서 일종의 문명력 운동이라 규정하고자 한다. 이 운동 가운데에는 심리적, 의지적 요소가 충만해 있지만 간단하게 개인의 머리와 마음에서는 그 궁극적 원인을 찾기 어렵기 때문에 전체 사회의 역사 환경 가운데에서 고찰해야만 한다.

전 세계 문명사에 있어 이탈 현상은 대체로 두 가지 유형으로 구분할 수 있다. 하나는 새로운 사회 제도가 구 사회 모체로부터 잉태되고, 새로운 사회 역량과 새로운 사회 실천이 과거의 전통 문명과 격렬하게 충돌하여 새로운 '자체' 문명이 과거의 '친체' 문명의 질곡에서 벗어나 왕성한 생명력과 창조력을 갖고 탄생하는 것이다. 이러한 이탈의 원동력은 본질적으로 사회의 내부에서 비롯된다. 또 다른 이탈의 원동력은 본질적으로 사회의 외부로부터 온다. 낙후된 문명과 선진 문명이 접촉할 때, 낙후된 문명은 선진 문명에 의해 동화되어 소멸되어 버리거나, 외래 선진 문명의 강력한 흡인력 때문에 내부로부터 발생 강화되어 가는 이탈의 추세는 새로운 '자체' 문명의 탄생 속도를 더욱 가속화시킨다. 근대 세계를 살펴볼 때 구 문명에 대해서 서구 각국의 신 문명이 보여준 이탈은 대부분 전자의 유형에 속했고, 동양 각국의 경우는 일반적으로 후자에 속했다. 이는 서구 제국이 비교적 빠르게 근대 공업화의 길에 들어섰고,

17–18세기 이후 서양과 동양의 차이가 더욱 커졌기 때문이었다. 물이 높은 곳에서 낮은 곳으로 흐르는 것과는 반대로, 다양한 문명의 접촉 과정에서 인류의 문명은 모두 저급한 상태에서 고급한 상태로 옮겨갔고, 그 차이가 크면 클수록 흡인력도 더욱 컸다. 근대 동서 문명의 교류와 충돌의 과정에서 동양은 대부분 전통 문명으로부터 이탈하여 서양 근대 문명을 따라가는 경향을 드러내었다. 이것은 근대 자본가 계급 문명 발전의 전체 골격인 '서학동점西學東漸' 즉 '서양 문명의 동양 침투' 현상을 반영한 것이었다.

단사리의 관념과 심태의 변화는 이러한 '서학동점' 이라는 큰 흐름 가운데의 물 한 방울에 불과했지만, 우리는 이 한 방울의 물을 통해 당시의 세계 전체를 바라 볼 수 있는 것이다.

제2장

모범으로서의 러시아와 일본

넓은 의미에서 볼 때 동방 국가에는 유럽과 아시아에 걸쳐있는 러시아도 포함된다. 러시아는 유럽과 아시아에 걸쳐 있기 때문에 동방의 여러 나라 가운데 가장 먼저 서구 근대 문명의 충격과 영향을 받았다. 19세기 중엽 이후 마르크스주의가 빠르게 전래되고, 10월 혁명이 성공하여 세계 최초의 사회주의 국가가 러시아에서 건립될 수 있었던 데에는 이러한 지리적 조건과 어느 정도 관계가 있다.

러시아는 18세기 19세기까지 야만적이고 낙후된 농노제 국가였다. 역대의 짜르 대부분은 우매하고 무지하여 폭정을 일삼았으며, 그 주변의 귀족 대신들 역시 재물을 탐하고 악행을 저지르는 앞잡이에 불과하였다. 농노의 생활은 극히 빈곤하고 비참하였으며, 조금만 반항해도 수백 수천의 태형이 가해지는 등 가혹한 처벌을 받아 생명조차 보존하기 힘들었다. 체르니세프스키Nikolai Gavrilovich Chernyshevski(1828—1889)의 소설 『서막

序幕』에 나오는 것처럼 러시아인들은 "가련한 민족, 노예 같은 민족으로, 위 아래 할 것 없이 모두 노예였다." 하지만 서구 근대 문명의 조류가 발트 해를 거쳐 밀려 들어와 광활하고 부패한 러시아에 충격을 주기 시작하였다. 러시아는 식량 수출과 모직물, 제지 등의 수입을 통해 서구와 연결되었다. 피터 대제Pyotr I(1672－1725)의 상트페테르부르크 천도는 서구 문명으로의 방향 전환을 보여주는 상징적 사건이었다. 그는 수염을 자르고 풍속을 바꿨으며, 서구(특히 영국)를 모델로 정치, 경제, 문화 각 방면에 걸친 광범위한 개혁을 단행하였다. 18세기 중엽 이후 러시아에는 자유주의 귀족을 주축으로 하는 소위 서방파가 출현하였다. 서방파는 영국을 모델로 부르주아 개혁을 실행하고 군주 입헌제를 실행해야 한다고 생각하여, 전면적인 서구화를 주장하였다. 심지어 그들은 "모든 민족 가운데 러시아인들만이 세계에 대해 아무런 공헌을 하지 못했고, 러시아인들 또한 이들 세계로부터 아무 것도 배우지 못했다... 인류 정신의 진보를 위해 어떠한 공헌도 하지 못한 러시아인들은 결국 지금까지 세계를 오염시켜 왔다" 고까지 생각하였다.(피터 차다예프Pyotr Chaadaev(1794－1856))

이러한 극단적 논조는 이미 민족 허무주의에 근접한 것이지만, 민족 자신감을 상실한 비관적 실망은 결코 아니었다. 다만 동서 문명의 차이가 너무 크게 벌어졌다는 사실을 심각히 자각하고, 러시아가 서유럽을 빨리 좇아 가야한다는 것을 강조하는 의미였다. 이와 유사한 표현은 벨린스키Vissarion Grigor′evich Belinskii(1811－1848)가 고골리Nikolai Vasil′evich Gogol′(1809－1852)에게 보냈던 편지에서도 어렵지 않게 발견할 수 있다. 벨린스키는 풍자 문학가인 고골리의 작품을 적극적으로 평가하였다. 특히 그가 전제적 압박, 가혹한 관리의 폭정, 농노주의 방탕한 생활 등 당시 러시아의 문제점을 철저하게 폭로한 점에 대해 높이 평가했다. 몹시 홍분한 벨린스키는 조국의 암담한 현실에 대해 다음과 같이 지적하였다. "이 나라는 끔직한 모습을 지녔다. 이 나라에서 인신매매할 때, 미국의 농장주와 같이 교활하게 이런 저런 이유를 들어 흑인은 사람이 아니라고 강변할 필요가 없다... 이 나라에서는 개성, 명예, 재산 등은 아무런 보장을 받을 수 없고 심지어 치안조차 제대로 유지되지 않아, 관과 결탁한 대규모 도적과 약탈자들만이 존재할 뿐이다." 이렇듯 자기 민족의 추악한 모습을 드러내는 것이 단순히 서양을 숭배하는 사상이나 터무니없는 자기 비하에서 비롯된 것은 결코 아니었다. 그것은 확실히 진심어린 애국주의에서 비롯되었거나 자기 민족이 시대에 낙후되어 있다는 진정한 자각에서 이루어진 것이었다. 이는 지극한 사랑과 처절한 책망의 표현이며 과거 전통 가운데 부패한 부분과의 철저한 결별을 의미하였고, 자기 민족이 조속히 그리고 진정으로 근대 문명을 창조하기를 바라는 표현이었다. 따라서 레닌Vladimir Ilich Ulyanov(1870−1924)은 「대러시아인의 민족적 긍지를 논함」에서 위와 같은 주장이 편파적이었다고 비판하지 않았을 뿐 아니라 오히려 다음과 같이 격정적으로 찬양하였다. "대러시아인 가운데 공개 또는 비공개 노예(짜르제 하의 노예)들은 그의 말을 상기하고 싶지 않겠지만, 우리는 그것이 대러시아 민중의 혁명성 결핍을 한탄하며 또 조국에 대한 진정하고 또 열렬한 사랑을 토로한 말이라고 생각한다."7)

이로써 러시아의 진보적 조류는 부패한 전통으로부터 이탈하기 시작하였다. 그리고 이러한 이탈이 나타난 이후 나로드니키, 혁명적 민주주의자, 마르크스주의자 등 수 세대의 노력을 통하여 마침내 러시아는 낡은 과거로부터 이탈하여 근대 문명의 길로 굳건하게 나아가게 되었다.

과거 전통으로부터 이탈하려는 일본의 흐름은 19세기 중엽 이후에 발생하였다. 이것은 러시아와 비교해 볼 때 100년 이상 뒤쳐진 것이었다.

러시아의 개혁 세력이 단지 자기 민족의 낡은 전통과의 결별을 주장했다면, 서구 근대 문명을 흠모하던 일본의 유신지사維新志士들은 더 나아가 아시아 전체의 낡은 전통에서 벗어나야 한다고 주장했다.

막부幕府가 통치했던 일본은 오랫동안 쇄국 정책을 실행하였다. 일본은 중국과 마찬가지로 외국 군함의 군사적 위협에 의해 강제적으로 문호를 개방하였다. 1853년 미국 동인도 함대 사령관 페리Matthew Calbraith Perry(1794-1858)는 단지 4척의 군함과 500명의 군인만을 이끌고 쉽게 강호만江戶(東京)灣으로 진입하였고, 그 다음 해 막부를 위협하여 『신내천조약新奈川條約』을 체결하였다. 그 후 러시아, 영국, 프랑스, 네덜란드 등 각국의 함대가 계속 침입해 오자 일본은 마침내 문호를 활짝 열었다. 당시의 상황을 한 중국 시인은 다음과 같이 묘사했다. "바닷물이 밀려와 베개까지 때리고 나니 다신 문 걸어 닫고 잠잘 수 없네. 일본 다리 밑 물은 런던의 하늘로 잇닿아 있구나."[8] 이제 시대에 뒤처졌던 일본도 신속하게 서구 자본주의 문명과 연결되어 갔다.

서구에 대한 일본의 개방은 중국보다 10년 늦었지만, 서구를 향한 학습의 속도는 중국보다 훨씬 빨랐다. 일찍이 1875년 유신 사상가 후쿠자와 유키치福澤諭吉(1834-1901)은 『문명론개략文明論槪略』에서 "일본은 중국에 비해 보다 쉽게 서양 문명을 섭취할 수 있다"[9]고 단언하였다. 여러 이유가 있겠지만 그 가운데 하나로 과거 일본이 외국 문화의 장점을 쉽게 흡수했던 역사적 전통을 꼽을 수 있다. 서구 근대 문명의 강력한 흡인력으로 인하여 일본은 "아시아를 벗어나 유럽으로 들어가겠다"[탈아입구脫亞入歐]고 결심하였다. 이때 일본의 진보 사상계는 중국의 지식인들보다 더 큰 결단과 용기를 보여주었다. 1854년 페리 함대가 다시 침입했을 때 "오랑캐를 몰아내자"는 목소리가 조정과 일반인 사이에서 높게 일어났지만, 유신 사상의 대표적 선구자 요시다 쇼인吉田松陰(1830−1859)은 사쿠마 쇼잔佐久間象山(1811−1864)과 몰래 미국 군함을 타고 출국하려다 발각되어 체포 투옥된 바 있었다. 1860년대 초에 이르면 사절단을 따라 구미로 유학하려는 일본인 수가 너무 많아 정부의 담당 관원도 "어떻게 대응해야 할 지 모르겠다"고 어려움을 토로할 정도였다. 반면 이로부터 10년 후 용굉容宏(1828−1912)은 청조의 명령에 따라 120명의 소년을 선발하여 유학을 보내려 했지만, 중국 내에서 만족할 만한 수의 학생을 모집하지 못해 홍콩의 영국인이 운영하는 학교로부터 인원을 보충해야 했다.

위원魏源(1794−1857)의 『해국도지海國圖志』가 1851년 중국 무역선을 통해 일본에 유입된 후, 1854년에서 1856년 사이에 일본에서는 20여 종의 판본이 출판되었다. 『해국도지』는 메이지明治 유신의 선구자들에게 커다란 영향을 끼쳤다고 할 수 있다. 그러나 일본의 근대 계몽 사상가들은 "오랑캐의 장기를 배워 그들을 제압한다"는 수준을 뛰어 넘었다. 중국의 선진 지식인들이 "중국의 윤리 도덕을 근본으로 삼고 여러 다른 나라의 부강 기술로써 보충한다"는 생각을 고수하고 있을 때, 후쿠자와 유키치는 『문명론개략』에서 이미 서구 문명과 동양 문명의 수준 차이를 총체적 시각에서 판별하였다. 그는 경제, 정치, 문화 발전의 정도에 근거하여 당시 세계 문명을 문명, 반개화, 야만 등 3개 단계로 구분하였다. 유럽 각국과 미국은 문명 국가에, 터키, 중국, 일본 등 아시아 국가는 반개화 국가에, 아프리카, 오세아니아 등은 야만 국가에 포함시켰다. 그는 아시아, 아프리카 각국이 진보하려면 반드시 유럽 문명을 목표이자 판단의 기준으로 정해야 한다고 했다. 그는 "외부의 문명은 취하기 쉽지만, 내부의 문명은 구하기 어렵다"는 매우 심오한 주장을 하였다. 그는 '국정國情', '시세時勢', '풍기風氣', '인심人心' 등 4가지가 결국 '문명 정신'이

된다고 하면서, "유럽과 아시아 두 대륙의 현재 모습이 큰 차이를 보이는 것은 바로 이 문명 정신 때문"[10]이라고 하였다. 그리고 이러한 문명 정신은 반드시 유럽에서 찾아야 하고 이것이 아시아 국가의 유일의 출로라고 보았다.

1885년 봄 후쿠자와 유키치는 『탈아론脫亞論』을 통해 명확히 다음과 같이 주장하였다. "일본은 주변 국가가 진보하여 일본과 함께 공동으로 동양을 부흥시키기를 앉아서 기다리기 보다는 차라리 주저 없이 동양의 대오에서 벗어나 서양의 여러 문명 국가와 진퇴를 같이 하는 편이 낫다." 이것이 소위 '탈아입구론脫亞入歐論' 인데, 일본이 이미 낙후된 동양 각국과 대오를 같이 하기 꺼려하고, 가능한 빠르게 서양 근대 문명권으로 진입하기를 갈망하고 있음을 잘 보여준다. 동시에 그는 공개적으로 "중국, 조선을 대할 때 인접 국가라 해서 특별히 고려해 줄 필요는 없고, 단지 서양인이 이들 국가를 상대하는 방식으로 대하면 된다"고 주장하였다. 이는 손문孫文(1866-1925)이 훗날 비난하였듯이, 일본이 국제 관계를 맺는 데에 있어 동양 전통의 왕도문화王道文化를 포기하고 새로운 서양의 패도문화覇道文化를 추종하며 심지어 서구 문화의 앞잡이가 되었음을 보여준다.

일본 계몽 사상가들에게 서양 세계는 지극한 선망의 대상이었다. '동양의 루소' 라고까지 평가받은 나카에 죠민中江兆民(1847-1901)조차도 영국의 세계 제패를 하나의 모범으로 받들었다. 그는 감탄하여 다음과 같이 말했다. "대국 인민과 소국 인민의 구별은 강토의 크고 작음에서 오는 것이 아니라, 그들의 기질과 포부의 크고 작음에서 비롯된다. 현재 영국의 영토는 저렇게 작지만 5대륙 도처에 식민지를 갖고 있으며, 그들의 행동 모두는 대국적 풍모를 띄고 있다. 이는 틀림없이 그들의 포부가 컸기 때문에 달성된 것이다. 아! 얼마나 강대한 국가인가!"[11] 일본은 섬나라로서, 거의 200년 동안 쇄국을 유지했지만, 넓은 국토도 없고 많은 인구도 없으며, 중국과 같이 "오랑캐와 중화를 구분하는" 지극히 완고한 자존심 또는 자만 의식도 없었다. 일본의 오만함은 너무 작위적이기 때문에 몹시 어색하며, 종종 내심의 자기 비하 심리와 허약함을 감추기 위해 의도된 것이기도 했다. 그러므로 메이지 유신 이후 구미 각국과의 교류가 많아지면서 서양의 상품이 제도, 문화, 풍속, 습관, 복장과 함께 밀려들어 오자, "일본의 고유 문화는 갑자기 사라져 버리고 나라 전체가 새로운 세계로 달려 나갔다."[12] 서구화의 속도가 비교적 빠른 것은 일본 조정과 민간의 심리 가운데 서구 문명을 받아들이고자 하는 힘이 컸기 때문이었다. 예컨대 1875년 이홍장李鴻章(1823－1901)과 일본의 주중국공사駐中國公使 모리 아리노리森有禮(1847－1889)는 중서 학문과 복식 문제에 관해 토론한 적이 있다. 모리 아리노리 공사는 공개적으로 서학이 "100% 유용하다면" 중학中學은 단지 "30%만 취할 만하다"고 했고, 나머지 70%는 구식이어서 불필요하다고 하였다. 이홍장은 일본의 복식 개량에 반대하면서 이는 조상의 법도를 위반한 것으로, "독립 정신을 포기하고, 서구 유럽의 지배를 받아들이는 것이며" 사람들에게 수치심을 갖게 할 수 있다고 주장하였다. 이에 대해 모리 아리노리는 떳떳하게 대답했다. 양복은 일을 하는 데에 편리하고 넓고, 시원스런 일본의 전통 복장은 한가하게 놀고먹는 사람들에게나 적당하니, 복식 개량은 열심히 일하고 부를 획득하기 위해 "과거의 것을 버리고 새로운 것을 취하는 것"이라 하였다. 그가 보기에 이것은 조금도 부끄러워할 것이 아니며, "일본인들은 이들 개혁에 대해 자부할 만하였다. 이들 변혁은 결코 외부의 힘에 의해 강압적으로 이루어진 것이 아니고 전적으로 일본 스스로의 결정에 의한 것이기 때문이었다. 마치 일본이 역사 이래 아시아, 미국을 비롯한 기타 모든 국가의 장점을 발견하면 바로 그것을 취하여 일본에 적용했던 것과 같았다." [13] 이상을 통해 보면, 일본인은 조상의 법도와 복식 등 전통 관념에 그다지 많이 구속받지 않았기 때문에 유럽 문명을 기준으로 하는 개혁에 대한 사회 심리적 거부감 역시 적었음을 알 수 있다.

흥미로운 것은 모리 아리노리 역시 후쿠자와 유키치가 지적한 "외부의 문명은 취하기 쉽지만, 내부의 문명은 구하기 어렵다"는 사실을 인식하고 있었다는 점이다. 그는 결코 복식 개량의 성공에 만족하지 않았고, 오히려 일본이 "힘들이지 않고 이미 완성된 기술만을 얻은 것"을 유감으로 여겼다. 그는 일본에 "서구와 같이 스스로의 마음속에서 우러나 방법을 고안해내는 사람이 하나도 없다"는 사실이 최대의 고민이라고 여겼다. 모리 아리노리는 일본 민족성의 약점이 모방은 잘 하지만 창조력이 부족하고, 영민하고 눈치는 빠르지만 천박해지기 쉽다는 데 있다고 했는데, 당시 많은 일본 지식인 역시 일본 민족성의 약점에 대해 같은 걱정을 하였다. 나카에 쵸민은 이 문제에 대해 가장 철저하게 고민하였다. "해외 각국의 입장에서 일본인을 관찰하면, 일본인들은 명확한 사리 분별력을 지니고 시대의 필연적 추세에 순응할 줄 알며 절대 완고한 태도를 고집하지 않는다. 이 때문에 일본 역사에 있어 서구 국가에서와 같은 비참하면서도 어리석은 종교 전쟁은 발생하지 않았다. 또한 이 때문에 메이지 유신의 여러 정책이 거의 평화적으로 실행되고, 300여 명의 봉건 제후가 앞 다투어 자신들의 토지와 권력을 천황에게 바쳤던 것이다. 같은 이유로 종래의 풍속과 관습이 돌연 서양의 풍속과 관습으로 교체되어도 일본인은 절대 미련을 두지 않았다. 그러나 경솔하고 경박하다는 일본인의 중요한 한계는 바로 여기에 있다. 의지가 박약하고 기백이 없다는 일본인의 한계 역시 그러하다. 일본인이 독창적 철학이 없고 정치적 주의가 없으며, 당파 투쟁에서 자신들의 입장을 견지해 나가지 못하는 원인도 실제 마찬가지다. 이 모두는 일본인이 작은 총명함과 작은 지혜만을 지닐 뿐 위대한 사업을 수립하는데 적합하지 못한 이유이다. 일본인은 상식이 매우 풍부하지만 그들이 상식 이상으로 초월하기를 기대하기란 결국 불가능하다."[14)]

그러나 역사의 발전 상황은 매우 복잡하여서 필연성과 우연성이 상호 교차하고, 역사적 기회와 민족성이 이중으로 작용하기 때문에, 단일한 척도로써 한 개인 내지 한 국가의 가치를 판단하기 어렵다. 일본은 외부 세계에 대한 태도에서만 큰 변화를 쉽게 나타내어, '오랑캐를 몰아내자는 태도' 에서 '외국을 숭상하고 스스로를 비하하는 태도' 로 전환하거나, 혹은 함부로 자기를 낮추다가 외부 세계를 능멸하려는 태도로 전환하였다. 이러한 일본의 경박함은 민족성의 약점이라 할 수 있다. 토인비는 이에 대해 이미 흥미롭게 말한 바 있다. 만약 근대 서양에 대해 과거 400년간 중국, 일본 양국이 보여준 반응의 변화를 살펴보면, 사람들은 일본의 변화가 중국의 그것보다 훨씬 크다는 사실을 쉽게 발견하게 될 것이다. 이러한 민족적 특성 때문에 일본은 특정의 역사적 시점에서 희극을 연출하기도 하고 또 비극을 만들어내기도 했으며 심지어 전 인류에게 커다란 재난을 가져다주기도 하였다. 그러나 민족성의 역사적 효용성은 매우 복잡한 것이어서, 또 다른 특정의 역사적 시점에서는 유리하게 작용하여 국가의 부강과 사회 진보를 위해 많은 공헌을 하기도 하였다.

자연 환경 조건의 차이를 논외로 한다면, 중국은 일본과 비교하여 우수한 민족적 특징을 분명히 지니고 있다. 하나는 강대국의 풍모이고 다른 하나는 유구한 문화 속에 어려 있는 은근하고 견실한 품위라 할 수 있다. 19세기 중엽까지 그다지 큰 차이는 아니지만 전체적으로 봤을 때 중국은 일본에 비해 여전히 우월하였다. 그러나 서구 문명의 풍조가 거대한 충격을 준 이후 일본의 서구화는 토인비의 말에 따르면 "중국에 비해 더욱 기민하고 신속하며 더 효율적이었다." 일본인의 경박함은 시세에 따른 변화에 조응할 수 있게 하였지만, 중국인의 은근한 품위는 도리어 개혁 과정에서 강한 심리적 장애로 작용하였다. 과거의 사회 기초를 개혁하고 정리하는 과정에서도 중국인은 더 많은 곤란을 겪어야 했고 또 더 많은 정력을 소진해야 했다. 토인비에 따르면 1853년 미국의 흑선黑船이 강호만江戶灣에 출몰한 이래 일본인은 15년만에 역사의 발전을 가로막던 도쿠가와德川 막부를 타도하여 전면적인 서구화를 추진할 수 있는 메이지 정부를 건립하였다. 그러나 중국은 1793년 메카트니Earl Macartney(1737-1806) 사절단이 북경에 도착한 후 118년이란 오랜 세월이 지나서야 "비로소 그 임무의 반 정도를 완성했을 뿐이었다." 이 때문에 신해혁명辛亥革命은 메이지 유신만큼 찬란한 성공을 거두지 못했던 것이다.

여기서 베브렌Thorstein Bunde Veblen(1857-1929)이 『독일제국과 공업혁명』(*Imperial Germany and the Industrial Revolution*)에서 제출한 두 개의 개념에 주목할 필요가 있다. 그는 19세기 말에서 20세기 초에 독일이 영국을 능가한 공업 강국이 될 수 있었던 것은 '귀감의 효과' 때문이라고 이해했다. 반면 영국이 독일에 비해 낙후된 것은 '선두 자만의 징벌' 때문이었다. 비록 독일, 영국과 일본, 중국의 상황이 꼭 같다고 할 순 없지만, 우리도 이 두 개념을 적용할 수 있다. 일본은 메이지 유신 이후 '귀감의 효과'를 꽤 많이 보았지만, 중국은 19세기 말까지 계속해서 '선두 자만의 징벌'을 받아 왔다. 트로츠키Leon Trotskii(1879-1940) 역시 『러시아혁명사』에서 유사한 견해를 제출하였다. "비록 후진국이 어쩔 수 없이 선진국을 쫓아간다 해도, 후진국은 선진국이 밟았던 동일한 과정을 결코 따르지 않는다. 역사의 낙오자로서 지니는 특권을 통해 후진국은 이미 완성된 발전 양식을 스스로 채택하거나 거쳐야 하는 중간 단계를 뛰어 넘을 수 있다."[15] 분명한 것은 19세기 중엽, 서구 주요 국가가 이미 자본주의 발전 양식을 완성한 이후, 중국과 일본 모두는 이러한 '역사의 낙오자로서 지니는 특권'(혹은 '문명 진화의 우위')을 향유했다는 점이다. 그러나 일본은 이러한 '특권'을 비교적 충분히 이용하였지만, 중국은 '특권'을 충분히 이용할 수 없었기 때문에 시대적 흐름을 따라잡을 수 있는 호기를 여러 번 놓쳤다.

동양을 향한 서양 문명의 진출 전체를 개괄해 보면, 러시아 피터 대제의 개혁은 그 단서를 열었고 일본의 메이지 유신은 어느 정도 러시아를 모범으로 삼았지만 빠르게 자신의 스승을 따라잡아 추월하였다고 할 수 있다. 따라서 19세기 말의 선진 중국인의 눈에는 러시아와 일본 모두 서양의 성공을 학습하기 위한 본보기로 삼을 만한 나라들이었다. 강유위康有爲는 무술변법戊戌變法을 추진할 때 광서제光緒帝에게 『아라사대피득변정기俄羅斯大彼得變政記』와 『일본명치변정고日本明治變政考』를 바치고 중국이 러시아, 일본을 귀감으로 삼아 서구 세계를 학습함으로써 부강, 혁신의 길로 나아가기를 희망하였다. 그의 러시아에 대한 평가는 이러했다. "한 때 러시아는 8만 명의 병력이 스웨덴 1만 명에 패해 영토의 일부를 빼앗겼고, 변변한 학교나 숙련된 기능공도 없었으며, 군에 대한 훈련이나 외국과의 통상도 제대로 이루어지지 않았다. 들에는 짐승들이 드나들고 숲이 무성하며, 백성은 어리석고 우매하고 완고하며 미련하고 또 나약하였다. 그 결과 망국의 위기는 중국보다 더 심했다. 그러나 피터 대제는 대세의 변화를 알고 용기를 내어 떨쳐 일어나 천 년간 지속되어 오던 자만과 자기 비하의 악습을 혁파하고 개혁을 가로막으려는 여러 신하들의 주장을 배제하였다. 그리고 그는 네덜란드, 영국 등지에서 공업을 배우고 여러 나라를 여행하면서 배우기를 부끄러워하지 않았으며 그 결과 격렬한 천둥이 울려 퍼지듯 수많은 새로운 제도가 실행되었다." 일본에 대한 그의 평가는 더욱 높았다. "일본이 변법을 추진하던 초기 상황은 매우 힘들었다. 서양 언어와의 차이가 너무 커서 번역서가 있다 해도 서양 전체의 모습을 이해하기 힘들었다. 명목상 천황은 있지만 막부에서 정권을 장악하고 번藩들이 그를 에워싸고 있기 때문에 고메이孝明 천황이 권력을 되찾으려 했지만 곤란하였다. 급기야 막부 타도를 주장하는 유신파가 혁명을 일으켰지만 인민의 마음을 사로잡기 어려웠다. 유신 초기 각종 제도 실시에 따른 지출과 빈번한 변란으로 인한 군사 비용의 지출 때문에 국고가 궁핍해졌다... 그러나 20년 동안 법령을 정비하고 서구의 문학과 예술의 진수를 정리해 국민과 융합시켰으며, 해마다 수 십만의 군대와 십 수 척의 전함을 만들어 중국과의 전쟁에서 승리하였다. 결국 일본은 손바닥만한 삼도三島의 땅에서 정치적 성공을 이뤄내어 패국으로 변모하였다."

여기서 주의해야 할 것은 강유위가 문명 진화론적 역사관을 갖고 있다는 점이다. 그는 '낙오자의 특권' 을 이미 간파하고 있었다. 따라서 "일본을 향도嚮導, 물의 깊이를 측량하는 장대, 탐험대, 약을 시험하는 신농씨神農氏, 길을 잘 아는 늙은 말 등으로 삼아 중국은 그 이점을 취하고 단점을 없애야 한다"고 생각하였다. 이렇게 된다면 중국은 장차 일본과 비교하여 더욱 큰 '문명 진화의 강점' 을 발휘하여 빠르게 앞서 나갈 것이었다. 동시에 더욱 중요한 것은 강유위가 변혁의 힘, 다시 말해 구 전통에서 이탈하려는 힘을 매우 강조하였다는 점이었다. 그는 피터 대제의 '변화의 힘' 을 매우 높이 평가하면서 다음과 같이 찬양하였다. "오호라! 천둥이 치니 초목이 갈라지네. 그 변화의 힘이 크니 효과 또한 크구나. 수많은 백성 모두 초목과 같으니 천둥이 치자 갈라지어 영화榮華가 하늘에 이르도다. 피터의 변화의 힘이 바로 천둥의 힘인 것이니 그로 인한 영화가 마땅히 하늘까지 이를지어다."[16] 강유위는 이러한 '변화의 힘'을 문명 형태학의 시각에서 구분하였다. 변화의 정치를 실행하려면 반드시 "무武에 능하고 뜻이 깊으며 힘이 웅대하고 기가 드세야 한다." 이로써 개혁을 다부지게 밀고 나갈 수 있고 추이를 봐서 융통성 있게 대처하며 큰일과 작은 일 모두를 제대로 처리할 수 있다. 동치신정同治新政이 실패한 것도 그 추진자들이 "문에만 능하고 뜻이 깊지 못하며 힘과 기가 약했기 때문이었다."[17] 그 결과 구차한 것에 매달리고 곤란에 처할까 두려워 편안함에 안주하였다고 보았다. 강유위가 말하는 재주, 뜻, 힘, 기 등은 다분히 정책 집행자의 개인적 기질에 편중된 측면이 있지만, 만약 민족 전체의 성격과 사회 심태로 확대하여 이러한 '변화의 힘'을 탐색해 본다면 더욱 의미 있는 결론에 도달할 수 있을 것이다.

"구주九州의 생기生氣는 바람과 천둥에 의지하건만, 만 필의 말 모두 울지 않아 슬프기 그지없네. 바라노니 하늘이여 거듭 떨쳐 일어나 어디에도 구애받지 않는 인재 내려주소서." 이것은 오랫동안 전해 내려오면서 칭송받아온 청말 시인 공자진龔自珍의 뛰어난 시문이다. 그 역시 변혁을 갈망하고 '변화의 힘'을 추구했으며 중국 대지를 뒤흔들고 깨끗이 씻어낼 엄청난 바람과 천둥을 찾았다. 시기적으로 보면 강유위보다 반세기나 앞선 것이었다. 다음은 공자진을 중국 근대사에 있어 전통 문화로부터 이탈하고자 노력한 최초의 인물로 보고 그에 대해 검토해 보도록 하겠다.

제3장

근대로의 이탈의 맹아

역사를 통해 보면, 전통 문화로부터 중국 근대가 이탈되어 나오게 된 계기는 서양의 충격만은 아니며 중국 내부에서도 그 연원과 단서를 찾을 수 있다.

지배적 지위에 위치한 전통 문화 모두는 반드시 구 제도의 통치 계급 문화를 옹호한다. 구사회가 난숙한 상태에서 점차 부패의 단계로 전환되어 감에 따라 새로운 경제 요소가 싹트고 새로운 사회 역량이 점차 커져 가며, 사회 위기의 심화와 모순 대립의 격화를 반영하여 전통 문화에 대항하는 이단 사상이 발생하기 마련인데 중국도 그 예외는 아니었다.

17−18세기 명나라 말기에서 청나라 초기에 이르는 시기에 이지李贄(1527−1602)는 "이기심이 사람의 본심이며 사람은 반드시 이기심을 가진 후에야 그 마음이 드러난다"고 공개적으로 주장하였고, 황종의黃宗羲(1610−1695)는 "상공업 모두가 근본이다"라고 여겼으며 왕부지王夫之

(1619－1692)는 "개인이 천하를 사유할 수 없다" 고 하였다. 또한 고염무顧炎武(1613－1682)는 "천하를 곤궁한 지경에 빠뜨려 놓고 책임을 지지 않으면서, 종일 미묘한 차이를 놓고 말싸움만 벌이는 것" 에 반대하였다. 이상은 모두 점차 몰락하는 송명이학宋明理學에 대한 결별과 도전을 의미하였다. 동시에 이들 근세pre-modernity 사상의 선구자들은 실질적인 학문에 특히 주의를 기울이면서 '서양의 지질학' 까지 중시하였고, 그들 가운데 일부는 서양의 근대 과학 기술을 받아들이려 하였다. 그 중 가장 급진적인 안원顏元(1636－1704)은 "유가적 도통道通을 추구하는 위선자가 되고 싶지 않다" 고 공개적으로 선언하였다. 그리고 그는 "주장할 때 옳고 그름을 따져야지 자기와 같고 다름을 논해서는 안 된다. 옳다면 한 두 사람의 의견이라 해도 부정할 수 없고, 옳지 않다면 아무리 많은 사람들이 동의한다 해도 따를 수 없다. 수많은 사람들이 오랜 세월 동안 미로에서 헤매고 있으니 우리들이 먼저 미몽에서 깨어나 그렇지 못한 자들을 일깨워야 하며 그들과 부화뇌동할 필요는 없다" 고 주장했다.[18] 이러한 용기와 집요함을 통해 볼 때 그들은 이미 대표적인 근대 계몽 사상가에 근접했다고 할 수 있다. 그러나 분명한 것은 이들 저작과 언설들 가운데에는 번뜩이는 근대 사상의 불씨가 많이 포함되어 있지만, 그들이 위치한 사회 환경의 한계 때문에 요원의 불길로 타오르기는 어려웠다. 오랫동안 짙게 드리워진 중세 암흑의 한 밤중에 그들은 우연히 스쳐 지나가는 유성에 불과하였고, 그 희미한 불빛은 대지를 겹겹이 둘러싼 암흑을 밝힐 수는 없었다.

어떤 시대이든 선구적인 사상에 대한 수요와 선택 그리고 형상화의 과정이 있다. 중국 근대 초기 시대를 연 진정한 선구적 사상가이면서 변혁의 폭풍우를 몰고 온 인물로 공자진龔自珍을 꼽을 수 있다.

공자진(1792－1841, 또 다른 이름은 공조鞏祚)은 자字가 슬인瑟人이며, 호號는 정암定庵으로, 절강浙江 항주杭州 사람이다. 12세에 외조부로부터 허신許愼(30－124)의 『설문해자說文解字』를 배웠고, 이후 유봉록劉逢祿(1776－1829)으로부터 공양학公羊學을 배웠다. 27세에 절강浙江 향시鄕試에 응시하여 4등으로 거인擧人에 합격한 후 몇 차례의 회시會試 낙방을 거쳐 38세에 6번 만에 합격하여 진사進士가 되었다. 공자진은 과거 시험 과정에 몇 차례 낙방의 고배를 마셨을 뿐만 아니라 관리가 된 후에도 꽤 어려운 길을 걸었다. 내각중서內閣中書나 예부주사禮部主事와 같은 미천한 경관京官으로만 장기간 근무했기 때문에 자신의 재능과 포부를 제대로 펼칠 수 없었다.

양계초梁啓超(1873－1929)는 「중국 학술 사상 변천의 대세를 논하다」에서 공자진의 선구적인 역할을 다음과 같이 긍정적으로 평가하였다. "가경嘉慶, 도광道光 시기 나라 전체가 태평성대의 꿈에 도취되어 있을 때 정암은 그러한 상황이 계속될 수 없을 것이라 걱정하였다. 그의 명철한 판단력은 누구도 따르지 못할 정도였다... 근대 사상의 선구자로 정암은 진정 손색이 없다. 나는 여러 현자 가운데 현 사상계에 공헌한 인물로서 가장 먼저 추앙받아야 할 자는 정암이라 생각한다. 『정암집定庵集』을 처음 읽었을 때 구절구절 모두 뇌리에 깊은 자극을 받았다." [19]또한 『청대학술개론淸代學術槪論』에서 공자진에 대한 양계초의 평가는 더욱 높았다. "공자진은 걸걸한 성격을 지녀 사사로운 것에 구애받지 않았고 프랑스의 루소와 상당히 비슷하였다... 청말 사상 해방에 공자진이 기여한 바는 컸다. 광서光緖 시기 신학문을 수학한 사람들은 대부분 한 때 그를 숭배하였고, 처음 『정암집定庵集』을 읽었을 때 감전된 것과 같은 큰 충격을 받았다." [20] 양계초 자신이 광서 시기 신학문을 수학한 사람이므로 그의 관찰과 판단 그리고 설명은 실제와 부합하였다. "프랑스의 루소와 상당히 비슷하였다"는 부분은 후대의 연구자들이 좀 더 구체적으로 밝혀볼 만한 주장이다.

역사상 어떤 사람들은 자신도 모르는 사이에 사회가 설계해 놓은 배역을 연기하는 반면, 또 다른 사람들은 자기 스스로 배역을 설계하고 그 역을 자각적으로 연기하기도 한다. 공자진은 분명 후자에 속하는 역사 인물이었다. 『기해잡시己亥雜詩』에서 자기 자신에 대해 다음과 같이 표현하였다. "하분河汾(왕통王通, 586−617)과 방현령房玄齡(578?−648), 두여회杜如晦(585−638) 사이의 사제 관계에 대해 의심한 것은 각기 제자들의 지위는 오랜 세월 계속됐으나 스승은 처사를 자처하며 자신을 낮추었기 때문이라. 나 또한 일평생 한 번도 남에게 배척되거나 시기당하지 않았으니, 다만 새로운 풍조를 열 뿐 스승 노릇 하지 않으리." 분명 그의 일생은 새로운 풍조를 개창하기 위해 노력한 삶이었다. 환언하면 그는 자신의 삶을 새로운 풍조를 개창하는 데에 바쳤고, 옛 것을 혁신하여 새로운 시대정신을 추구하였다.

엥겔스Friedrich Engels(1820−1895)는 1893년 『공산당선언』 이탈리아어판 서문에서 다음과 같이 썼다. "이탈리아는 최초로 자본주의를 실행하였다. 봉건 중세의 종말과 근대 자본주의의 시작은 한 위대한 인물을 기준으로 구분할 수 있다. 그는 이탈리아의 단테Alighieri Dante(1265−1321)이다. 그는 중세 최후의 시인이며 동시에 근대 최초의 시인이기도 하다. 단테의 시대와 같이 지금도 다시 새로운 역사가 시작하고 있다. 이탈리아는 우리에게 새로운 단테를 보내 프롤레타리아트 계급이라는 신 기원의 탄생을 선포하도록 할 수 없겠는가?"[21]

우리들의 동료 학자 가운데 진욱록陳旭麓은 엥겔스의 주장에 가장 먼저 주목하여, 공자진을 단테와 같이 '최후'와 '최초' 사이라는 시대의 전환점에 위치한 인물로 파악하였다. 나는 이 견해에 동의한다. 비록 중국의 1820년대와 1830년대의 상황이 500년 전의 이탈리아의 그것과 큰 차이가 있지만, 공자진은 분명 중요한 전환의 시대에 위치하였다. 봉건 사회가 쇠퇴 와해되었고, 새로운 사회 제도가 발아할 시점에 근접했다. 새로운 세력은 이제 막 태어나는 중이었고 낡은 세력 역시 완전히 사라졌다고 할 수 없었다. 공자진은 제1차 중영전쟁中英戰爭이 발발하기 이전에 일생의 대부분을 보냈지만, "그의 격정적이며 신랄한 시는 단지 과거의 만가挽歌만은 아니었으니, 미래지향적이라는 데에서 그 중요한 의의를 찾을 수 있다."[22] 일찍이 엥겔스는 단테를 이탈리아에서 근대 세계의 서광이 비춰졌을 때 등장한 '누구와의 비교도 거부하는 완벽한 전형'[23]이라고 찬양하였다. 하지만 만약 개인의 자질과 저작의 수준만을 갖고 논한다면, 공자진도 단테에 전혀 뒤쳐지지 않았다.

19세기 스위스의 유명한 이탈리아 르네상스운동 연구자인 야코프 브르크하르트Jacob Burkhart(1818－1917) 역시 단테를 새로운 시대를 열었던 전령사로 파악하였다. 그는 『신곡神曲』「연옥煉獄」의 제4가와「연회宴會」를 중점적으로 연구하여, "『신곡』의 구성과 구상은 중세기의 것에 속해 역사 방면의 흥미만을 유발시킬 뿐이지만, 인성의 여러 유형에 대해 다양하고 생동감 있게 표현했기 때문에 근대 시가의 기원이라 할 만하다"고 평가하였다.[24] 이것은 충분한 근거를 지닌 적절한 평가이다. 『신곡』과 비교해 볼 때 공자진의 저작 가운데 널리 알려진 『기해잡시』,「존은尊隱」,「을병지제저의乙丙之際著議」,「포역捕魆」 등은 언어, 문체에서 구성, 구상에 이르기까지 당연히 "중세기의 것에 속하였다." 그러나 봉건 사회의 쇠퇴와 부패의 모순을 진지하게 폭로하고 세태와 인정을 정치하게 묘사하였다는 점에서 그리고 시인의 주체 의식과 성격을 강렬하고 진실하게 드러냈다는 점에서, 당시 사람들의 이목을 일신시켰다. 이러한 측면에서 이들 저작은 곧 펼쳐지게 될 근대 문단과 신 사조의 선구라 할 수 있다. 일찍이 양계초가 공자진을 가리켜 "성격이 걸걸하여 사사로운 것에 구애받지 않는다"고 한 것은 그의 언행이 전통적 유학 규범과 차이를 보이고 보수 세력의 엄격한 가치 체계와 상당 부분 부합하지 않았기 때문에 한 말이었다.

"침체된 사회 풍조 바로잡기 힘들어 퇴락한 민심이나 바로잡으리. 젊어서는 구주九州 장관들에게 훈계하는 글을 지어 바쳤네. 좀 걸개 처량하여 그 모습 초라하니 20년의 침묵에서 다시 일어나 미친 듯이 떠든다."(『기해잡시』)25) 이 시를 통해 공자진의 내면 세계를 이해할 수 있다. 비록 투쟁의 목표가 아직까지는 지극히 모호한 상태에 있지만, "위기 때문에 머리가 빙빙 돈다"라는 구절을 보면 그가 구 사회와 용감하게 투쟁하고 또 치열하게 미래의 합리적 신 사회를 지향하고 있었음을 알 수 있다.

공자진이 역사의 전환 시대에 처해 있었음을 가장 잘 표현해 주는 작품으로 「존은尊隱」을 들 수 있다. 그는 세월의 삼시三時(발시發時, 노시怒時, 위시威時)와 하루의 삼시(발시, 노시, 위시)를 사회 역사의 흥기, 왕성, 쇠락이라는 세 가지 발전 단계에 비유하면서, 확실히 '혼시昏時'에 위치한 청조는 퇴폐하여 쇠락할 수밖에 없다고 여겼다. "날이 막 저물고 비풍悲風이 몰려오니 사람들은 등불을 찾는데, 게슴츠레한 눈빛은 해질 녘의 칙칙한 기운과 어울려 꿈꾸는 듯하다." "조종祖宗이 말하기를 '나는 이제 영예도 남은 게 없으니 너를 집으로 삼겠다'고 하고 산림의 신은 '나에게는 이제 노여움도 남지 않았으니 너를 집으로 삼겠다'고 했다. 이 때 갑자기 적막해지고 등불이 꺼지면서 아무소리도 들리지 않았다. 단지 코고는 소리만 들릴 뿐 밤은 끝없이 깊어만 가고 산박쥐조차 울지 않았다." '혼시'에 대한 이상과 같은 묘사는 『신곡』 가운데의 9층 연옥만큼 다채롭지는 않지만 분위기나 표현 방식 등의 측면에서 서로 통하는 곳이 있으며, 특히 구 사회에 대한 저주와 부정의 태도는 냉혹하고 또 엄격하다는 특징을 지니고 있다. 「존은」에는 미인박명의 베아트리체Beatrice(단테의 연인, 1266?－1290)는 없고, 정직한 사람들이 영원한 행복을 누릴 수 있는 천당 또한 없지만, 공자진은 전통 왕조의 통치 중심인 '경사京師' 와 대립하는 '산중山中' 이란 개념을 설정하였다. '경사' 는 조정을 대표하고 '산중' 은 민간을 대표하였다. '경사' 는 부패와 과거를, '산중' 은 새로운 탄생과 미래를 각각 대표하였다. "경사의 날은 짧고 산중의 날은 길다. 경사의 바람, 물, 티끌은 더럽지만, 산중의 것은 담담하여 조화롭고 맑고 깨끗하다." '경사' 의 날은 막 저물려 하지만 '산중' 의 날은 동터오며, 자연의 풍광마저 '경사' 의 것은 추악한 반면 '산중' 의 것은 아름답다. 인재는 망가지고 잡놈들이 설치기 때문에 온 들판으로 "기가 빠져나가 버린" '경사' 는 빈곤하고, '사방의 산' 은 충실하다. '경사' 는 천박한데 비해 '산중' 은 중후하다. 따라서 호걸들이 가벼이 여겨 '경사' 는 '쥐 집' 같지만, "산중의 보루는 견실하다." 결국 '경사' 는 이미 궁지에 빠져있지만 '산중' 은 이제 한창 발전하려 하고 있으며 '경사' 는 이미 구제할 수 없지만 '산중' 은 바야흐로 희망의 소재지였던 것이다.

공자진의 '산중' 은 단테의 천당과 비교해 볼 때 더 세속적이며 또 그렇기 때문에 더 많은 사회적 현실적 의의를 지니고 있었다. 더 중요한 것은 공자진이 결코 "생각만 거듭하고" "덜 즐기며" "분노만 하는" 데에 머물러 있지 않고, 이미 '개혁' 에 대한 집착을 지니고 있었다는 점이다. 그는 개혁의 방법, 개혁의 역량을 찾았을 뿐만 아니라 개혁의 기준까지 찾았다. "산중의 민에게 큰 소리가 울려 퍼지니 천지는 그들을 위해 종과 북을 울리고 신은 파도를 일으킨다." 바로 이때가 전통 왕조 '쇠퇴기' 의 최후 시기가 되었다. 소위 '산중의 민'은 현대적 해석을 가하는 사람들에 따라 농민, 시민 혹은 공자진을 대표로 하는 지주 계급 계혁파를 지칭하는 것으로 이해되기도 하였다. 그러나 우화 혹은 반 우화 같은 그의 시문을 지나치게 좁게 해석해서는 안 된다. 왜냐하면 그것들은 본래 꽤 모호한 사상적 측면을 포함하고 있기 때문이었다. '산중의 민'이란 그가 자신의 희망을 기탁하고자 하는 사회 역량 즉 개혁을 발동하고 추진할 수 있는 역량을 총칭하는 것으로, 하나의 계층 혹은 집단을 특별히 지칭한다고 판단하기 어렵다. 위에서 보이는 "큰 소리가 울려 퍼진다"는 앞 장에서 소개한 "구주의 생기가 바람과 번개에 의지한다"와 통하는 것으로 우울하고 답답한 국면을 타파하고 민족의 청춘을 발동시키고자 하는 작자의 갈망을 반영하고 있다.

19세기 초 경사京師가 '최고의 악'이며 '최고의 선'이 아니라고 여기는 인물 가운데에는 공자진 이외에도 경관을 역임하면서 세속적 무리와 야합하지 않았던 일군의 재능 있는 인사들이 있었다. 임칙서林則徐(1785-1850)는 한림원翰林院의 무료한 생활을 다음과 같이 감동적으로 묘사하였다. "경사에 와 보니 특별한 공무가 없었다. 한림원 학사는 일 년 내내 관아에 나갈 일이 없어 책이라도 읽지 않는다면 헛되이 시간만 낭비하는 꼴이 되었다. 그러나 여기 저기 무리지어 교제하기 바쁘기 때문에 경관 가운데 공부하기 좋아하는 자는 백 명 가운데 1명도 안 되었다. 이는 관료 사회의 풍조 때문에 그렇게 된 것이었다." 결국 "경사에서 사람들은 외부에서보다 더 쉽게 타락할 수 있었다."26) 그러나 공자진은 가장 먼저 경사의 부패를 통해 청조가 '혼시昏時', '쇠시衰時'에 이미 도달했음을 분명하게 지적하고, 혁신 역량의 등장을 예언하였다. 공자진이 죽은 지 26년 후, 조열문趙烈文의 일기 가운데 이와 관련 있는 대목이 등장한다. "6

월 20일 오후 8시 밤 시각을 알리는 첫 북소리가 울린 후 증국번曾國藩(1811－1872)이 찾아 왔기에 경사에서 온 사람에게서 들은 얘기를 다음과 같이 솔직히 털어놓았다. 경사의 풍기가 매우 좋지 않아 공공연한 약탈 사건이 자주 발생하고 거지들이 무리를 지어 거리를 활보하고 심지어 부녀자들조차 옷을 제대로 갖추지 못했다. 인민들은 궁핍하고 재정은 탕진되었으니 변란이 발생한들 어쩌겠는가?" 당시의 경사는 이미 중영전쟁과 태평천국太平天國의 난을 겪으면서 계속 충격을 받은 상태였고, 몰락의 정도는 「존은」에 등장하는 경사보다 더 심했다. 따라서 조열문은 청조의 토대가 완전히 붕괴되는 데에는 "앞으로 50년을 넘지 않을 것"이라고 예언하였다. 조열문은 정치 정세를 판단함에 있어 탁월한 통찰력을 나타내었지만, 조금 앞선 공자진의 선견지명은 그가 사회 발전의 전반적인 추세에 대해 매우 정확하게 파악하고 있었음을 보여 준다.

위기의식도 물론 중요하지만 더 중요한 것은 위기에 대처하는 적극적인 태도였다. 증국번은 정국 추이에 대한 조열문의 분석을 들은 후 "어찌할 것인가"라고 안타까워하면서 심지어 "나는 밤낮으로 죽기만을 바랄 뿐이다"라고 탄식하였다. 그러나 공자진은 구제하기 어려운 '쇠락의 기운'에 직면하여 '산중의 민'이 궐기하여 바람, 번개의 엄청난 힘으로 숨이 곧 끊어질 '쇠락의 시대'를 끝장낼 것을 부르짖으면서, "천지가 그들을 위해 종과 북을 울리고 신은 파도를 일으켜" 역사의 새로운 장을 열 것이라 하였다. 이는 공자진이 반역의 성향을 더 많이 지니고 있고, 임칙서나 증국번에서 보이는 것 같은 군주에 대한 절대적 충성심을 갖고 있지 않았음을 보여준다. 어떤 이는 "떨어지는 꽃잎 정이 없어 그러는 것 아니니, 봄의 진흙 되어 꽃을 다시 보호하기 위함이라"[27](『기해잡시』)라는 구절을 공자진이 관직에서 강제로 물러난 후 조정에 다시 추파를 던지는 것으로 해석하였다. 그러나 이것은 시의 의미에 대한 정확한 해석이라 할 수 없으며, 진지한 자아 추구를 위한 공자진의 노력을 무시하는 것이다. 이 문제와 관련하여서는 그의 또 다른 시 「서교락화가西郊落花歌」를 검토할 필요가 있다. "한 밤 전당강錢塘江 조류 몰아쳐 내리듯, 곤양昆陽 전쟁 때 패하여 순식간에 흩어져 사라지는 병사들처럼, 팔만 사천의 선녀들이 목욕하듯, 일제히 이 땅 향해 연지 뿌리네." 이는 웅장하고 아름다운 시구로써 떨어지는 꽃을 노래한 것이다. 또한 "떨어지는 꽃 수북하게 쌓여 있는" 서방정토에서 신이 달려가는 것을 눈감고 관조하였고, "어찌 나무에 끝없이 꽃이 피겠는가! 비 온 후 더 좋은 걸, 1년 내내 꽃 떨어지네"라고 목청을 돋우어 노래하였다. 봄을 중시하지도 않았고 또 봄이 간다고 마음 상해하지도 않았던 그의 이러한 모습은 세속의 사람과는 다른 독립적인 인격체의 진심을 드러낸 것이었다. 이와 같이 개성과 주체 의식이 풍부한 시인의 작품을 어떻게 충성이란 우직스런 잣대로써 해석할 수 있단 말인가?

단테는 인정과 세태를 세밀하게 관찰하면서 외형의 신태身態로써 내재하는 심태心態를 표현하는 고차원적인 예술적 소양을 지녔기 때문에 후대의 많은 평론가들 모두로부터 높은 평가를 받았다. 예컨대 『신곡』 「연옥煉獄」에는 다음과 같은 묘사가 있다. "그러므로 내가 눈을 크게 뜨고 앞을 보니 과연 많은 영혼들이 망토를 걸치고 있었는데 그 망토의 색깔이 돌과 비슷했다... 내가 이들 영혼으로 가까이 다가갔을 때 그들의 형상을 볼 수 있었다. 그들은 서로 어깨를 나란히 하고 모두 산 벽을 등지고 있었다. 마치 아무 것도 없는 장님들이 속죄의 날 교회당 대문 앞에서 구걸하고 있는 것 같았다. 모두 머리를 옆 사람의 어깨 위에 기대고 있어 보는 이들에게 동정심을 유발시켰고, 말뿐만 아니라 그들의 모습 역시 사람들을 충분히 감동시킬 만하였다." 단테는 토스카나 방언을 사용하여 작품을 쓰는 데에 익숙했기 때문에 다른 언어로써 그 운율과 문체의 아름다움을 드러내기 매우 어렵다. 그러나 이것은 공자진의 한 시구를 연상시킨다. "배 한척 끌어올리는 밧줄 하나에 십여 명의 인부가 달라붙으니 일천 척의 배가 이 운하를 거슬러 오를 경우 그 규모가 얼마인가? 나 역시 태창太倉의 곡식을 축내었던지라, 한 밤 그들의 '예후' 소리 들으니 눈물만 용솟음치네."[28](『己亥雜詩 · 五月二十日抵淮浦作』) 이 시는 공자진이 여름 강소江蘇 회안淮安 운하의 양안에서 인부들이 밧줄로 배를 끌어 갑문을 통과시키는 모습을 보고 지은 것이다. 단테가 정태적인 형체로써 인간의 심령을 묘사하는데 뛰어나다면, 공자진의 이 시구는 소리와 동작으로써 노동하는 군중의 고통을 잘 드러내었다. 적어도 중국 독자를 대상으로 한다면 이것이 『신곡』「연옥」보다 사람의 심금을 더 울린다고 할 수 있다.

'예후'는 사람들이 같이 노동할 때 서로 호응하여 부르는 메김 소리로, 과거 『회남자淮南子』의 "큰 나무를 들을 때 앞에서 '예후' 하면 뒤에서 호응하였다"에서 유래한 것이었다. 필자는 운하의 식량 운반 선박에서 이러한 '예후' 소리가 있었는지 잘 모르지만, 어린 시절 천강川江의 식량 운반 선박에서 노역에 종사한 적이 있다. 천강의 메김 소리는 높고 낭랑하며 감정 기복이 매우 풍부하여 이미 아름다운 민요가 되어 버렸지만, 나의 경우에는 민족의 재난과 과거 불우했던 개인적 고통의 기억과 함께 영원히 계속될 것이다. 나는 여름 뜨거운 태양 아래 절벽에 거꾸로 매달려 밧줄을 끄는 고통에 대해 잘 안다. 특히 험한 모래톱을 지날 때나 바람과 폭풍을 만나 물의 흐름이 빨라지면 그리고 괴석이 갑자기 출몰하게 되면, 그 메김 소리는 평소의 운율과 화음을 잃게 되었다. 이 때는 폭력적인 자연과의 생사를 건 투쟁 가운데 인간이 내지르는 비장한 절규뿐이었다. 너무도 비통하여 대성통곡하게 만들며, 심장과 허파를 찢겨나가게 하는듯한 처참한 광경이 오늘날까지도 나의 마음을 종종 진동시킨다. 공자진이 밤에 '예후' 소리를 듣고 뜨거운 눈물을 펑펑 흘렸던 것은 그의 마음이 하층 인민과 서로 통했음을 설명해준다. 왜냐하면 '예후' 소리는 단지 조운漕運 노동자의 땀을 집약적 표현할 뿐만 아니라 수많은 농민의 피눈물까지도 포함하고 있기 때문이었다. 북경의 식량은 운하를 통해 남방 지역으로부터 거둬들인 것이었다. 공자진은 오랜 세월 북경에서 그다지 높지 않은 지위의 관원으로 근무했는데 그때 다른 관원들과 같이 양식을 낭비했다. 하지만 그는 인민의 공양에 의지하여 생활하면서도 인민의 근심 걱정을 해결하지 못하는 것을 수치라 여겼고, 그 때문에 깊은 밤 '예후' 소리를 듣고 잠자리에 들지 못하고 마음의 평정을 이루지 못했던 것이었다. 영혼 깊숙한 곳의 자아에 대한 이러한 책망과 전통 문화로부터 이탈하려는 반역적 성격을 통해 공자진의 시문에는 초보적인 근대 정신이 싹트게 되었다.

"사람들이 자리를 피하고 문자옥文字獄에 연루될까 두려워 하지만, 책 쓰는 건 모두 인민의 생계를 위함이다."[29] 공자진은 청대 중엽 이후 지식계가 자신의 안일만을 추구하여 침묵하는 상태에 불만을 가지고 있었다. 그는 권세를 두려워하지 않고 공개적으로 자신의 애증을 표현했으며, 인민의 고통에 대해 적극적인 동정의 태도를 보였다. 『기해잡시』 가운데에는 정부 관리의 폭정을 비판하는 또 다른 시가 있다. "소금 전매에 대한 논란을 벌이지도 못하고 또 운하 수리도 책임지지 못하니, 단지 동남 지방만 생각하면 흐르는 눈물 주체할 수 없네. 세금은 3승升인데 백성의 부담은 1두斗나 되니, 소 잡고 다른 일하는 것이 어찌 벼농사만 못하리." 공자진은 종종 민간의 고통 때문에 눈물을 흘렸는데 이는 억지로 꾸민 것이 아니며 진심에서 우러난 것이었다. 「박탁요餺飥謠」에서 그는 해학이 넘치면서도 냉정을 잃지 않는 논조로써 화폐 가치의 하락이 몰고 온 민간의 심대한 고통에 대해 풍자하였다. "아버지 땐 동전 한 닢으로 보름달만한 빵을 얻었는데 아이들 때에는 동전 두 닢으로도 동전만한 빵밖에 얻지 못한다. 쟁반 가운데의 빵이 귀해진 만큼 하늘에 떠있는 달은 여위어졌다. 아! 거리의 빵과 하늘 위의 달, 난 그것들의 차고 기움을 이해할 수 있다. 그들은 날 지나가는 손님으로만 볼 뿐이지만. 달이 빵에게 '차면 또 기우는 법이야' 하고 말하자, 빵이 달에게 '순환은 끝이 없어, 지금은 크기가 동전만하지만 다시 보름달만해질 것' 이라 호응하였다. 그래서 난 애들을 불러 '500년이 지나면 후손들은 배부르게 먹을 수 있을 것' 이라 일렀다." 물론 공자진은 냉소적인 방관자에 머물 수 없고, '후손들이 배부르게 먹는 것' 을 500년 동안 앉아 기다리자고 주장할 수 없었다. 그는 불합리한 현상의 변화를 요구하였고, 개혁이 추세이며 사람들이 바라는 바이고 시간은 되돌릴 수 없기 때문에 기회를 놓쳐서는 안 된다고 하였다. "조상 대대로 전해오는 법규는 결국 사라지지 않을 게 없고 많은 사람들의 주장도 바뀔 수 있다. 그러니 외부의 강제력에 의해 개혁하는 것보다는 스스로 개혁하는 것이 낫다."[30] 이와 같이 공자진은 시대를 앞서가는 '전령사' 로서 새로운 시대의 도래를 분명히 선포하였다.

중국 근대 초기 사상가 가운데 가장 기개가 넘치고 진솔한 열혈 대장부는 공자진이었다. 이러한 측면에서 볼 때 그는 임칙서와 구별될 뿐만 아니라 위원과도 차이가 있다. 하지만 공자진과 위원을 후세에 함께 묶어 부르는 것을 보면 둘 사이의 유사점도 많았던 것 같다. 위원은 청년 시절 "어떤 바람 천둥도 두려워하지 않았고 늠름하고 호탕한" 기개를 지녔다. 그러나 오랜 노력의 결과, 그의 성향은 점차 온건한 쪽으로 전환되었고, 그의 시문 가운데에도 감정적인 색채보다는 이성적인 요소가 많았다. 따라서 그는 공자진과 달리 세상의 불합리한 모든 것에 강렬하게 분개하고 증오하는 자신의 내심 세계를 공개적으로 드러내지 않았다. 위원은 친구인 공자진이 죽을 때까지 "자네의 주장이 주변 사람들과 매번 차이가 난다"고 걱정을 표시하였다. 그는 편지를 보내 공자진을 간절하게 설득하려 한 적이 있었다. "나와 자네와의 친분은 친형제보다 더하다. 나는 항상 자네가 말을 가리지 않고 하는 나쁜 버릇이 있는 걸 안타깝게 생각하고 있다. 친한 사람들끼리 은밀하게 흉금을 터놓고 얘기하는 것과 공개석상에서 말하는 것은 다르며, 좋은 친구와 논쟁을 벌이는 것과 술 마시며 교제하는 것은 다른 법이다. 만약 말을 가리지 않고 명철보신明哲保身에 힘쓰지 못한다면 그것은 단지 품성의 흠결만은 아니다. 따라서 스스로 심각하게 반성해야만 하는데 그렇지 않을 경우 습관이 되어 쉽게 고칠 수 없게 될 것이다." 이상은 분명히 전통 고수를 규범으로 삼으면서, '명철보신' 이란 말로 공자진에게 구 세력과 타협하도록 종용하는 것이었다. 공자진도 자신의 언행이 시의에 부합하지 않다는 사실을 잘 알고 있었지만, "스스로 심각하게 반성해야 할" 필요가 있다고는 결코 인정하지 않았다. 왜냐하면 자신의 주장이 정확하다는 것을 확신했기 때문이었다.

공자진의 또 다른 친구인 상주常州의 장수갑莊綬甲도 위원과 같이 「을병지제저의乙丙之際著議」 가운데 통치자가 싫어할 만한 부분을 삭제할 것을 권하였다. 이에 대해 공자진은 담담하게 시를 지어 회답하였다. "문장의 격조가 비천해짐에 따라 하찮은 부귀가 가까워졌지만 그 결말 어떨지 모르는가? 나를 가엾이 여긴 상주의 장수갑 내 책 함부로 수정하라 하네."[31] 그는 남이 뭐라고 하든지 평소의 자기 주장을 굽히지 않았고, 천박한 글을 써 눈앞의 하찮은 부귀영화를 누리고자 하지 않았다. 통치자의 정치 압력에 대하여, 그리고 세속의 진부한 편견에 대해 그는 이와 같이 의연했고 또 자신이 넘쳤다. 이를 증명해 주는 또 다른 시가 있다. "관직에 있을 때 둘러보니 여러 현인들에게 부끄럽네. 10년 걸려 새 책 지은 것이 안타깝다. 나무에 문장을 쓰면 그건 병이요, 벌레가 지나치게 많이 울면 성충이 되어 하늘을 날지 못하는 법. 과거 고사에 탐닉하여 세상을 구제하지 못하면서 감히 마음은 책에 있다고 큰 소리만 친다네. 침묵을 지키고 유약한 태도로 처세하여, 왕공 대신들 밤잠 설치도록 하지는 않으련다."[32)]

양계초가 말했듯이 공자진은 '루소와 무척 비슷한' 기이한 인재였다. 그 자질과 품격으로 본다면 그는 어려움을 극복한 위대한 계몽 사상가가 될 수 없었던 것은 아니었다. 그러나 그는 새로운 길을 개척하는 데에 있어 큰 족적을 남기지는 못했다. "무엇인가 제일 처음 주장하려는 자는 예로부터 분명하게 말하기 곤란한 법이다. 넌지시 돌려 말해야지 그렇지 않으면 다 말하기도 전에 다른 사람들의 주장에 파묻혀 버린다." 구세력은 여전히 무의미한 언쟁을 하거나 상대방을 물어뜯으려 하고, 고루한 전통 사회의 진부한 사상과 심리는 사회 생활의 각 방면에 침투되어 있었다. 공자진은 사회 환경의 외부적 제약을 받았을 뿐만 아니라, 자신에게 내재하는 문화, 심리 요소에 의해서도 제약받았다. 그는 단지 구사회의 대해 진지하게 폭로하고 미래에 대해 열렬한 동경을 보여주었다는 면에서만 공헌했을 뿐이었다. 그의 사유 방식, 지식 체계, 가치관념 등은 결국 전통 사대부의 범주를 뛰어넘지 못했다. 『농종農宗』에 표현된 그의 사회 개혁 방안은 전통적 의식으로 가득 찼고, 새로운 실천 방면에 있어서의 그의 무능함을 잘 드러내 주었다. 그는 불행하게도 일찍 사망했는데, 당시는 중국이 문호 개방의 압력을 받으면서 아직 개방되지 않았던 때였다. 따라서 그는 같은 시기의 다른 지식인들과는 달랐다. 왜냐하면 그들은 직접 혹은 간접적으로 서구의 근대 문명을 더욱 많이 접촉하였고 외부 세계에 대해 더 많이 이해할 수 있었기 때문이었다. 그는 한 때 시대를 초월할 수 있었지만 결국엔 전통 사회에서 질식사한 위대한 천재였다. 후대의 사람들은 새로운 역사 조건 하에서만 그의 사상적 가치를 비로소 이해하고 이용할 수 있다.

제4장

민족 각성의 시작

토인비는 여러 문명의 발전 과정에서 "도전이 강할수록 자극도 커진다."고 하였다. 그러나 도전의 강도는 적당해야지 그 강도가 너무 약하면 응전을 만들어 낼 수 없고, 반대로 너무 강하면 도전받은 문명이 소멸될 수도 있다. 토인비의 도전과 자극은 주로 자연 환경과 사회 내외부 환경 등에서 비롯되지만 그 밖의 여러 요소가 결합되어 나타나기도 하였다. 공자진의 시대에 중국 사회에 대한 내부의 도전이 없었던 것은 결코 아니었다. 건륭제乾隆帝의 통치 60년 동안은 대내외적으로 통치가 안정되고 도서 출판 역시 활발하게 이루어졌지만, 동시에 쇠퇴로 전환되는 시기이기도 하였다. 사회의 위기가 심화됨에 따라 가경제嘉慶帝가 통치한 25년 동안에는 동란이 끊이지 않았고, 그 가운데 5개 성省을 휩쓴 백련교白蓮教의 난은 청조에 대한 심각한 도전이었다. 특히 1815년 천리교天理教의 무장 부대는 자금성紫禁城까지 진출하여 황궁 융종문隆宗門 편액에 자신들의 화살촉을 남겼다. 이는 청조에 대한 엄중한 경고였다. 이러한 도전은 반응을 일으켰는데, 적어도 소수의 민감한 지식인들의 뇌리에 강한 위기의식을 조장하였다. 위원魏源의 표현에 따른다면 그것은 '발분發憤'과 '우환憂患'이었다.

그들은 이미 부패와 현실의 위기를 공개적으로 폭로하였다. 공자진의 지적은 다음과 같았다. "건륭乾隆의 치세 60년 동안 계속된 태평성대로 말미암아 사람들은 사치와 나태함에 물들었다. 이러한 풍조는 수도 북경에서 더욱 심했다. 결국 수도로부터 전국에 걸쳐 부호들은 빈농으로 전락했고 빈농은 굶주리게 되었다. 백성 가운데 우두머리는 다투어 도적이 되었고, 각 성의 상황은 위태로워 하루하루를 지탱하기 곤란한데 어찌 한가롭게 세월만 보낼 수 있겠는가?"[33] 이미 폐쇄적이고 퇴영적인 모습을 드러낸 사회였지만, 이미 세태의 불안을 느낀 사람들은 과거를 반성하고 미래를 예측하기 시작하였다. '쇠세衰世'라는 표현의 등장과 '경세經世' 학풍의 부흥 등은 모두 내부의 도전에 대한 전통 문화의 반응이었다. 그러나 이 정도의 도전 자극에 대한 반응으로서는 "한 번 통일되어 통치되면 그 다음에 분열되어 혼란에 빠진다" 혹은 "나뉘면 반드시 합치고, 합치면 반드시 나뉜다"라는 전통 관념을 벗어나기 힘들었다. 결국 그들의 역량으로는 기존 제도 전체에 대한 변혁을 이뤄낼 수 없었다.

그러나 공자진이 사망하기 이전, 제1차 중영전쟁이 발발하였다. 과거 오랑캐로 치부되었던 영국은 광동廣東뿐만 아니라 동남 지방의 여러 성을 공격하였다. 전쟁의 위기감이 팽배해지자 커다란 변화의 국면이 처음으로 연출되었다. 공자진은 너무 일찍 사망했기 때문에 위와 같은 외부의 강력한 도전에 대한 응전에 참여하지 못했다. 그러나 그의 좋은 친구이며 그보다 2년 늦게 태어나 16년을 더 생존한 위원은 새로운 역사적 시대를 접하며 그보다 더욱 중요한 역할을 담당했다. 이는 역사의 우연이라 할 만하였다.

위원魏源(1794-1857)은 원래 이름이 원달遠達이고, 자字는 묵심默深이며 호남湖南 소양인邵陽人이다. 청년 시절 유봉록劉逢祿(1776-1829)으로부터 『춘추春秋 · 공양전公羊傳』을 배웠다. 1822년 순천부順天府 향시鄕試에 응시하여 남방인 가운데 1등(당시에는 '남원南元'으로 칭함)으로 거인擧人이 되었다. 1825년 강소江蘇 포정사布政使 하장령賀長齡의 요청에 따라 『황조경세문편皇朝經世文編』을 편찬했다. 1826년 책이 완성되자, 강소 순무巡撫 도주陶澍는 그를 중시하여 조운漕運 개혁 논의에 참여시켰다. 1828년 내각중서內閣中書가 되어, 폭넓은 학습을 통해 청조 역사 사실에 대해 통달한 후 『성무기聖武記』 저술에 착수하였다. 1831년 집안의 상례喪禮 때문에 낙향하였을 때 도주의 회북淮北 염정鹽政 개혁을 도왔다. 위원은 몇 차례의 실패를 겪은 이후 1845년 마침내 은과恩科에 합격하여 진사進士가 되었다. 하지만 지주知州나 지현知縣과 같은 낮은 관직에 머물렀다. 그마저 1853년 고위 관리의 탄핵에 의해 면직되자, 그는 관직에 소극적인 태도를 보이게 되고 책을 저술하거나 불학佛學을 배우면서 절에 몸을 의탁하였다.

이상의 간략한 그의 이력을 통해 위원은 제1차 중영전쟁이 발생할 당시 상당한 정도의 학문적 성취를 이루었을 뿐만 아니라 다양한 경력과 실제적인 개혁을 추진한 경험을 지닌 실무적인 인물이었음을 알 수 있다. 앞서의 공자진이 자신의 재능만을 믿고 오만하게 감정을 외부에 잘 드러냈던 것과 달리, 그는 냉정하고 침착한 시각으로 새롭게 등장하고 있던 큰 변화에 주목하였다.

제1차 중영전쟁은 외세에 의한 침략 전쟁이며, 동시에 중국의 경제,

정치, 문화 등 각 방면에 전면적인 충격을 주었다. 과거 사람들은 이를 "서양의 힘이 동으로 밀려들어 오는 것"이라 하였다. 이번에 작용한 외부의 힘은 과거 낙후된 문명의 침입 때와는 차이가 있었다. 그것은 이미 상당한 발전을 이룩한 서구 근대 문명이 낡은 제국을 향해 진행한 힘찬 공격이었다. 이와 관련하여 『공산당선언』에는 다음과 같은 표현이 있다. "자본가 계급은 100년도 안되어 과거의 전 생산력보다 큰 생산력을 창조하였다. 자연의 정복, 기구의 사용, 공업과 농업 방면에서의 화학 응용, 기선과 기차의 운행, 전보의 사용, 대륙 전체의 개발, 하천의 개통, 인구의 폭발적 증가 등등 과거 어떤 시대에 이러한 생산력이 사회 노동력 가운데 내재되어 있을 것이라 생각할 수 있었겠는가?"[34] 자본주의는 해외 시장으로의 끊임없는 확대를 전제로 발전하였다. 따라서 식민주의는 자본주의의 발달에 동반하여 나타나며 무차별적인 대외 확장과 약탈이 이루어졌다. 여기서 우리는 서구 자본주의가 보여주는 왕성한 생산력이 선진적인 정신 문명에 의해서가 아니라 주로 아편의 밀수 또는 함포의 공격을 통해 획득되어졌다는 사실을 알아야 한다.

"청 왕조의 명성과 권위는 영국의 대포에 의해 사라져 버렸고 제국이 무궁하게 발전할 것이라는 미신은 치명적인 타격을 받았다. 문명 세계와 격절된 야만적이고 폐쇄적인 상태는 파괴되었고 새로운 관계가 건립되기 시작하였다."[35] 마르크스는 중국을 방문한 적이 없었다. 그는 신문이나 서구 상인, 선교사 등의 말을 통해 중국을 이해하였으며, 위의 평론은 제1차 중영전쟁이 끝나고 10년이 지난 뒤에 쓴 것이었다. 사실 1840년대 초 자극과 반응은 모두 그렇게 강렬하거나 명확하지는 않았다. 그러나 역사는 결국 하나의 발전 과정이라는 커다란 흐름 속에서 전개되기 마련이며, 이러한 시각에서 마르크스의 평론이 지니고 있는 실제성을 인정할 수 있다. 상황에 대한 그의 전체적인 이해 및 미래에 대한 정확한 예측에 탄복할 뿐이다.

토인비는 두 종류의 문명이 충돌할 경우 낙오하거나 또 침략당하는 쪽의 반응을 고찰할 때, 『신약성서』의 고사 가운데의 헤롯Herod주의와 젤로트Zealot주의라는 용어를 사용하였다. 과거 그리스, 로마 문명이 유대 문명의 각 부분에 대해 압박을 강화할 때, 명석하면서 실무에 능했던 유대왕 헤롯Herod(BC 73?−BC 4)은 저들 문명 가운데 유리한 부분이 있으면 학습하고, 불가피한 그리스 문명화 과정 속에 유대 문명을 적응 발전시키도록 하였다. 반면 젤로트주의자는 단지 과거의 가르침을 고수하며 조금의 양보도 하려 들지 않았다. 그러면서 "자기 자신의 배타적 정신 생활 가운데에서 신비한 능력을 얻을 수 있고" 이를 통해 외부 침략 세력을 격퇴시킬 수 있다고 보았다. 토인비는 이에 대해 "젤로트주의자가 뒤를 돌아보는 반면, 헤롯주의자는 앞을 본다고 하면서 실제로는 옆을 보며 주위의 것들을 모방하려고 노력했다"[36]고 하였다. 토인비는 배타성과 포용성이라는 각 민족 문화 내부의 두 가지 기능에 대해 주목하였다. 전체적으로 본다면 그것들은 일종의 자아 조절의 기제라 할 수 있다. 배타성은 전통의 안정과 유지에 유리하고, 포용성은 외래 문화의 흡수와 시대 조류에 대한 적응에 유리하였다. 이러한 두 가지의 기능은 다른 내부 외부 조건 하에서 종종 차별적으로 작동하였다. 대개 문명이 발전하여 자신감이 넘칠 때 포용성이 비교적 많이 나타났다. 그러나 문명의 폐해가 드러나고 또 특히 외부의 선진 문명에 의해 충격을 받아 자신감이 약화될 때에는 배타성이 두드러졌다. 이러한 배타성은 대체로 부정적인 결과를 가져오기 쉬웠다.

만약 청조의 많은 왕공 대신과 완고한 사회 세력을 '젤로트주의자'

로 비유할 수 있다면, 공자진, 위원, 임칙서 등은 '헤롯주의자'에 가깝다고 할 수 있다. 왜냐하면 후자에 속한 인물들은 이미 "앞을 본다고 하면서 실제로는 옆을 보며 주위의 것을 모방하려고 노력했다"는 특징을 보여주기 시작하였기 때문이다.

소위 "앞을 본다"는 것은 위원의 표현에 따르면 "과거의 것을 변화시키면 시킬수록 백성은 더욱 편해진다."는 것을 의미하였다. 그가 보기에 사물은 끊임없이 변화하고, 역사는 진보하며, 국가의 제도, 정책, 법령 역시 사회 정세의 변화에 따라 변혁되어야 했다. "지난 세월의 것은 현재에 사용할 수 없다. 고조부, 증조부 때의 물건은 조부나 부친 때에 부합하지 않는다. 때가 가까울수록 형세 더욱 절박하니 성인이 이를 이용해야, 신명이 나고 경위經緯도 생겨나는 법이다." 따라서 과거를 말하기 좋아하는 자는 반드시 현재에 그 근거를 두어야 한다."[37] 그는 과거에 얽매여 변화하지 않는 것과 과거의 제도를 묵수하는 것에 반대하면서 공개적으로 다음과 같이 주장하였다. "천하에는 수백 년 동안 낡아 해지지 않는 법은 없고, 궁극적으로 변하지 않는 법이 없으며 간단하게 변통하지 못할 법도 없다."[38] 그는 금문학今文學을 이용하여 정통의 지위를 차지하고 있던 부패한 학술 사상에 대해 도전하였고, 방대한 『황조경세문편皇朝經世文編』을 편찬했으며, 청조 말기 경세치용經世致用의 학풍을 일으켰다. 또한 그는 치수治水, 조운漕運, 염법鹽法, 군비 등 4개 부분에 걸친 개혁안을 제시하여 당시의 폐단에 대한 적절한 대책을 내놓았다. 한편 그는 글을 통해 당위적인 주장만 하는 데에 그치지 않고 실제적인 정치적 행보를 보여주었다. 그러나 제1차 중영전쟁 이전 그는 공자진과 같이 절실하게 변혁을 요구했지만, 전통적 사유 체계를 넘어설 수는 없었다. 그들은 주관적으로 새로운 변화를 추구했지만 실현 가능한 총체적 개혁 구상은 갖고 있지 못했다. "내가 생각해봐야 무슨 소용이 있을까? 마음속의 기개만은 하늘을 찌를 듯 한데." 그들에게 과거의 잘못을 혁파하고 새로운 것을 개척하고자하는 용기가 없는 것은 결코 아니지만, 이미 노쇠해진 중국을 밝은 미래로 이끌어 나갈 투쟁의 목표를 찾을 수는 없었다.

제1차 중영전쟁은 분명히 중국 민족을 각성시켰다. 그러나 1840년대에는 중국 민족 전체가 깨어났다고 할 수 없고, 단지 소수의 선구적 사상가들만이 각성되었을 뿐이었다. 만약 전쟁 이전 그들이 폐쇄적인 사회에서 모호하게 "앞을 볼 수만 있었다면", 전쟁 후에는 폐쇄적인 세계관을 깨뜨리고 "옆을 볼 수 있었다." 여기서 "옆을 본다"는 것은 서구 세계를 보는 것이고, 주로 당시 세계를 제패한 영국을 바라보는 것이었다. 당시 서구 세계는 물질 문명, 정신 문명 두 방향에서 모두 중국을 앞서고 있었기 때문에 "옆을 보는 것"은 사실상 "앞을 보는 것"이었다. 서구 세계는 이미 중국이 발전을 위해서 따라 배워야할 목표였다. 서구가 실제로 모방할 만한 선진적 목표가 되었기 때문에, 비록 이 목표를 옆으로 본다고 해도 그것은 중국 민족을 앞으로 인도할 수 있으며, 다시는 "스스로 앞서 있다고 여기는" 주관적 태도에 머무르지 않을 수 있었다.

위원이 제1차 중영전쟁 후에 저술한 대작 『해국도지海國圖志』에 대해서는 이미 많은 학자들이 언급한 바 있다. 1960년대 오택吳澤, 황려용黃麗鏞 등은 이 책이 영국의 역사, 지리를 비중 있게 소개하여 사람들에게 커다란 계몽적 작용을 했음을 지적하였다.[39] 위원은 『해국도지』에서 유럽 각국에 대해 17권의 분량으로 서술하였다. 그 가운데 영국에 관한 부분이 4권이나 되었다. 또한 세계 각지('남양南洋', '남서양南西洋', '북양北洋', '외대서양外大西洋' 등을 포함)를 소개할 때, 저술의 의도를 "서양 이해에 두었고", "서양 가운데 왜 영국에 주목해야 하는지 분명히 하였다."

이상에서 위원이 영국의 지위와 역할을 얼마나 중시했는지 알 수 있다. 영국은 중국 대륙을 무장 침략하고 광동廣東, 복건福建, 절강浙江, 강소江蘇 등 4개 성을 유린한 첫 번째 국가였다. 위원은 영국이 유럽 내지 전 세계에서 가장 강한 국가임을 이미 발견하였다. 과거 공자진, 위원 등을 포함한 청대의 많은 우국지사들은 제정 러시아를 가장 위험한 외적으로 간주하였다. 따라서 서북 변경 지역의 역사 지리에 대한 연구가 성행하였다. 하지만 이제 사람들은 주요한 침략의 위협이 바다로부터 그리고 멀리 유럽 서쪽의 영국으로부터 주로 유래한다는 사실을 깨닫기 시작하였다. 이는 관념상의 커다란 변화였다.

제1차 중영전쟁의 자극은 중국 민족에게 강렬한 반응을 일으키기에 충분하였다. 그러나 일반의 반응은 침략자의 폭력에 대한 감정적 분노에 국한되는 경우가 많았다. 예컨대 "모두 함께 복수하는 데에 뜻을 모으고 원한의 함성이 길을 메웠다. 만약 너희 개돼지들을 다 죽이지 못한다면 맹세코 살지 않겠다"[40]고 하였다. 위원도 비록 "모든 혈기 있는 자는 마땅히 분노해야 한다"고 하였지만, "식견 있는 자는 차분히 책략을 수립해야 한다"는 사실을 더욱 중시하였다. 이로부터 『해국도지』가 울분에서 시작됐지만 거기에 그치지 않고 상황 타개를 위한 책략을 수립하는 데에 더 큰 뜻을 두고 있었음을 알 수 있다. 그는 서론에서 다음을 분명히 하고 있다. "총명한 신하는 '바다 위의 왜구를 없애려거든 먼저 사람 마음속의 걱정을 없애야 한다' 고 했다. 사람 마음속에 있는 걱정이란 무엇인가? 물도 불도 아니고 칼도 금도 아니며 연해 지역의 간사한 백성도 아니고 아편을 흡식하고 파는 그러한 나쁜 사람도 아니다. 따라서 군자는 『시경詩經』의 「상무常武」, 「강한江漢」을 읽기 전에 먼저 「운한雲漢」, 「거공車攻」을 읽어 시인의 분노를 알고, 괘卦와 효爻로써 『역경易經』의 작자가 품고 있던 근심, 걱정을 안다. 울분과 걱정이 있기 때문에 하늘의 도가 땅에 떨어지다가도 다시 안정되고 인심은 몽매함에서 깨어나게 되며 인재는 허상을 버리고 실질을 추구하게 된다." "어리석은 근심을 버리면 밝은 세상이 열릴 것이고 쓸데없는 걱정을 버리면 광풍과 우뢰 역시 사라질 것이다." 위원은 '우환'과 '발분'을 매우 강조하였다. 그는 우환과 발분이 중국 민족을 '허무'와 '몽매'에서 깨어나게 하는 추동력이라 주장하였다. 따라서 그에게 있어 감정은 겉으로 드러나는 다채로운 색채였고, 이성은 그 내부의 품격이라 할 수 있다.

위원은 냉정하고 객관적인 시각으로 외부 세계를 관찰하면서 먼저 주요 적국에 주목하였다. 그는 유럽의 정치 정세에 대해 이렇게 판단하였다. "이탈리아가 몇 개의 나라로 분열된 이후 교황이 존재했지만 계속 부강할 수 없었고, 대신 프랑스, 영국이 부흥했는데 그 가운데 영국이 특히 괄목할 만한 발전을 보였다. 포교를 중시하기보다는 상업과 군사력 강화에 노력함으로써, 두 나라는 서로 상승 발전하였는데 특히 영국의 발전은 더 빨랐다."[41] 그는 영국의 패권 지배에 대해 다음과 같이 높이 평가하였다. "사해四海 가운데 그들의 배가 닿지 않는 곳이 없었고, 세상 모두를 업신여기며 그 정수를 빼앗아 가려 한다." 포교를 중시하기보다는 상업에 힘써 나라를 일으켜 세울 수 있었고 군사력과 상업으로 천하를 제패했다. 이것은 객관적인 지적이었다. 한편 그는 세상 물정을 모르는 중국인 가운데 특히 완고하고 우매한 구시대 도덕의 옹호자들에게 매우 날카로운 문제를 던졌다. "도대체 나라를 세우는 근본이 무엇인가?"

위원은 '쓸 데 없는 왕도'를 부르짖는 자들에 대해 반대하였다. "그들은 입으로 심성을 말하고 몸으로 예의를 실천하며 만물이 하나라고 말하면서도, 백성의 어려움을 구제하지 않고 통치에 힘쓰지 않으며 국경 방어에 소홀히 한다. 다른 나라와의 관계에서도 위로는 대세를 장악할 수 없어 국경을 지켜내지 못하고 아래로는 백성을 고통 속에서 구해내지 못한다. 평상시 백성의 여러 생계 문제에 대해 공리공론만을 일삼다 일이 어려운 지경에 이르게 되면 효과적으로 대처하지 못한다."[42] 제1차 중영전쟁이라는 참혹한 현실로 말미암아 위원은 서구가 부강에 이른 방법을 객관적으로 살피게 되었고, 그와 대비하여 '내성외왕內聖外王'이라는 전통적 정치 철학에 대해 회의를 품게 되었다.

"갈라진 틈으로 들어오는 빛을 통해 침대를 보고 창문의 빛을 통해 집안을 보며 정원의 빛으로 집을 보고 천지 사방의 빛으로 세계 각국을 본다." 위원은 이 글을 통해 어떻게 대중의 의견을 널리 취할 것인지에 대해 말하면서 그 자신이 개방적인 태도를 지니고 있음을 보여주었다. 따라서 세계가 중국으로 달려가고 있을 때, 그는 비교적 빠르게 반응하고 깨어있는 사고로써 세계로 향할 수 있었다.

제1차 중영전쟁 이후 그는 사람들 마음의 창을 열어 뜰에서뿐만 아니라 세상 전체로부터 빛을 받아들이고 싶어 했다. 그는 "단지 중화만을 과장하고 세계의 거대함을 보지 못하는" 완고한 무리를 극히 경멸하였다. 그는 「도중령都中吟」에서 통치자의 우매함에 대해 통렬하게 공격하였다. "뒷수습을 잘해야 한다. 뒷수습을 잘해야 한다. 포대를 설치하여 강과 해안을 방어해야 한다. 기계, 선박, 무기를 제조하였지만 아직 공격과 수비를 감히 말하지 못한다. 선박과 대포를 제조하는 데에 있어 왜 서양인의 기술을 배우지 못하는가? 몇 배의 힘이 들까 걱정하기 때문이다. 강이나 해안에서 왜 아편을 엄격히 금지하지 못하는가? 외국과의 전쟁을 촉발할까 두려워서이다. 서양인이 어떻게 중국으로 오게 되었는가? 혹자는 파미르고원이 대서양으로 통해 있다고 하고, 또 어떤 이는 할하 몽골과 인도가 서장西藏을 노린다고 하며, 또 다른 사람은 미국, 프랑스, 러시아 등이 위구르가 당나라를 도왔던 과거의 예를 본받으려 한다고 한다. 또 여러 나라가 서로 결탁하니 그들이 어찌할지 추측할 수도 없고 막을 수도 없으며, 따라서 우리가 전비를 마련하고 전쟁을 논의하는 것은 옳지 않다고까지 한다. 오호라! 영국과 통상한 지 벌써 200년이 되었건만 아직 그 나라가 어디에 있는지도 모르지 않는가? 만주어를 번역하자고 많이 주장하지만, 어찌하여 서양어 역관을 별도로 개설하여 변방에 대한 대책 마련에 힘쓰지 않는가? 멀리 떨어져 있다 해도 서양의 상황, 기술, 지도 등에 대해 상세히 알아야 한다. 지피지기는 병가의 기본 방책이거늘 그들에 대한 정보 획득 업무는 도대체 누가 맡고 있는가?"[43] 주요 적국이 어디에 있는지조차 제대로 모르고 있는데 어떻게 방어 전쟁을 논의할 수 있겠는가? 위원은 번역 기관을 설치하여 해외 세계에 대해 이해할 수 있는 기초를 닦고, 우선 서양의 정세, 기술, 지도에 대해 조사하자고 주장했다. 청조는 비록 그의 건의를 받아들이지 않았지만, 그는 임칙서林則徐의 부탁을 받아 이미 완성한 『사주지四洲志』를 기초로 하고 광범한 자료를 추가하여 『해국도지』 50권을 편찬하였고, 이후 60권 100권으로 증보하였다. 매번 『해국도지』가 증보될 때마다 세계는 그의 마음 속에서 점점 더 크고 분명하게 각인되어 갔다.

『해국도지』는 중국인이 편찬한 첫 번째의 세계 역사 지리 소개서였다. 그것은 각국의 산물, 교통, 무역, 생산, 기술, 정치 제도, 대외 관계, 문화, 교육, 풍속, 습관 등을 포함하고 있다. 제1차 중영전쟁이 전통 문화에 충격을 주었다 해도 전체적으로 보면 단지 '구멍'과 '창문'을 통해서였지만, 『해국도지』에는 "천하로부터 빛을 받아 세상을 보려"는 원대한 기상이 있었다. 위원은 "오랑캐로 오랑캐를 공격하고 대응하기 위해, 그리고 오랑캐의 좋은 기술을 배워 그를 제압하기 위해 이 책을 지었다"고 하였다. "오랑캐로 오랑캐를 공격하다"와 "오랑캐로 오랑캐에 대응한다"는 것은 늙은 서생들이 항상 하는 말로 여러 지식인들로부터 비난받았다. 따라서 "오랑캐의 좋은 기술을 배워 오랑캐를 제압한다"라는 주장만이 시대적 의의를 지닌 획기적인 명제로서, 그의 담력과 지모 그리고 선견지명을 잘 보여준다.

위원이 말하는 '좋은 기술'이란 "첫째 전함, 둘째 무기, 셋째 병사 양성 및 훈련 방법이었다. 오랫 동안 우리는 "오랑캐의 좋은 기술을 배운다"라는 명제에 대해 충분하게 이해하지 못하고 서양의 '견고한 군함과 우수한 대포'를 배우자는 주장 정도로 여겨왔다. 그러나 문화사적 시각에서 살펴보면, 이것은 전통 관념에 대한 첫 번째의 용감한 도전이었다. 새로운 것을 처음으로 창조해도 용감하고 또 과거의 것을 처음으로 버려도 용감한 법인데, 위원은 이 둘을 모두 실천한 진정 용감한 사람이었다. 그 이유는 다음과 같다.

첫째, 중국은 역사 이래 문명 국가임을 스스로 자랑스럽게 생각하고, 이외의 나라를 야만적이고 우매한 오랑캐로 여겨왔다. 쇠퇴의 길로 넘어가는 청 중기에도 이와 같이 허황된 전통 관념은 여전히 계속되었다. 위원은 비록 오랑캐라는 호칭을 계속 사용하였지만, 다방면에 걸쳐 "오랑캐의 사정에 대해 잘 알게 됨"에 따라, 오랑캐의 의미를 분명히 다르게 해석하였다. 그는 세계가 커서 중국인 마음속에 있는 '천하'의 좁은 범위를 훨씬 뛰어 넘으며, 세계의 형세와 질서가 중국 전통의 화이 관념華夷觀念과 크게 다르다는 사실을 발견하기 시작하였다. 위원의 시각에 따르면 세계는 더 이상 폐쇄적이지도 정체적이지도 않으며 오히려 발전 변화하였다. 또한 문명의 발전은 본래 고정적인 격식이 없고 영원토록 불균

형한 특징을 지니기 때문에, 세계 질서 또한 끊임없는 변화 속에 있게 되었다. 도광道光 년간에 이르러 중국인이 오랫동안 '도이島夷'라고 멸시하였던 영국은 더 이상 야만스럽지도 우매하지도 않으며 경제, 문화면에서 오히려 크게 발달하였기 때문에 다른 서양 국가와 함께 중국의 본보기가 될 만하다는 사실이 확인되었다. 오랫 동안 문을 닫아걸고 스스로만을 귀하게 여겨 왔던 늙은 제국이 이러한 현실을 인정하고 관념상의 변화를 보이기 위해서는 매우 어렵고 또 상당히 고통스런 장기적 과정을 필요로 하였다. 위원은 제1차 중영전쟁 직후 적극적인 반응을 보여 전통에 대한 반대의 입장과 함께 "오랑캐를 배우자"라는 구호를 제출하였다. 이는 그의 사상 역정에 있어 매우 중요한 것이었다.

둘째, 대외 관계를 맺을 때 청조는 오랫동안 외국을 속국으로 여겨 왔는데 그 기본 관념은 외국을 "다스린다" 였다. 즉 무력에 의한 위협 혹은 도덕적 감화로써 주관적으로 만들어 놓은 자신의 세계 질서를 유지하는 것이었다. 제1차 중영전쟁 이후 그는 대외 관념의 출발점을 위의 "다스린다" 에서 "배운다" 로 전환시켰다. 오랑캐로 간주되어 왔던 서방 국가를 따라 배우겠다는 것이었다. 비록 그가 "배운다" 를 강조하는 목적이 여전히 그들을 "제압한다" 에 있었고 "제압한다" 가 제어, 통제의 의미로 이해될 수 있었지만, 당시의 실제 정황에 근거해 판단해 보면 "제압한다" 는 공격의 의미보다는 주로 방어 즉 적극적이고 유효한 방어의 의미로 파악해야 할 것이다. "다스린다" 에서 "제압한다" 로의 변화는 비록 글자 몇 자 차이에 불과하지만 사상의 중대한 변화를 반영하였다. 중국 문자가 지니는 의미는 매우 풍부하였다. "다스린다" 에서 "제압한다" 로의 변화는 사람들의 마음속에서 중국과 외국의 지위가 역전되어 중국은 높은 데에서 낮은 곳으로, 외국(주로 서방 국가를 가리킨다)은 낮은 데서 높은 데로 그 지위가 변화하였음을 설명한다. 중국인은 비록 여전히 스스로를 중화라고 부르고 황제 역시 여전히 하늘의 아들 즉 천자로 알려져 있지만, 중국의 황제가 중국 이외의 천하에도 군림한다는 망령된 생각은 점차 사라져 갔다.

셋째, "오랑캐를 배운다"의 범위는 비록 '좋은 기술'에 한정되었지만, '기술'에 대해 '좋다'고 할 수 있는 것 역시 심각한 관념의 변화를 포함하였다. 전통 관념에 따르면 정신 문명은 높이 평가된 반면 물질 문명은 무시되었다. 생산 기술에 대해서는 매우 낮게 평가했고 특히 정교한 공예품에 대해서는 인심과 풍속을 헤치는 '기이하고 요상한 기술'이라 여겼다. 위원은 이러한 편견에 반대하여 공개적으로 다음과 같이 말했다. "유용한 물건은 신기한 기술에 의한 것이지 요상한 기교에 의한 것이 아니다." 이 뿐만 아니라 기술이 신기한 까닭은 학문이 거기에 내재하기 때문이라 보았다. "오늘날 서양의 기계는 풍력, 수력, 화력을 이용하여 조화를 부리며 신명에 통하였다. 이목과 심사의 힘을 다하지 않음이 없으니 인민에게 유용함을 제공했다." 이목은 감각 기관에 속하며 감성 인식의 근원이었다. 심사는 대뇌의 기능이며 높은 단계로 진입하여 이성으로 전화된 인식이었다. 자연력을 이용하여 "조화를 부리고 신명에 통하는" 단계에 도달하려면 절대 교묘한 손재주에 의해서가 아니고, 반드시 "이목과 심사의 힘을 다해" 만들어진 기계에 의해야 했다. 위원이 과학science이란 용어를 알고 있었는지는 확실하지 않다. 하지만 그가 여기서 말하는 '이목과 심사의 힘을 다하는 것'이야말로 바로 실제적으로 과학을 가리켰다. 이렇게 유용한 학문이 비록 멀리 있는 서방의 이국에서 왔지만, "공허한 수식과 불필요한 미사여구로 일관하고, 심성에 대해 쓸 데 없는 말만 늘어놓는" 부패한 전통 유학보다 훨씬 고명하다는 것이었다.

넷째, '좋은 기술' 이 주로 '군함' 과 '무기' 를 가리키지만, 이러한 종류의 '좋은 기술' 을 배운다는 것은 동양이 서구의 근대 문명을 배울 때 거치는 초보 단계에서 이루어질 뿐이었다. 근대 문명을 전파하는 가장 좋은 매개물은 상품이었다. 가격 싸고 품질 좋은 공업 제품은 선진 문명으로 사람을 끌어당기는 매력을 항상 지녔으며, 사람들을 폐쇄적이고 낙후된 전통 농업 사회의 울타리로부터 벗어나도록 추동시켰다. 그러나 1840년대 중국에 대한 서구 상품의 충격과 흡인력 모두는 한계를 지니고 있었다. 비록 그 충격이 가장 강했던 연해 지구(특히 개항장)에서 나이프, 포크, 피아노 등의 수입이 약간 증가하였지만, 창고에 쌓이는 수입품의 재고는 골칫거리였다. 외국의 면방직 제품은 농촌 가내 수공업 제품의 완강한 저항을 받았다. 당시 사람들의 이목을 진정으로 끈 '상품' 은 아편이었다. 아편은 비록 '상품' (당연히 불법 '상품' 이었다)이었지만, 그 충격은 단지 인민에게 폐해를 끼치고 대량의 은을 유출시키는 정도에 머물렀고, 중국 경제 구조에 직접적인 영향을 끼치거나 서구 선진 문명을 보여주지 못했다. 그러므로 단지 서구의 '전함' 과 '무기' 만이 침략과 폭행의 과정에서 중국인의 커다란 분노와 공포를 야기하였고, 다른 한편으로 전쟁에서 승리하기 위해선 중국인이 서구의 근대 문명 가운데 확실히 배울 만한 것이 있다는 사실을 일깨워주었다. 동시에 물질은 모두 사람과 서로 관계를 맺고 있었다. 선진 무기는 선진적인 사람이 제작하고 선진적인 사람이 사용하였다. 따라서 이것은 반드시 '군사를 훈련 양성하는 방법' 과 관련될 뿐만 아니라 교육 관리와 군인 소양의 개선까지도 연결되었다. 이렇게 물질 문명은 정신 문명과도 연결되며 적어도 군사 편제 내지는 공장 체제 방면의 변혁과 관련되었다. 어떠한 국부적인 개혁도 전체적인 연쇄 반응을 일으키게 마련인 것이었다. 이 점은 과거에서 현재에 이르기까지 중국 내외를 막론하고 예외 없었다. 결국 침략 무기가 서구 근대 문명 전파의 첫 번째 운반 도구로 되었다는 사실은 역사적 아이러니지만 이해할 수 없는 것도 아니었다.

다섯 째, 당연한 것이지만 위원이 말하는 "오랑캐의 좋은 기술을 배우자"의 의미는 절대 무기의 범위 내에 국한시키는 것은 아니었다. 그는 조선소나 무기 공장 등에서 무기를 제조할 수 있을 뿐만 아니라, "일반 민간인의 사용에 유익한 것 모두 역시 만들 수 있다"고 주장하였다. 이는 분명 군사 무기 생산을 민간 공업 부분으로 확장하고자 했음을 표현한 것이었고, 또한 그가 중국 공업화의 시작을 시도했음을 보여주는 것이었다. 미국의 정치학자 헌팅턴Samuel P. Huntington은 일찍이 다음과 같이 말했다 "17세기 유럽의 절대군주제는 외부 위협과 그와의 충돌이 왕권의 개혁과 집권화를 자극하여 형성되었다. 19세기 비서구국가의 '방어적 근대화' (defensive modernization)도 대외 침략과 정복의 공포에 기인한 것이었다."[44)]

전자의 사례로는 러시아 군대가 나르바 부근에서 스웨덴에 패배한 후 피터 대제가 개혁에 힘써 서양을 배우고 러시아 근대화의 서막을 열었던 데에까지 소급할 수 있다. 이백 년이 지난 중국은 동일하게 서구 열강의 위협 아래 국방 근대화를 전반적인 국가 근대화의 기점으로 삼았다. 그러나 청조 통치자는 군사 공업 계통의 근대화가 경제 구조의 변화로 이어지고 더 나아가 정치 체제와 문화 심태의 변화에까지 미치게 된다는 사실을 제대로 이해하지 못했다. 이후 양무운동의 진행과 사회적 영향은 이와 같은 역사적 변화의 궤적을 분명하게 드러내 주었다.

여섯 째, 위원은 『해국도지』를 통해 서양 기술을 배워야 한다고 강조하면서 다음과 같은 치밀한 논리를 내세웠다. "좋기 때문에 그것을 사용하며, 좋은 것으로써 그들을 제압해야 한다. 풍기가 날로 개화되고 지식이 날로 증가하게 되면 곧 동양 인민이 서양의 인민과 같아지게 될 것이다." 이것은 "오랑캐의 좋은 기술을 배운다"라는 부분을 더욱 폭넓게 해석하여 '풍기'의 개화와 '지식'의 증가와 연결시킨 것이었다. 이는 위원의 사상 가운데 우연히 드러난 하찮은 부분이 아니라, 그가 일관되게 '허무함'과 '애매함' 등을 반대하는 실제적인 인물이었음을 잘 보여준다. 또한 그가 『묵고默觚』에서 강조한 '재주'와 '감정'의 합일 주장과도 통하였다. 위원은 또한 다음과 같이 주장하였다. "재주는 감정에서 나오는 것으로 무정한 자로서 재주 있는 자는 없다. 자애로운 모정으로 어린 아이를 사랑하기 때문에 어머니는 자연히 아이를 양육할 수 있는 재주가 있는 것이다. 부하들이 진정으로 두목을 보호하려는 마음이 있어야 두목을 보호할 수 있는 능력을 지니게 마련이다. 국가와 인민에 대해 감정이 없으면서 그들을 구제할 재능이 있다는 건 고금 이래로 존재하지 않는다. 소인은 나라 군주, 인민 모두에 대해 무정하다. 따라서 그의 사상과 지능은 국가와 인민을 구제하는 데가 아니라 국가와 인민을 해치는 데에 이용되며 큰 새의 발톱이고 벌과 전갈의 독침일 뿐이다." 위원이 여기서 말하는 감정은 도덕 범주에 속하는 것으로 자녀에 대한 어머니의 자애, 국가에 대한 신민의 충성심과 같은 것이었다. 또한 이것은 일종의 위기의식과 사회 책임감으로도 볼 수 있다. 즉 그가 늘 말하기 좋아하는 '발분發憤'과 '우환憂患'인 것이었다. 재능과 감정을 결합하는 것은 또한 재능과 덕을 결합하는 것이었다. 이것은 메이지 시기 일본 개혁 사상가 후쿠자와 유키치를 떠올리게 한다. 그는 『문명론개략』에서 '지덕智德'이란 용어를 사용하여 "지와 덕은 반드시 서로 결합해야 비로소 그 기능을 발휘할 수 있다"고 강조하였다. 그러나 후쿠자와는 지를 보다 중시하였다. 그는 "지가 도덕적 광휘光輝를 증가시킬 수 있을 뿐만 아니라 도덕을 보호할 수 있고 죄악을 소멸시킬 수 있다"[45]고 보았다. 후쿠자와는 위원에 비해 44년 늦게 태어났고 『문명론개략』은 『해국도지』에 비해 21년 늦게 출판되었다. 따라서 후쿠자와의 '지덕합일론智德合一論'은 위원의 '재정합일론才情合一論'에 비해 보다 심오한 역사관을 반영하였던 것으로 보인다. 하지만 제1차 중영전쟁이 종결된 시점에서 위원이 '풍기'와 '지식'의 광범한 변화를 강조한 점은 선구적 사상가로서의 풍모에 손색이 없는 것이었다.

몇 년이 지난 이후 왕도王韜는 "근래에 해외 상황에 대해 최초로 언급한 책으로는 당연히 서계여徐繼畬(1795-1873)의 『영환지략瀛環志略』과 위원의 『해국도지』을 꼽아야 한다."고 평하였다.[46] 무술변법 직전 호남湖南의 보수파 증렴曾廉이 말하기를 "오랑캐를 따라 배우겠다는 주장이 있는데 먼저 그 기술에 대해 말하고 이어 그 정치에 대해 말하고 그리고 더 나아가 그들의 종교에 대해 관심을 기울이게 된다면 군신, 부자, 부부 사이의 삼강오륜은 모두 사라질 것이다"라고 했다. 오히려 이러한 주장은 반대로 위원의 선구적 지위를 보다 분명하게 설명해 주었다. 사실 위원, 서계여의 두 대작 이외에도 요영姚瑩의 『강유기행康輶紀行』, 하섭夏燮의 『중서기행中西紀行』, 양정단梁廷枏의 『이분문기夷氛聞記』 등도 정도의 차이는 있지만 모두 중국 밖의 세계를 소개하는 혁신적 경향을 띠었다. 그러나 풍기를 변화시키는 데에는 여전히 한계가 있었다. 예컨대 왕도는 『영환지략』의 서문에 다음과 같이 쓰고 있다. "이제 전쟁이 끝나 그 비용을 논하고 상호 간의 통상이 이루어지고 있다. 연안 일대는 평정을 되찾았고 서로 배우며 특별한 사건이 발생하지 않았다. 그러나 내정과 외정을 담당한 여러 대신들은 서구와 관련된 논의를 모두 꺼려했고 어둡고 혼란한 상황을 감추기에 급급했으며 이를 지적하는 사람에 대해서는 분별이 없다고 배척하였다. 또한 연해 지역과 변경 지역은 안정되었기 때문에 방비에 주력하지 않았다. 멀리 서구로부터 자문을 구한다든가 그 좋은 기술을 배우려는 것은 전혀 고려하지 않았다. 그러니 어찌 외국과 함께 서로 협조하여 일을 도모할 수 있겠는가?" 서계여는 1846년에서 1851년까지 복건성의 순무巡撫로 재직하면서 부패한 정치 혁신에 뜻을 두고 노력하였지만 "이미 정해진 법칙은 융통성이 없어 넘어설 수도 고칠 수도 없었다. 조그마한 개혁이 시도되면 여기저기에서 견제가 들어왔다." 결국 하고자 하는 바를 실천하기란 여전히 곤란하였고, 기존의 부패를 타파한다는 것은 더더욱 힘들었다.

"아문의 거처 비록 작지만 넓은 하늘을 볼 수 있고, 정자 부근 드문드문 있는 꽃과 흉물스런 바위에 안부를 묻는다. 관리는 지리멸렬하고 백성은 곤궁하건만, 대나무 새로 나거든 낚싯대나 만들련다."[47] "달빛 아래 외로이 울고 있는 새는 누굴 위해 그리 슬퍼할까? 돌아오지 않는 자웅 한 쌍, 녹색 이끼에 그림자만 드리우네. 적막한 산 속에 처사 있어 꽃에서 내려앉은 어린 새 한 마리만 그를 반기네."[48] 선구자의 고독감이 비록 아직까지 명확한 근대 의식으로 전환된 것은 아니지만, 마음속의 고통은 상당히 강렬하고도 깊다. 공자진과 마찬가지로 그는 개인 자질이란 면에 있어 유럽이나 일본의 계몽 사상가 혹은 개혁 정치가에 결코 뒤지지 않았다. 위원과 같이 다방면에 걸쳐 폭넓은 지식을 갖고 있는 인물은 일본에서 지극한 존경을 받았고 또 큰 영향을 끼쳤다. 그러나 그들은 중국과 같은 사회 환경 속에서는 자신의 재능과 포부를 펼치기 어려웠다. 그들은 오쿠보 도시미치大久保利通(1830–1878), 사이고 다카모리西郷隆盛(1827–1877), 기도 다카요시木戸孝允(1833–1877) (이상 일본 메이지 유신 3걸) 등과 같은 위업을 달성하지 못했고, 카보우르Conte di Cavour(1810－1861), 마치니 Fiuseppe Mazzini(1805－1872), 가리발디Giuseppe Garibaldi(1807－1882) (이상 이탈리아 3걸) 등과는 아주 다른 길을 걸었다. 그들은 단지 광활하고 캄캄한 중국 대륙에서 외로이 소리칠 뿐이었다.

위원의 저작은 일본에서 유신 사상가로부터 열렬한 공감을 얻었다. 사쿠마 쇼잔佐久間象山(1811－1864)은 위원의 「성무기서聖武記序」를 읽고 다음과 같이 말했다. "오호라! 나와 그는 다른 곳에서 태어나 서로 이름도 알지 못하지만, 같은 시기에 동일한 주장을 하니(그 역시 1842년 막부에 「해방팔책海防八策」을 건의하였음을 가리킨다.) 그 의견이 암암리에 서로 통해 기이할 뿐이다. 진정한 해외 동지라 할 만 하다."[49] 또 다른 유신사상가 시오노야 토우인鹽谷宕陰(1809－1867)은 『해국도지』가 중국 통치자에 의해 무시당한 사실을 매우 유감스럽게 생각하면서 다음과 같이 탄식하였다. "오호라! 충직하고 학식이 뛰어난 학자가 국가의 전도를 걱정하여 좋은 책을 썼거늘 군주는 그를 이용하지 않았고 책은 오히려 다른 나라로 유출되었다. 나는 단지 위원 때문에 슬픈 것이 아니라 청의 군주 때문에 슬퍼한다."[50] 반세기 가량 지난 이후 양계초는 무술변법의 실패와 의화단운동을 경험한 후 『해국도지』에 관한 중국, 일본 양국의 서로 다른 태도를 대비시켰다. 그는 심각하고 침통한 느낌을 가지고 다음과 같이 생각하였다. "위원은 경세經世에 대해 관심을 기울여 『해국도지』를 저술함으로써 외국에 대한 국민의 각성을 촉구하였다... 일본의 사쿠마 쇼잔, 요시다 쇼인吉田松陰, 사이코 다카모리 등 모두 어느 정도는 이 책에 의해 자극받아 존왕양이尊王攘夷의 유신을 일으켰다. 손 트지 않게 하는 약 하나로 어떤 이는 전쟁에서 패권을 다투는 큰 일에 사용했지만 어떤 이는 옷감을 헹구는 데에만 사용했을 뿐이니 어찌 그 쓰임이 각각 다르지 않겠는가?"[51)]

손 트지 않게 하는 약에 관한 고사는 『장자莊子 · 소요유逍遙游』에 나오는데 그 원문은 다음과 같다. "송인宋人 가운데 손 트지 않게 하는 약을 조제하는 자가 있어 대대로 옷감 헹구는 일에 사용하여 왔다. 어떤 객이 이에 대해 듣고 100금에 그 비방을 팔라 요청하자, 그 송인은 친척을 불러 모아 '우리 집안은 대대로 옷감 헹구는 일을 하여 수금數金밖에 벌지 못했는데 하루아침에 100금이나 벌게 되었으니 그에게 이 비방을 팔도록 하자.' 고 하였다. 결국 객은 이 비방을 얻어 오왕吳王에게 알렸는데 월越이 문제를 일으키자 오왕은 그에게 처리케 하였다. 그는 겨울에 월인과 수전水戰을 벌여 그들을 크게 물리치니 오왕은 그에게 땅을 분봉해 주었다. 손 트지 않게 하는 비방은 하나인데 누구는 그것으로 분봉을 받았고, 다른 누구는 옷감 헹구는 일을 면할 수 없으니 이 모두는 쓰임의 차이 때문인 것이다." 이 약은 동절기 사람들의 손이 트지 않도록 해주는 효과가 있는데 오늘날의 동상 방지약과 같은 것이었다. 송나라 사람은 이 약을 제조하는 기술을 알고 있으면서 대대로 옷감을 빨 때 손을 보호하는 용도로만 활용하였다. 하지만 어떤 사람이 이 약을 사서 수전에 적극 활용한 결과 공을 세우고 봉지를 얻게 되었던 것이다. 양계초가 이 약과 관련된 고사를 인용한 것은 『해국도지』가 중국 일본 양국으로부터 받은 대우의 차이를 설명하기 위함이고 또 양국에서 일어난 개혁 운동의 서로 다른 결과를 설명하기 위해서였다.

『해국도지』는 일본에서 환영을 받았지만 정작 중국에서는 냉대를 받았고, 개혁 운동은 일본에서는 신속하게 성공하였지만 중국에서는 실패로 끝나고 말았다. 그 원인은 어디에서 찾을 수 있을까?

일본과 중국의 개혁 운동에 관한 비교 연구는 중국 내외의 많은 학자들에 의해 이루어졌다. 비록 지리적 위치와 역사적 기회와 같은 원인 역시 중요하지만 보다 중요한 것은 사회 내부에서 찾아야 할 것이다. 이 경우 황인우黃仁宇의 진지한 분석을 참고할 필요가 있다. "해양 국가인 일본은 도쿠가와德川막부 말기 여러 번藩(봉건 제후)에 '장원藏元' (재정 경리), '주중간株仲間' (각종 상업 단체), '문옥問屋' (도매상), '회선回船' (보험 가입한 정기 운항선) 등의 조직이 있었다. 정부는 중앙 집권적 전통을 갖지 않았고 상업 조직과 상업 자본은 계속 성장 중에 있었다. 메이지유신은 겉보기에 시대를 앞서가는 개혁 같아 보였지만 실제로는 이미 존재한 저층 구조 위에 새로운 고층 구조를 배열해 놓은 것이었다."[52] 황인우는 Constitution이라는 단어로 자본주의 체제의 형성을 설명하였다. Constitution은 헌법을 의미하지만 동시에 '하나의 유기체적 기능 조직 구조' 를 가리키기도 한다. 헌법을 만드는 것은 쉽지만, 기능 조직 구조를 바꾸는 것은 어려웠다. 일본의 메이지유신이 성공을 거둘 수 있었던 요인은 주로 사회의 '저층 구조' 가 자본주의 체제 형성을 위해 필요한 기초를 제공해 줄 수 있었기 때문이었다. 그러나 당시 중국의 '저층 구조' 는 아직 이러한 조건과 기제를 갖추지 못하였다.

일본 학자 오오타니 도시오大谷敏夫가 소개한 일본 막부 말기의 많은 민간 사숙私塾, 시사詩社의 상황을 통해 19세기 중엽 일본 사회의 '저층 구조' 에 대해 고찰해 볼 수 있다. 예컨대, 부유한 상인 출신인 히로세 탄소廣瀨淡(1782－1856)은 1805년 일전日田에 사숙 함의원咸宜園을 건립하여 신분에 관계없이 모든 사람에게 개방하였다. 당시 "삼천여 명의 문인門人이 운집해 생동감이 넘쳤다" 고 한다. 미농인美濃人 야나가와 세간梁川星巖(1789－1858)은 1834년 동경에 옥지음사玉池吟社를 설립하였는데 많은 우국지사들이 모여들었다. 1856년 장주번長州藩의 저명한 개혁 사상가 요시다 쇼인도 송하촌숙松下村塾을 열고 『해국도지』를 이용하여 "문생門生들에게 일본이 개국 이후에 취해야 할 방향에 대해 가르쳤다." 이 송하촌숙의 학생 가운데에서 이토 히로부미伊藤博文(1841—1909)와 같은 메이지유신기의 저명한 정치가가 등장하였다. 오오타니 도시오는 "이러한 사숙이 인재를 배양하는 곳이며 동시에 유신 사상을 형성하는 곳이었다"고 생각하였다.[53] 이러한 상황은 중일 양국 비교 연구에서 주목할 만한 부분이라 할 수 있다. 그러나 그는 선남시사宣南詩社와 같은 중국 시사나 서원을 막말 일본의 유신 사상과 활동을 형성 추진시킨 사숙, 시사와 동일한 것으로 파악하였는데 이는 선의의 오해에서 비롯된 것 같다. 단순화시켜 말한다면 1850년 이전 중국에는 옥지음사나 송하촌숙 등과 유사한 시사나 촌숙은 아직 출현하지 않았다. 적어도 당시 그 어떤 서원과 사숙도 감히 사서오경 대신 『해국도지』를 교과서로 삼지 않았던 것이다.

물론 '저층 구조'에만 착안한다면 지나치게 단순화시켰다는 비난을 면할 수 없다. 후쿠자와 유키치는 오히려 '고층 구조'의 방면에서 중국과 일본 쌍방을 비교하였다. 그는 일본이 중국에 비해 서구 문명을 쉽게 받아들일 수 있다고 보았다. 왜냐하면 일본의 경우 천황과 막부가 공존한 반면 중국은 신권神權과 정권政權 모두가 황제에게 집중되었기 때문이었다. 일본 천황제는 비록 '만세일계萬世一系'이지만, "지존至尊은 반드시 지극히 강할 필요가 없고 지극히 강한 존재는 반드시 지존에 이를 필요가 없다"는 중간 단계를 거쳐, 정권은 막부에 집중되고 천황은 최고 신권을 대표하는 이원적인 정치 체제에 이르게 되었다. 이러한 점에 있어 일본은 유럽의 교황과 군왕이 서로 대치하는 상황과 유사하며, 황제가 지존의 지위와 함께 최고 권력을 독점하는 중국의 정치 체제와는 크게 구별되었다. 다원적인 정치 체제 하에서는 통일적 독점적인 정신적 권위가 형성되기 어렵고 따라서 자유스러운 정치 문화가 조성되기에 유리하였다. 중국인은 절대적인 전제 군주제를 채택하면서 군주란 지극히 존귀하고 강력한 힘을 소유한 자라고 굳게 믿었다. 이는 변화시키기 힘든 완고한 전통 관념이 되어 새로운 외래 사상을 받아들이기 어렵게 만들었다. 만약 후쿠자와 유키치의 '고층 구조' 에 대한 분석과 황인우의 '저층 구조' 의 분석을 결합한다면, 역사에 대한 우리들의 이해는 더욱 깊어지게 될 것이다.

하지만 문제는 이 정도에서 그치지 않았다. 서양 학자들은 다른 각도에서 중국과 일본의 차이를 찾았다. "19세기 중엽 중국의 권위와 권력은 일본보다 훨씬 더 한 곳에 집중되었다. 중국은 관료제 국가였고 일본은 기본적으로 봉건제 국가였다. 일본 사회는 고도의 계층화된 사회이었기 때문에 사회 유동은 거의 없었다. 반면 중국 사회는 비교적 개방적이어서 개인이 사회와 관료 위계 가운데에서 유동성을 보장받을 수 있었다. 라이샤워Edwin Oldfather Reischauer(1910－1990)의 용어를 빌린다면 일본의 세습은 '권위의 기본적 근원' 이 되었던 반면 중국에서는 세습제가 그다지 큰 역할을 담당하지 못했고, 관리의 임용과 승진은 엄격히 과거제도에 의해 결정되었다. 루크우드Lookwood가 암시하였듯이 만약 1850년 한 명의 관찰자가 이들 두 국가 가운데 어느 나라가 미래의 발전 잠재력을 더 많이 갖고 있는가에 대해 판단해 줄 것을 요청받았다면, "그는 아무 주저 없이 중국 쪽을 들었을 것이다." 하지만 거리나 민간 풍속의 현격한 차이 때문에 동양에 대한 서양인의 이해는 종종 오류가 많았고 혼동되어 있었다. 따라서 루크우드의 예언이 단지 1세기 혹은 1세기 이상의 긴 시간이 지난 후에 실증될 수 있는 것인지 아니면, 19세기 중기와 후기에 그렇다는 것인지는 판단하기 곤란하다.

헌팅턴은 "일본의 도쿠가와 막부는 청말 중국보다 더 낙후한 봉건 국가였는데 이러한 사실은 오히려 광범한 정치 참여의 기회를 제공했고 전통적인 세력가와 신흥 상업 단체를 정치 체제 내로 통합시키는 사회적 기초를 마련하였다"고 하였다. 또한 "다른 한편 중국의 유교 가치관과 태도 때문에 정치가들은 정치 개혁에 나서려 하지 않았고, 그들이 개혁을 원할 때 권위의 집중 현상 때문에 근대화의 결과로 형성된 사회 단체들이 정치 체제 내로의 평화적 편입이 저지당하고 말았다."[54] 1968년 출판된 역작 『변화하는 사회의 정치 질서』를 계기로 헌팅턴의 학술 사상은 그 체계를 갖추었는데 이 책은 후쿠자와 유키치의 『문명론개략』보다 1세기 가량 늦게 출판되었다. 헌팅턴이 후쿠자와의 저작을 읽었는지 안 읽었는지 확인할 수는 없다. 그러나 적어도 그의 사고 방식은 후쿠자와의 그것과 일치한다. 사상가 후쿠자와는 막부와 천황의 장기 공존 현상 때문에 지극히 존귀한 천황과 지극히 강력한 힘을 소유한 장군 모두 충분히 존경받지 못했다고 보았다. "이렇게 지극한 존귀함과 지극한 강성함이라는 두 종류의 사상이 평형을 이루는 상황에서 좀 더 자유스런 사고의 여지가 남게 되어 바람직한 방향의 새로운 길이 개척될 가능성이 있었다. 이는 우연이지만 일본의 행운이라 말하지 않을 수 없다." 정치학자 헌팅턴은 후쿠자와가 논증한 일본 정체의 특징을 사회의 '잠재적 지도자'로까지 확대하여 전면적으로 고찰하였다. 막번幕藩 체제라는 일본의 봉건 체제에서는 정권政權과 신권神權이 분리될 뿐만 아니라 각 지역에 많은 제후가 존재하였다. 따라서 일본의 정치 체제는 위에서 아래까지 모두 분산적이며 사회의 '잠재적 지도자' 역시 분산적이었다. 이들은 265개의 '자주적' 번에 흩어져 있고 또 서로 다른 기능을 지닌 각종 단체로도 분산되어 있었다. 이것은 정치 참여 확대에 유리하게 작용하였고, 전통 세력가와 신흥 상업 집단을 새로운 정치 사회 체계 내로 통합시키는 데에도 유리하였다. 헌팅턴은 일본에서 첫 번째 근대 정당의 출현(1881년)이 봉건주의가 상징적으로 종식(1868년)된 후 불과 13년밖에 지나지 않은 시점에 이루어졌음에 주목하였다. 이를 통해 "일본에서 정치 참여의 확대와 제도화는 근대화를 위한 새로운 정책의 추진과 동시에 진행되었다"고 보았다. 이와 같은 일본의 '우연적 행운'은 분명히 상술한 정치 체제와 사회 구조와 관계가 있다. 동시에 거기에는 "막번이 피폐하게 되어 상인이 권력을 장악하였다"(번주藩主 마츠다이라 타다쿠니松平忠國), "대판大阪의 부상富商이 화를 한 번 내면 천하의 제후가 두려워 한다"(가모 쿤페蒲生君平(1768-1813)) 등과 같은 상인의 우월적 경제적 계급적 배경이 존재했음을 놓쳐서는 안 된다.

중국의 소농 경제는 극히 분산적이었다. 그러나 이렇게 분산된 개체를 연결시킨 종법적 질서는 천 백여 년 동안 계속해서 강화되어 왔고, 마침내 상당히 안정된 중앙집권적 황제 전제 제도를 만들어 내었다. 정치적 '대일통大一統'과 사상적 '대일존大一尊'은 서로 합해져 하나가 되었다. 성씨가 다른 왕조가 계속해서 교체되었지만 이러한 사회 구조와 정치 체제는 변하기 힘들었다. 사분오열되었던 유럽 국가에서 군왕에 대한 권력의 집중은 자본주의 발전과 근대 민족국가를 건립하는 데 중요한 촉진 작용을 하였지만, 중국에서는 도리어 사회의 발전을 가로막는 장애로 작용하였다. 후쿠자와의 용어에 따른다면, 중국은 19세기 중엽에 일본과 같은 '우연적 행운'이 없었고, 중국의 개방과 개혁은 상층과 하층을 막론하고 모두 강한 저항에 직면하였던 것이다.

중국은 제1차 중영전쟁과 그에 따른 엄청난 대가를 치루고 교훈을 얻었음에도 불구하고 즉각적이고 적절한 반응을 보이지 못한 반면, 이웃 일본에서는 반응은 물론 그 결실까지 맺게 되었다. 이는 중국에게 커다란 불행이었다.

중국에서 전통 문화와 근대화의 충돌은 제1차 중영전쟁 이후 점차 격렬해져 갔다. 양자 사이의 협조와 적응을 위해서는 길고도 어려운 과정이 필요했다.

제5장

충돌과 협조

제1차 중영전쟁으로 인하여 중국은 서구를 학습하고 자신의 전통 문화로부터 이탈하기 시작하였다. 그러나 이것은 중국 민족이 보여준 반응 가운데 하나였을 뿐이었다. 또 다른 중요한 반응이 있다. 그것은 상당히 보편적으로 존재했던 완고하고 보수적인 반응으로서, 서구 문명에 대해 막연히 배척하는 태도를 가리킨다. 만약 전자가 중국 전통 문화가 가진 포용 혹은 수용의 태도를 반영한 것이면, 후자는 전통 문화의 폐쇄성을 반영하는 것이었다.

위원魏源은 "오랑캐의 좋은 기술을 배울 것"을 제창하여 "오랑캐와 중화 사이를 구분하는" 전통 관념을 깼다. 이 부분은 전통 사상 혹은 전통 관념을 지닌 사람들이 받아들이기 곤란하였다. 이에 대해 위원은 다음과 같이 한탄하였다. "나라에 하나의 바른 의론이 있다면 반드시 이런 저런 용렬한 주장이 나와 그와 대항하고, 위대한 책략이 있다면 또 반드시 이런 저런 용렬한 책략이 나와 이를 방해한다."[55] 심지어 양정남梁廷柟과 같이 혁신 자강에 큰 뜻을 품은 인물까지도 "오랑캐의 좋은 기술을 배운다"는 데에 대해서는 유보적 태도를 보였다. 그는 서양 문명이 중국에 비해 고도로 발달했다고는 생각하지 않았다. 서양의 화포는 "크게 보면 중국의 지뢰와 비포飛砲를 본받아 발전시킨 것"이고, 함선은 정화鄭和(1371-1435?)가 제작한 도형에 의거하여 만든 것이며, 수학에서의 "동쪽에서 온 차근법借根法" 역시 중국에서 얻은 것이었다. "천조天朝가 모두 승리하는 이 마당에 외국의 힘에 의지하고 그 능력을 배우며, 또 그 나라 인물을 초빙하여 그의 학문을 배운다면 국체를 크게 손상하게 될 것이다."[56] 분명히 낙후되었기 때문에 충격을 받아 실패하였지만, 도리어 낙후를 공개적으로 승인하려 하지 않고 "오랑캐의 좋은 기술을 배운다"는 태도가 국체를 상실하는 것으로 보았다. 이것은 자연스럽게 "천조가 최고"라는 전통 관념을 숭배하는 것으로 죽어도 체면을 지키겠다는 완고한 심리였고 서구 근대 문명을 받아들이는 데에 큰 장애가 되었다.

만약 "천조가 최고"라는 허세를 떨쳐버리려면 비교적 우회적 방법을 채택해야만 했다. 이러한 방법에는 동일화와 차별화라는 두 종류가 있다.

동일화는 주로 서학西學의 중국적 기원을 선전하는 것으로 적어도 서학의 장점을 중국 고유의 것으로 파악함으로써 사람들이 외래 문물을 받아들일 때 느끼는 심리적 장애를 없애게 하는 것이었다. 비유컨대 보수파가 기계를 '형기지말形器之末'이라 무시하는 데에 대하여 위원은 다음과 같이 반박하였다. "과거의 성인들은 통나무를 파서 만든 배와 나무를 깎아서 만든 노를 가지고 막힌 곳을 다 통했고, 활과 화살로 천하를 제압하였는데 이 모두 형기지말이 아니라 할 수 있겠는가?"[57] 이것은 '과거 성인'의 권위를 이용할 뿐만 아니라 "과거에 이미 존재했던" 관습

심리를 이용하여 사람들로 하여금 중국과 외국과의 서로 통하는 바를 이해하게 하여 외래의 새로운 사물을 받아들이는 데에 도움이 되도록 유도하였다.

차별화는 새로운 외래 문물을 위해 판단 근거를 확보하는 것이었다. 중국 전통 문화의 배타성은 주로 "오랑캐의 것을 이용하면 중국이 변한다"는 국체 상실에 대한 두려움으로 표현된다. 이러한 방어적 태도는 보수적인 인사 뿐만 아니라 개혁적인 인사도 갖고 있었다. 단지 정도의 차이만 있을 뿐이었다. 따라서 개혁적 인사가 보수 세력을 설득할 때 먼저 스스로를 설득해야 했고, 서구의 것을 배울 때 반드시 절제와 조절이 필요했는데 이는 이치에 맞는 결론이었다. 따라서 주主와 보輔, 도道와 기器, 체體와 용用 등과 같은 범주에 관한 심각한 토론이 등장했는데 이 모두는 중서 문화의 관계 문제를 어떻게 처리할 것인가로 귀결되었다. 소위 "오랑캐의 좋은 기술을 배운다"는 것은 서구 학습의 대상을 기器의 범위에 한정하는 것이었다. 중국의 전통 관념에 따르면 기器는 도道에 예속되며 도道의 외재적外在的 표현이었다. 따라서 기器는 자연스럽게 보輔, 용用이라는 부차적 지위에 놓이게 되기 때문에 전통 문화의 정통적, 주체적 지위를 동요시킬 수 없게 되었다. 따라서 이와 같은 방식의 주장은 표면적으로 볼 때 그다지 영향력이 큰 것 같아 보이지 않았지만 실제 그 정신은 매우 진취적이었다. 즉 사람들은 기술과 기器를 통해 전통 문화 혁신의 돌파구를 찾았고 서구 선진 문명 도입을 위한 최초의 교두보를 확립하였다.

이러한 동일화와 차별화는 모두 서구 문화의 충격 하에서 중국 전통 문화가 이루어낸 자체 조절 능력에 속하였다. 위원은 "오랑캐의 좋은 기술을 배운다"고 주장했는데 이는 이미 이러한 자체 조절의 단초를 초보적으로 드러낸 것이었다. 그러나 그는 중서 문화 관계 문제에 대해 보다 심화된 논의를 진전시키지 못했다.

"오랑캐의 좋은 기술을 배운다"라는 태도를 중서 문화 관계의 문제로까지 확장시킨 비교적 영향력 있는 선구자 가운데 한 명은 풍계분馮桂芬(1809－1874)이었다.

풍계분은 자字가 임일林一이며 호號는 경정景亭으로 강소江蘇 오현吳縣 사람이다. 도광道光 년간에 진사가 되어 한림원편수翰林院編修가 되었다. 1853년 경관京官으로 있을 때 황제의 명에 따라 단련團練을 조직하고 태평천국군太平天國軍에 대항하여 우중윤右中允의 지위에 올랐다. 1862년 상해에서 회방국會防局 설치를 계획하여 외국 군대를 이용하자고 주장하였으며 이홍장李鴻章(1823－1901)의 막부에서 활동하였다. 그 역시 경세치용을 주장하였고 서학을 집중 연구하여 대표적 업적으로 『교빈려항의校邠廬抗議』를 남겼다.

『교빈려항의』는 『해국도지』보다 17년 늦은 1861년 완성되었다. 『해국도지』가 주로 외부 세계의 역사, 지리를 소개한 책이라면, 『교빈려항의』는 제한적이지만 서학을 받아들인 기초 위에 중국이 어떻게 전반적인 개혁을 추진할 것인가에 초점을 둔 책이었다. 책은 다음과 같이 모두 40편으로 이루어졌다. 「公黜陟議」, 「汰冗員議」, 「免回避議」, 「厚養廉議」, 「許自陳議」, 「復鄉職議」, 「省則例議」, 「易胥吏議」, 「變捐例議」, 「繪地圖議」, 「均賦稅議」, 「稽旱潦議」, 「興水利議」, 「改河道議」, 「勸樹桑議」, 「壹權量議」, 「稽戶口議」, 「折南漕議」, 「利淮鹺議」, 「改土貢議」, 「罷關徵議」, 「籌國用議」, 「節經費議」, 「重酒酤議」, 「杜虧空議」, 「收貧民議」, 「崇節儉議」, 「復陳詩議」, 「復宗法議」, 「重儒官議」, 「變科擧議」, 「改會試議」, 「廣取士議」, 「停武試議」, 「減兵額議」, 「嚴盜課議」, 「制洋器議」, 「善馭夷議」, 「採西學議」, 「重專對議」 등 그 범위가 매우 광범하였다. 특히 그 가운데

「제양기의制洋器議」와 「채서학의採西學議」는 가장 새로운 의의를 지닌 부분이라 할 수 있다.

『교빈려항의校邠廬抗議』는 또한 제1차 중영전쟁에 대한 강렬한 반응의 산물이었다. 풍계분은 저술 당시 자신의 심리 상태를 다음과 같이 묘사하였다. "천지개벽 이래 이렇게 분할 수 없다. 제대로 된 심지와 혈기가 있는 자라면 화가 머리 끝까지 치밀어 올라 욕하지 않는 자 없다. 오늘날 세계 제일의 대국이 작은 오랑캐에게 이렇게 제압당하다니!" 이것은 위원이 말하는 '발분發憤', '우환憂患'과 일맥상통하는 것으로 모두 외래의 침략에 대한 분노를 강력한 사회 혁신의 추동력으로 전화시키고자 하는 바램을 나타낸 것이었다.

풍계분은 『해국도지』를 열심히 연구하여 그것을 서문으로 삼았기 때문에 『교빈려항의』는 분명 『해국도지』를 계승 발전시킨 것이었다. 그는 「제양기의制洋器議」에서 다음과 같이 논하였다. "위원은 오랑캐를 제어하는 방법에 대해 논하면서 '오랑캐로써 오랑캐를 공격하고, 오랑캐로써 오랑캐에 대한다'고 했다. 언어, 문자가 서로 통하지 않은 것은 말할 것도 없고 서로 외교 사절을 파견하는 데에도 익숙하지 않은데 갑자기 그 관계를 소원하게 만들려고 하는 것은 절대 안 된다. 또한 오랑캐들을 적대시하면서 그들의 사정에 대해 알지 못하는 것 역시 크게 잘못된 일이다... 나는 스스로 강해질 수 없으면서 허세를 부리고 교활하면, 패배하게 될 뿐이라고 생각한다. 단지 '오랑캐의 좋은 기술을 배워 오랑캐를 제압한다'는 원리로 그 목적을 이룰 수 있을 뿐이다." 비교적 개방적 사상을 갖고 있으면서 "오랑캐로써 오랑캐를 공격한다"는 주장에 동의하지 않는 지식인에 단지 풍계분만 포함되어 있는 것은 아니었다. 대략 10여 년 이전에 양정남梁廷楠 역시 다음과 같이 비판하였다. "서양 오랑캐가 서로 의기투합할 경우는 말할 것도 없고 비록 하찮은 일로 서로 싸운다고 해도 중국에 이로울 건 결코 없다. 설령 우리가 그 틈새를 이용할 수 있다고 해도 참전하기 위해 파견하는 배 한 척의 비용으로 내지에서는 수천의 병력을 파견할 수 있을 것이다. 패할 경우는 반드시 배상금 요구가 잇따를 것이고 이겨도 요구가 끝이 없으니 뒤처리를 제대로 할 수 없다."[58)] 그러나 양정남은 이와 같이 일리 있는 비판을 "오랑캐의 좋은 기술을 배운다"는 원리까지 부정하는 것으로 확대 해석했는데 이는 잘못된 결론이었다. 양정남이 "오랑캐로부터 배운다"는 태도를 부정한 것은 국체 상실에 대한 우려 때문이었다. 그러나 풍계분은 "오랑캐의 좋은 기술을 배운다"는 것을 긍정했고 또 명확하게 '좋은 기술'을 '서학西學'의 지위까지 끌어 올렸다. 그는 공개적으로 "만약 법이 제대로 되지 않았다면 고대의 성현이 만들었어도 배척할 것이고, 법이 제대로 만들어진 것이라면 오랑캐의 것이라도 배우겠다"고 선언하였다.[59)] 서구의 선진 문명을 배우겠다는 분명한 그의 태도는 위원보다 심하면 심했지 부족하지 않았다. 따라서 30여 년 이후 무술변법의 참여자 활보통무闊普通武는 『교빈려항의』를 읽고 또 그것이 여전히 열렬한 호응을 받고 있는 것을 보면서, 위의 구절이 "책 전체에서 가장 절묘한 정수이다", "그의 뜻은 바로 여기에 있다. 천고 이래의 명언이다. 현재 유신을 바란다면 이 글귀를 근본으로 삼아 실천해야 한다. 그러면 궁하더라도 곧 변통할 수 있다는 큰 뜻에 부합하게 될 것이다"라고 하였다.

풍계분은 양서의 번역본을 열심히 읽었는데 그에 대한 느낌을 다음과 같이 적었다. "서양인의 지도에 따르면 그들 나라의 수가 100여 개 이상인데 그들 나라의 책 가운데 명나라 말기 이탈리아, 영국의 책 수십 종만이 번역되었다. 이 가운데 기독교에 관한 책은 수준이 떨어져 언급할 만한 가치가 없지만, 그밖에 수학, 물리학, 시학視學, 광학, 화학 등은 사물의 이치를 정확히 깨닫게 할 만한 것들이다. 또한 지리서는 100여 개 나라의 산천, 요새, 풍토, 산물 등에 대해 설명하고 있다. 이들 가운데 상당수는 중국인의 것을 뛰어 넘었다."[60] 당시 인식 수준의 한계에도 불구하고 그는 서구에 비해 중국이 낙후한 원인이 기술이나 기器의 측면에 국한되지 않았음을 비교적 분명하게 지적하였다. 그가 보기에 보다 중요한 것은 "인재의 등용, 자원의 풍요함, 지배자와 피지배자와의 소통, 이론과 실질의 부합 정도 등의 측면에서 중국이 서구를 따라가지 못한다"는 데 있었다.[61] 여기에서 우리는 30여 년이 지난 후 손문孫文이 했던 다음과 같은 말을 자연스럽게 떠올릴 수 있다. "유럽이 부강한 까닭은 군함과 대포의 위력이나 군대의 강성함에만 있는 것이 아니라 인재, 지리, 물산, 화폐 등을 잘 활용하기 때문이다. 이 4가지가 나라를 부강하게 만드는 근본이다. 중국이 국력을 신장시키려고 원대한 계획을 수립하여 서구의 방식을 모방하여 자강自强을 이룩하려 하였지만, 이 4가지를 중심에 두지 못하고 군사적인 측면에만 집중함으로써 근본을 버리고 지엽적인 것만 좇았다."[62] 이상을 통해 보면, 비록 위원이 '좋은 기술'을 군사 기술과 완전히 동일시 한 것이 아니라 해도, 풍계분이 인정한 '서학'이 위원의 '좋은 기술'에 비해 보다 고차원적인 서양 인식을 반영하고 있다고 할 수 있다.

1850년대 이후 외국에 대한 이해가 깊어지고 동시에 막말幕末 일본의 서구 학습 열기의 영향 때문에 풍계분은 이미 러시아와 일본을 본받아 유신을 추진해야 한다는 생각을 갖게 되었다. 그는 「제양기의」를 통해 다음과 같이 지적하였다. "근래 러시아의 피터 대제는 평복을 입은 채 3년 동안 영국에서 취직하여 일을 하면서 그들의 기술을 익혔고 마침내 러시아를 일으켜 세웠다... 얼마 전에 미국은 일본에 침입하여 통상을 요구하며 이를 강제로 관철시켰다. 이후 일본은 바로 기선 수십 척을 이끌고 서구 여러 나라를 답방하여 조약 개정을 요구하였는데 여러 나라들이 그 뜻을 알고 허락했다. 손바닥만한 일본이지만 발분發憤하여 웅대해졌는데, 오로지 중국만은 대국이면서도 어찌 오욕을 참으면서 영원히 변화의 노력을 보이지 않는 것인가?" 여기서 일본이 함대를 이끌고 답방했다는 부분은 역사 사실과 부합하지 않는다. 1858년(안정安政 5년) 일본은 무력 위협 아래 미국, 네덜란드, 영국, 프랑스 등과 『수호통상조약』 즉 『안정5조약安政5條約』을 체결하였다. 이 조약은 영국, 러시아, 프랑스 삼국이 중국과 막 체결한 『천진조약天津條約』을 모델로 한 것이었다. 일본은 신내천神奈川, 장기長崎, 신사新瀉, 병고兵庫 등 항구와 동경東京, 대판大阪 등 2개 도시를 개방하였다. 조약은 본래 반식민지의 속박에 얽매이게 됐음을 나타내는 것으로 "발분하여 웅대해졌다"는 것과는 전혀 관계없는 것이다. 그러나 일본은 이를 하나의 계기로 삼아 중국보다 확실히 더 많이 개방하였다. 후쿠치 겐이치로福地源一郎(1841－1906)는 『막부존망론幕府存亡論』에서 막말의 개방과 개혁 상황에 대해 다음과 같이 설명하였다. "동경 십리 안에서 총 쏘는 것을 금지하는 제도를 폐지했고, 각 번藩에서 군사 훈련을 하거나 동경으로 무기를 운반하는 것을 허락하였으며, 대선大船 건조 금지령을 해제하였다. 대삼大森에 대포 사격장을 설치하여 군사 훈련을 시켰고, 품천品川에 포대를 설치하였으며 장기長崎에 해군 포대를 확장 건립하였고 봉황환鳳凰丸 등의 군함을 건조하였다." "또한 동경에 강무소講武所를 설치하여 양창대洋槍隊를 새로이 편성하였고, 네덜란드로부터 기선을 구입하였다. 장기에서 해군 훈련을 시작하였고 난학蘭學에 능한 인사를 등용하고 번서조소藩書調所(서양 학문을 연구하고 외교문서를 번역하는 곳)를 건립하였으며 유능한 인재를 발탁하여 막부의 요직에 충

당시키고 막부의 구례 가운데 허식적이고 무용한 것 모두를 없애 오래된 폐단을 바로 잡았다. 기존의 법규와 구례를 금과옥조로 여기는 막부의 입장에서 본다면 이러한 조치는 영명하고도 과단성 있는 조치라 말하지 않을 수 없다."[63] "영명하고도 과단성 있다"는 말은 지나친 감이 없지 않지만, 외래 도전에 대한 일본 막부의 반응과 동작이 크고 또 민첩했다는 점은 무시할 수 없는 사실이었다.

이와는 대조적으로 청조의 반응은 매우 느리고 또 둔했다. 제1차 중영전쟁 때 정해定海에서 용맹하게 싸우다 희생된 3명의 총병總兵 가운데 한 명인 갈운비葛雲飛는 침통스럽게 다음과 같이 지적하였다. "서양 오랑캐와의 전쟁이 일어나기 전 문무 고관들은 냉담하여 관심이 없었지만 전쟁이 일어나자 당황하여 어찌할 바를 몰랐다. 일이 질질 끌게 되자 이런 저런 의견들이 등장하여 혹자는 의분을 억제하며 자중할 것을 주장하고 또 다른 이는 사사로운 이익을 도모하였다. 이들 모두는 핵심을 찌르는 책략을 만들지 못할 뿐 아니라 국가에 대한 충성심도 없다. 일이 이 지경에까지 이르니 한심스럽기 그지없다!" 이것은 위원이 설명하였던 정황과 일치하였다. "선박과 기계를 설치하고 오랑캐의 좋은 기술을 배우자는 의견이 있다면 그것을 '낭비'라고 비난한다. 하지만 다른 일에는 이보다 10배를 낭비하면서도 급히 해야 할 일이기 때문에 비용을 아낄 필요가 없다고 한다. 서양의 서적을 번역하고 그들의 사정에 대해 살피고자 하면 반드시 '쓸데없는 일'이라 한다. 그러나 일단 일이 터지면 영국의 수도와 러시아의 수도가 얼마나 떨어져 있는지 영국이 어떻게 회부回部와 연결되는지 묻는 등... 어찌할 바를 모른다."[64] 사람들은 여전히 오랫동안 계속된 화하華夏와 이적夷狄을 구별하는 전통 관념에 사로잡혀 있었다. 즉 소위 "중국은 사이四夷를 다스린다. 그들이 귀부歸附하면 위무하고 배반하면 관계를 끊는다. 이는 바뀔 수 없는 법칙이었다."[65]

제1차 중영전쟁의 패배에 따라 『강녕조약江寧條約』이 체결된 후 사람들은 자연스럽게 영토 할양과 배상금에 대해 크게 분노했지만, 더욱 사람들의 마음을 아프게 한 것은 외국인이 "중국 관원과 동등한 예를 갖춘다는 점이었다. 이는 가장 큰 '국체國體'의 상실로 보였다. 심연경沈衍慶은 당시 이렇게 말했다. "그 역도들이 중국 관원과 동등한 예를 갖추겠다고 청했는데 이보다 중원을 능멸하는 죄는 없을 것으로 정말로 분통이 터지는 일이다. 우리의 성스런 조정은 그 명성을 만방에 떨쳐 먼 곳의 이국異國일지라도 모두 신하를 칭하고 조공을 바치며 머리를 조아렸다. 역적 오랑캐는 궁벽진 섬에 기거했지만 오래 전부터 우리의 배신陪臣이었다. 역대 조정의 깊은 은혜를 입었고 황상皇上으로부터 부모와 같은 넓은 은혜를 받았다. 따라서 중국의 관원을 보면 마땅히 무릎을 꿇고 엎드려 공손히 순응하는 태도를 보여야 하거늘 어찌 우물 안 개구리 식으로 좁은 식견을 뽐내려 하는가? 『춘추春秋』에서 가장 중하게 여기는 것은 상하의 구별이고, 가장 조심하는 것이 화華와 이夷의 구별이다. 노성공魯成公 2년 성공이 초楚 공자公子 영제嬰齊와 촉蜀 지방에서 회합할 때, 군자는 중국의 제후가 그 지위를 낮추어 이적夷狄의 대부大夫와 만났다고 비난하였다. 현재 총독, 순무의 존귀함은 대국의 제후보다 더한데 견양犬羊과 같은 역도의 무리와 평등의 예를 갖춘다니 이는 예법을 모독할 뿐만 아니라 나라 안 밖으로부터 조소거리가 될 일이다. 또한 다른 오랑캐들로 하여금 이와 같은 허물을 본받게 함에 따라 중국이 그 권위를 행할 수 없으니 무엇으로 그 존귀함을 지켜나갈 수 있겠는가? 가의賈誼는 '천자란 천하의 머리다. 왜냐? 상上이기 때문이다. 오랑캐는 천하의 발이다. 왜냐? 하下이기 때문이다'라 했다. 오랑캐가 중국의 관원을 멸시하는 것은 중국의 천자를 멸시하는 것이다. 평등의 예를 행하는 것이 서로 우두머리가 누구인지를 다투는 쟁장爭長의 단계로 진행될까 두렵다. 쟁장은 점차 관계의 역전을 가져올 수 있기 때문이다. 비록 형식적인 예의의 문제이지만 실은 나라의 근본과 관계된 중요한 일로서 결코 있을 수 없는 일이다."[66] 이것은 독특한 문장이지만 그의 견해는 당시 매우 큰 대표성을 띠고 있었다. "무릎을 꿇고 엎드리는 것"은 노비가 주인을 배알할 때 행하는 예절로서 본래 사람 상호 간의 소속 관계에 관한 행위 규범이지만, 심연경은 이를 중국이 스스로를 존귀하게 만드는 '근본'으로 보았다. 외교상 쌍방이 '평등한 예의'를 갖추는 것은 본래 근대 국제관례에 있어 나라와 나라 사이의 정상적인 기본 전제이다. 그러나 보수 세력이 볼 때 이것은 중대한 '쟁장의 단계'이며 '관계의 점진적 역전'을 의미했다. 청조는 제1차 중영전쟁 이전부터 이미 쇠퇴하기 시작하였지만, 사람들은 여전히 조선은 4년에 1번, 류구琉球는 3년에 2번, 베트남은 2년에 1번, 태국은 3년에 1번, 라오스는 10년에 1번씩 조공을 바치는 것으로 여기면서 국력의 강성함이나 천자의 존귀함을 과장하였는데 이는 몰락한 큰 집의 허풍 같았다. 사람들은 1793년 청조의 관리가 영국 사신 메카트니에게 건륭제乾隆帝를 접견할 때 삼궤구고三跪九叩의 예를 요구하다 어쩔 수 없이 1번 무릎 꿇는 것으로 양보했던 것을 기억하고 있다. 영국의 또 다른 사신 암허스트Amherst가 1816년 새벽 5시에 원명원圓明園에 도달했을 때, 어느 충성스런 대신의 손에 이끌려 무릎을 꿇고 가경제嘉慶帝를 접견토록 강요받았지만, 그는 "매우 피곤하다"는 핑계로 거절하였다. 그러나 반세기가 지난 1842년경 세계 정세는 크게 바뀌어 외국인들은 더 이상 조공기朝貢旗를 게양하거나 황제 앞에서 무릎 꿇고 머리를 조아리는 의례를 강요받지 않았다. 하지만 많은 중국인들은 여전히 과거의 진부한 관념을 그대로 유지하면서 역사를 '찬란했던' 과거로 되돌리기를 항상 희망하고 있었다.

진부한 문화 사상이 끝없는 망망대해 같다면, 제1차 중영전쟁 후 발아한 초기의 유신 사상은 한 줄기 샘물에 불과하여 이 혼탁한 파도 가운데 파묻혀 버리고 말았다. 『교빈려항의校邠廬抗議』가 출판된 지 2년이 지난 1862년 일본의 유신지사維新志士 다카스기 신사쿠高杉晋作(1839-1867)는 상해에 와서 일본에서는 당시 20여 종 판본의 『해국도지』 번역본이 출판되었지만 정작 중국에서는 이미 절판되어 버렸다는 사실을 발견하였다. 이 때 그는 탄식하며 청조는 "편견을 헛되이 주창하고 고루한 틀에 얽매였기 때문에 몰락하였다"[67]고 말했다.

바로 이러한 역사를 배경으로 하여 『교빈려항의』는 "중국의 윤리 명교名教를 근본으로 삼고 여러 나라의 부강 기술로 보충한다"라는 매우 영향력 있는 주장을 하게 되었다. 이 주장은 위로는 "오랑캐의 좋은 기술을 배운다"를 계승하고 아래로는 "중체서용中體西用"으로 이어지는 과도적 중간 단계에 속하며, 중국 전통 문화 스스로의 조절 과정 중에 나타나는 하나의 이정표라 할 수 있다. 중국의 윤리 명교를 근본으로 삼는다는 것은 그것이 주主이고 도道이며 체體라는 의미이고, 여러 나라의 부강 기술로 보충한다는 것은 그것이 기器이고 용用이라는 뜻이었다. 조금 뒤 설복성薛福成은 이 부분에 대해 분명하게 설명하였다. "서구의 기수학氣數學을 수용하여 우리의 요堯, 순舜, 우禹, 탕湯, 문文, 무武, 주공周公 등의 도를 지키자."[68] 풍계분과 설복성 두 사람이 비록 정식으로 "중체서용"을 주장하지는 않았지만, 이 네 자는 그들의 생각 속에 그대로 녹아 있었다.

전통 윤리 명교는 전통 농업 사회의 정신적 지주이며 사회 전체를 지배하는 행위 규범이자 가치 기준으로서 사회에서 생활하는 각 개인과 각

영역에 침투되어 있었다. 그것은 민족 문화의 심층 심리 구조를 내포하고 있으며 오랜 기간을 걸쳐 형성되어 매우 강한 타성을 지니고 있었다. 이는 마르크스가 「독일 의식 형태」에서 지적한 바와 같다. 통치 계급은 대체로 "자신의 이익을 사회 전체의 공동 이익이라 말하는데 추상적으로 말하면 자신의 사상에 보편성의 형식을 부여하여 그것들을 유일의 합법적이고 보편적 의의를 지닌 사상으로 묘사한다."[69] 중국의 통치 계급은 군신, 부자, 부부 등과 관련된 자신의 사상을 '유일의 합법적이고 보편적 의의를 지닌 사상' 즉 절대 변할 수 없는 진리로 여겼다. 윤리 명교는 중국 전통 문화 가운데 가장 안정적인 부분이며 전통 농업 사회가 장기적으로 안정을 유지할 수 있도록 한 사상적 기초이기도 하였다. 전통 도덕의 붕괴는 필연적으로 구 사회 붕괴의 징조를 나타내었다. 많은 통치자 특히 전통 시대의 통치자들은 이에 대해 잘 이해하고 있다. "예악禮樂이 붕괴된다", "세태가 나날이 타락해 간다", "인심이 옛날만 못하다" 등의 탄식은 그들이 지니고 있는 '세기 말'의 비관적 실망감을 드러낸 것이었다.

풍계분은 먼저 "중국의 윤리 명교를 근본으로 삼는다"고 강조하였다. 이것은 당시 통치 계급 공동의 희망을 반영한 것이었다. 왜냐하면 그 역시 통치 계급의 일원이기 때문이었다. 새롭고 강력한 진영으로부터 어떠한 보호도 받지 못한 상태에서 풍계분 등은 자신들의 계급성을 벗어날 수는 없었다. 그들의 사상, 감정, 이익, 희망 등 모두는 그 계급에 의해 구속되었던 것이다. 이것이 초기 변법 사상가들이 뛰어 넘기 어려운 '정도定度'였고 이 '정도'를 넘어 버리면 그들은 자신들의 계급에 의해 방기되어 버리고 그들은 실망하여 다시 과거로 되돌아가고 말았다. 이 '정도'를 존중하고 또한 이 '정도'가 허락하는 범위 내에서 개혁을 추구해야만 그들은 비로소 계급적으로 인정받을 수 있고 얼마간의 역할을 수행할 수 있었던 것이었다. 풍계분과 같은 지식인은 두뇌가 명석하고 개혁 사상이 충만하였지만, 전통 문화로부터 이탈하려는 동력은 상당히 부족하였다. 구 사물과 구 사상에 대한 고려는 지나치게 많고, 신 사물과 신 사상에 대한 열정은 부족했다. 아마도 바로 이러한 이유 때문에 신구 양파는 "중국의 윤리 명교를 근본으로 삼고, 여러 나라의 부강 기술로 보충한다"는 상당히 전면적이면서도 신중한 구호로부터 위선적인 만족감을 얻을 수 있었다.

무술변법이 추진 중일 때 옹동화翁同龢, 손가내孫家鼐 등이 추천했고 또 변법 선전 서적으로 모두가 높이 평가했기 때문에, 광서제光緒帝는 풍계분의 『교빈려항의』 1천부를 인쇄하여 부원部院, 경사당사卿寺堂司에 교부하여 각 관원이 읽고 그에 대해 직접 주석을 달도록 명령하였다. 이 때 의견들은 분분하여 평가가 높고 낮아 일치하지 않았지만, 주의할 만한 것은 변법을 가장 극렬하게 반대한 예부상서禮部尙書 회탑포懷塔布의 다음과 같은 지적이었다. "서양의 정치 가운데 배울 만한 것이 많지만 반드시 중국의 윤리 명교를 근본으로 삼아야 한다." 이에 대해 예부우시랑禮部右侍郎 박정溥廷이 다음과 같은 의견을 덧붙였다. "서학을 연구하는 것은 어렵지 않지만 채택하는 것은 힘들다. '중국의 윤리 명교를 근본으로 삼고 여러 나라의 부강 기술로 보충한다' 라는 원래 주장이 가장 중요한 관건이다. 서학을 채택하는 것은 단지 그 언어, 문자, 공학, 수학, 음성학, 광학, 화학, 전기학, 체조학 등이며 근본은 여전히 중국의 윤리 명교로 삼아야 한다." 이번원理藩院 상서尙書 계수啓秀는 다음과 같이 주석을 붙였다. "오늘날 학당의 설치는 전적으로 서학을 채택하기 위함이지만, 학술이란 사람의 마음과 관계된 것이기 때문에 그 서학의 기능을 익히되 비속함을 답습해서는 안 된다. 의론 가운데 중국의 윤리 명교를 기본으로 한다는 것은 도를 밝히는 방법이 된다." 첨사부사詹事府司 경국세마經局洗馬 고갱은高賡恩의 주는 "이상이 주장하는 바의 요체는 윤리 명교 없이 중국의 부강을 이룩할 수 없으며, 부강의 방법은 바로 그 기본을 바로 하는 데에 있다"[70]라고 하였다. 머리에 구 사상이 가득 찬 이들 고관대작들이 『교빈려항의』 전체를 진지하게 읽었는지, 혹 읽기는 했지만 작자의 원래 의도를 제대로 이해했는지 불분명하였다. 그들은 청일전쟁 이후 변법운동의 강력한 도전 앞에서 "중국의 윤리 명교를 근본으로 삼는다"라는 원칙을 고수하면서 무술변법의 발전을 막으려고 노력했다.

당연히 보수 세력은 자신의 입장에 따라 "중국의 윤리 명교로써 근본으로 삼는다"는 원칙을 해석하고 강조하였지만, 풍계분의 강조점과 입각점은 도리어 "여러 나라의 부강 기술로 보충한다"에 있었다. 외래의 기술을 받아 들여 보충할 필요가 있다면, 이것은 '근본'에 많든 적든 문제가 존재하던가 아니면 적어도 부족한 부분이 있음을 승인하는 것이었다. 그렇기 때문에 치료가 필요한 것이고 아니면 적어도 보충해야 하는 것이었다. 이렇게 본다면 비록 근본적 변화라고까지는 할 수 없지만, 이것은 "하늘이 변화하지 않으며 도道 또한 변하지 않는다"라는 태도에 대한 일종의 수정이라 할 수 있다. 전통 해석에 따르면 도道와 기器, 체體와 용用은 분리하기 어렵다. 도는 기보다 우선하고 높지만, 반드시 기를 매개물로 삼아야 한다. 이것이 바로 소위 "도란 기 가운데 있다" 혹은 "기로써 도를 매개한다"라는 이치이다. 기가 변하고 용이 변화하는 데 도와 체가 원래 모양대로 그대로 변화하지 않을 수 있다고 생각하기는 매우 어렵다. 소위 "불변不變으로 만변萬變에 조응한다"는 것은 본래 자기와 남을 속이는 탁상공론에 불과하였다.

『교빈려항의』가 출판된 해, 사회적 관심은 태평천국의 난과 제2차 중영전쟁에 집중되었다. 중서 문화에 대한 연구는 여전히 너무 고상하였고 사람들의 인식 수준 역시 그다지 높지 못했다. 이는 두 방면으로부터 확인된다. 첫째 서구에 대한 이해라는 문제에 있어, 기계 및 그 기계를 만들어내는 과학 기술에 여전히 관심을 집중했으나, 서구의 사회, 정치, 제도 등 서학이 지니는 보다 심층적인 부분에 대해서는 이해가 충분치 못하거나 아는 바가 극히 적었다. 따라서 중서 문화에 대한 차이는 주로 기계와 기술 방면에서만 한정되었다고 보았기 때문에, 사람들 대다수는 여전히 도덕 수양이나 정신 문명 등 형이상학의 방면에 있어서는 중국이 서구보다 앞서 있다고 굳게 믿고 있었다. 심지어 개방적인 사상의 소유자였던 단사리單士厘조차도 1903년까지 일본에서 다음과 같이 판단하였다. "여성의 덕목을 논하자면 중국이 서구보다 우월하다. 다만 배우지 못함을 한스러워할 뿐이다. 동양인은 여성의 덕목을 지키고, 또 학문을 익혀 고귀하게 될 수 있다... 서구의 부녀자에게 여성의 덕목이 부족하지 않지만 지나치게 한가한 자가 너무 많다. 서로 교류하는 가운데 이야기, 풍모, 악기, 그림, 노래, 춤 등 우아함을 표현하지 않은 적이 있었는가? 그러나 겉으로는 우아해도 내면의 모습은 반대의 모습이니 무엇을 취할 만하겠는가?" "중국의 여학女學은 이미 사라졌지만, 여덕女德은 아직 사람들의 성격 가운데 이어져 내려오고 있다. 만약 교육을 잘 시켜 그 지혜를 끌어내고 그 덕을 완성한다면 중국은 세계에 둘도 없는 강국이 될 수 있을 것이다."[71] 단사리가 일본에 거주한 지 꽤 오래되고 일본 역시 유교 문화권에 속하기 때문에 그녀는 일본을 제2의 고향으로 여겼다. 그녀는 여전히 중국 전통 윤리 규범으로써 동서양 여성 덕목의 높고 낮음에 대해 평가하였다. 그러나 그녀가 찬양한 중국과 일본의 여성 덕목 가운데에는 소극적이고 낙후한 요소가 적지 않게 포함되어 있다. 그녀가 서구에는 여성의 덕목이 부족하다고 비판하였지만, 약간의 부정적 측면을 제외한다면 도리어 여권의 많은 발전을 찾을 수 있다. 이와 같이 반 개방적인 시각으로 동서 정신 문명의 높고 낮음을 판단해서는 객관적이고 정확한 판단을 내리기 어렵다. 둘째 제1차 중영전쟁의 패배는 하나의 군사적 실패일 뿐만 아니라 문명 경쟁의 실패라 할 수 있다(비록 사람들의 인식은 대부분 기계 방면에 대한 관심에 머물러 있었지만). 전자 때문에 중국인은 분노했고 후자 때문에 중국인은 치욕과 두려움 그리고 당혹감을 느꼈다. 전쟁에서의 승부란 병가에게 항상 있는 일이라는 이치에 대해 중국인은 예로부터 잘 알고 있었기 때문에, 과거의 경험을 정리하여 재차 싸우는 데에 도움을 얻기도 하고 스스로 자위하면서 궁지에서 벗어나기도 하였다. 그러나 중국인은 천조天朝 상국上國이 뜻밖에 서구의 섬 오랑캐보다 문명이 낙후되었다는 사실을 이해할 수도 또 받아들일 수도 없었다. 하지만 사실은 사실이었다. 칼, 창, 활, 화살, 화총 등 재래식 무기로는 서구의 선박이나 대포를 절대 이길 수 없었고, 이러한 엄연한 사실은 일종의 실망감을 만들어냈다. 유구한 중국의 역사는 분명 많은 자랑거리를 지니고 있었다. 홍성했던 한漢, 당唐은 찬란한 역사의 장이었고, 이후 17세기 이전까지의 중국은 서양인들이 흠모하는 그리고 적어도 서양에 비해 낙후되지 않은 찬란한 문명 국가였다. 17세기 이후 중국은 몇몇 서구 자본주의 국가보다 점차 낙후되기 시작하였다. 그러나 중국인은 장구한 문화로 자신의 눈을 가렸기 때문에 편안한 마음으로 문을 닫아걸고 자기 스스로에 대한 도취감에 빠질 수 있었다. 제1차 중영전쟁이 발발한 후 서구 열강이 문을 열고 아무 거리낌 없이 방안으로 들어오자, (우선은 소수로 제한되었지만) 중국인은 비로소 눈을 뜨지 않을 수 없었고 어찌

할 바를 모르면서 또 고통스럽게 외부 세계를 관찰하고 이어 중국을 세계 가운데에 위치시켜 새롭게 평가해야만 했다. 낙후되었음을 승인하는 것 자체가 비록 진보의 시작이라 할 수 있지만, 중국과 같이 오랫동안 자부심을 유지해온 대국의 입장에서 보면 이러한 전환에는 필경 어렵고도 긴 과정이 필요했다. 평형 감각을 잃은 사회 심리에 대해서는 반드시 모종의 조절 기능이 필요로 되었다. 만약 서양이 물질에 치중한다면, 중국인은 서둘러 심성에 무게를 더했다. "형이상학의 측면에서는 중국이 으뜸이니 도道로써 우월하다. 형이하학의 측면에서는 서양인이 으뜸이니 기器로써 우월하다. 단지 서양인을 칭송하고 자신이 지켜온 바를 폄하한다면 치治의 근본을 보지 못하는 것이다."[72] 축구 시합에 비유해 본다면 만약 상대방이 전반전에 이기고 우리가 후반전에 만회하여 1대 1이 된다면 실패 후의 공허함을 보충할 수 있고 계속 전진할 수 있는 믿음을 회복할 수 있게 된다. 이같이 소위 '통치의 근본'은 바로 심리상의 평형을 유지하는 기술이며 정치가가 정통해야 할 일종의 예술인 것이었다.

풍계분 개인과 『교빈려항의』의 가치는 전통적 심리가 평형감을 잃었을 때 일종의 조절 또는 어떤 의미에서는 적극적인 의의를 지닌 조절 기능을 담당했다는 데에서 찾을 수 있다. "중국의 윤리 명교를 근본으로 삼고 여러 나라의 부강 기술로 보충한다"라는 것이 당시 가장 강력한 주장이었다고 할 수는 없지만, 그는 의젓한 풍모와 학식 그리고 성실한 모습으로써 중국의 근대화 역정을 이끌었다.

제6장

외국에 나가 세계를 보다

비록 노쇠한 대국의 행보에는 어려움이 많았지만 외부 세계와 자신에 대한 사람들의 인식은 분명 진보하였다. 예컨대 1850년대 이전 임칙서林則徐, 위원魏源, 풍계분馮桂芬 등은 주로 제한된 범위의 지도, 신문, 잡지, 도서 등을 통해 외국을 이해하였다. 하지만 이후 상당수의 지식인들은 개항장의 조계租界 또는 홍콩을 통하거나 국외로 나가 직접 서구 근대 문명을 관찰하고 비교하며 또 역사적, 현실적 반성의 기회를 가졌다. 이 같은 경험을 공유한 대표적 인물로서 본 장에서는 1828년 같은 해에 태어난 왕도王韜와 용굉容宏 두 사람에 대해 이야기하고자 한다.

왕도는 먼저 전통 문화에 대한 장기간의 교육을 받았고 다시 외국에 나가 서구 문화를 직접 체험하였다. 용굉은 미국의 고등 교육을 체계적으로 받은 후 중국에 돌아와 다시 전통 문화를 접하게 되었다. 미국의 코헨Paul A. Cohen은 1974년 *Between Tradition and Modernity-Wang T'ao* *and Reform In Late Ch'ing China*을 출판하였다. 그에 따르면 중국 전통 문화의 심각한 변화는 두 가지의 층위에서 발생하였는데, 먼저 선구자 혹은 혁신가(pioneers or innovators)가 추동하고 이어 집권가 혹은 실행가(legitimizers or validators)가 통제하였다. 중국 근대사는 특수하고 독특한 두 가지의 문화 환경, 즉 연해 지역(홍콩, 上海 등과 같은 littoral)과 내지(hinterland)가 서로 반응하여 이루어진 산물이었다. 19세기에서 20세기 초까지 초기 변혁을 선도한 곳은 연해 지역이었고 내지는 주로 그것을 합법화하게 하는 중개역을 담당하였다. 코헨은 연해 지역의 작용을 중시했다. 그는 책 속에서 12명의 선구적 개혁가를 열거하였는데 그 가운데 연해 지역에서 생활하였던 인물로 왕도, 용굉, 정관응鄭觀應, 하계何啓, 오정방伍廷芳, 당정추唐廷樞, 마상백馬相伯, 마건충馬建忠 등 8명이 포함되어 있다. 중국 근대화에 대한 코헨 식의 해석 방법이 실제 역사에 완전히 부합한다고 인정할 수 없지만, 연해 지역의 진보적 지식 분자가 수행했던 선구적 작용은 분명히 인정해야 한다. 그들은 전통과 근대 사이에서(between tradition and modernity) 가장 빨리 선택의 결단을 내렸다.

왕도(1828－1897)는 자字가 자전紫銓이고, 호號는 중도仲韜이며, 별호別號가 도원노인韜園老人 또는 천남둔수天南遁叟였던 강소江蘇 장주인長州人이다. 유년 시절에 장주長州 보리甫里에서 구식 교육을 받았고 18세에 수재秀才에 합격하였지만 이후 그 윗 단계의 시험에는 여러 차례 실패하였다. 1849년 영국 선교사 메드허스트W. H. Medhurst의 요청에 의해 상해 런던 선교회(The London Missionary Society)가 설립한 흑해서관黑海書館에서 편집, 교열 작업을 맡았다. 실제로는 선교사를 위해 서적(성경 포함)을 편집, 번역하여 "문리文理를 소통시키는 일"을 담당하였다. 그러나 『가이관진假邇貫珍』 등과 같은 서적을 통해 중국 밖의 세계와 서구 문명에 대해 이해하기 시작했다. 1862년 초 모친의 병이 위독하여 귀향했을 때 가명으로 태평천국의 지도자에게 책을 올린 적이 있었는데 이 때문에 관부에 의해 추궁당했지만 교회의 비호를 받아 홍콩으로 도피할 수 있었다. 5년 동안의 홍콩에서 생활하면서 그는 영화서원英華書院 원장 레게James Legge를 도와 여러 종의 중국 경전을 번역하였다. 1867년 레게가 영국으로 돌아갈 때 그의 요청에 따라 동행하여 영국, 프랑스, 러시아 등을 여행하면서 서구 인사들과 학술적으로 교류하였다. 1870년 홍콩으로 돌아와 레게와 함께 번역에 종사하고 『보법전기普法戰紀』를 저술하여 점차 유명해지기 시작했다. 1873년 레게가 귀국하여 옥스퍼드 대학에서 한학漢學 강좌를 개설하자, 왕도는 자본을 모아 영화서원의 인쇄 설비를 구매하여 중화인무총국中華印務總局을 설립하였다. 1874년 『순환일보循環日報』를 정식 창립하여 근대 중국 신문사업의 선구자이자 변법 혁신을 고취하는 중요 인물이 되었다. 1884년 이홍장李鴻章은 그가 다시 상해로 돌아와 격치서원格致書院을 운영하도록 허용하였고 그는 양무 사업을 위해 많은 아이디어를 제공하였다.

왕도는 위원보다 34년 늦게 태어나 40년 늦게 죽었다. 위원 이후의 제2세대 지식인에 속한다고 할 수 있다. 이들 지식인의 인생 역정은 이전 제1세대 지식인의 정통적 모습과는 달랐다. 서양인을 도와 책을 번역하거나 외국으로 유학했고, 혹은 상업에 종사하거나 신문을 발간하였다. 정도에 차이가 있지만 그들 대부분 이단적 분위기에 노출되어 있었다. 따라서 이들로부터 시대의 변화, 사회 환경의 변화 그리고 중서 문화의 충돌과 융합 등의 흔적을 비교적 명확하게 찾을 수 있다. 1879년 왕도가 일본을 방문했을 때, 저명한 학자 시게노 야스츠구重野安繹(1827–1910)는 그와 위원을 비교하였다. 먼저 그는 왕도에 대해 이렇게 말했다. "선생의 글은 과거 위원의 것이 오늘날 다시 나타난 것이라 할 만합니다. 위원의 『해국도지』는 제가 이미 한 두 차례 읽어보았습니다. 깊이 나라를 걱정하고는 있지만 해외 정세에 대해서는 그다지 분명한 인식을 갖고 있지 못한 것 같아 선생과는 큰 차이가 있습니다. 따라서 제가 보기에 위원은 선생에 미치지 못하는 것 같습니다." 이에 대하여 왕도는 대답하였다. "위원 선생이 생존하던 당시 서양인과의 교제는 그다지 깊지 않아 그 속을 통찰할 수 없었습니다. 그러나 '오랑캐의 장기를 배우자' 라는 주장을 앞서 했습니다. 애석하게도 과거에 말한 바를 아직 행하지 않았고 금일 한다 해도 그 겉모습만 익힐 뿐입니다." 시게노 야스츠구는 또 말하기를 "위원은 혈기 넘치는 사람으로 선생과 같은 후계자를 얻었으니 훗날 그의 주장은 외롭지 않을 겁니다."[73] 이 대화는 왕도가 위원의 사상과 사업을 계승했음을 설명해 주고 있으며 동시에 왕도가 새로운 역사 조건 하에서 위원보다 '서양인과의 교제' 가 더욱 깊기 때문에 그의 사상 관념이 위원보다 새로울 수 있다는 사실을 나타낸다.

위원 때의 인물과 비교해 볼 때 왕도는 행운아였다. 그는 선배들의 눈을 통해 외부 세계를 볼 수 있었을 뿐만 아니라 국외로 직접 나가 세계를 살펴 볼 수 있었다. 그래서인지 그는 자신 있게 말했다. "아! 나의 이번 서방 여행길은 범선이 아니라 기선을 이용했고 우정郵程 역시 막힘이 없었기 때문에 바다든 육지든 안전하고 또 매우 빨랐다. 수십 개국을 거쳐 7만리를 오고 가는 동안 파도는 그 장대한 뜻을 북돋우고, 바람과 비는 그 감흥을 일깨우는 것 같았는데 모두 만족스러웠다. 특히 즐거운 마음에 우쭐하게 만든 것은 내가 가장 먼 서쪽에 도달했다는 사실이었다. 나는 처음으로 길을 개척한 사람이며 남들보다 앞섰다. 학자나 관리를 막론하고 그 누구도 이곳에 이르지 않았고, 문인들 역시 그 흔적을 찾을 수 없다. 내가 처음 영국에 도착하여 옥스퍼드 대학에서 강의할 때, 학생들은 모두 단정했고 겸손하고 예의 발랐다. 나는 도道에는 서로 같고 다름의 구별이 있지만 도는 결국 대동大同으로 귀결된다고 말했다."[74] 그는 서구 세계로의 길을 선도했을 뿐만 아니라 영국의 최고 학부라 할 수 있는 옥스퍼드 대학에서 강의를 통해 중국의 문화를 소개하고 중서 문화의 차이점과 유사점을 비교하며, 장래 전 지구의 문화는 모두 "대동으로 귀결될 것"이라 예언하였다. 이러한 패기와 식견 때문에 중외 인사는 자연스럽게 그를 주목하였다.

그런데 왕도에게는 외부 세계에 대한 경이로움에서 이해로의 전환 과정이 있었고, 얕은 데에서 깊은 곳으로, 가까운 곳에서 먼 곳으로, 그리고 작은 것에서 큰 것으로 그 이해 정도가 심화되는 과정이 있었다.

처음 왕도가 장주長州 시골에서 상해에 도착했을 때, 개방된 지 얼마 되지 않았음에도 불구하고 이 개항지는 "황헐포黃歇浦에 처음 들어온 그에게 돌연 생경스럽고" 독특한 분위기를 연출하였다. 그는 당시의 상황에 대해 다음과 같이 회고하였다. "상해는 서양과 교역한 이후 크게 변하였다. 1847년 한여름 선친께서 기근 때문에 떠돌다 잠시 상해 북부 지역에 머문 적이 있었다. 1848년 정월 나는 선친을 모시러 찾아 갔는데 황헐포에 처음 들어와 보니 그 분위기가 돌연 생경스러웠다. 배 위에서 바라보니 수면에는 수증기가 자욱하고 돛대가 자주 흔들렸으며 포구의 해변 일대는 모두 서양인의 집들이었다. 멀리 가물거렸지만 높은 건물이 즐비했고 각종 장식 등이 화려하기 그지없었다. 그 가운데 사람이 있어 불러내고 싶었지만, 마치 해외의 신선이 산다는 삼신산三神山 같아 가고 싶지만 미치지 못하는 곳 같았다."[75] 왕도의 눈에는 제1차 중영전쟁 때와는 다른 서양인의 형상이 나타난 것이었다. 과거 서양인은 비록 신식 군함과 대포를 지녔다 해도 순전히 흉악한 해적의 모습이었다. 그러나 현재 다른 모습으로 나타났으니 비록 식민주의의 죄악과 함께 얽혀있다 해도 그들 역시 자신들의 일상 생활을 소유했고 건축과 기타 환경 방면에서 비교적 높은 심미안적 정취와 문화적 소양을 드러내었다.

왕도가 처음 홍콩에 도착했을 때 그 곳에서 당시 변화된 세태의 분위기를 느낄 수 있었다. "홍콩은 본래 보잘 것 없는 황량한 섬으로 산 아래 평지에서 바다까지 단지 800척에 불과하였다. 서양인이 마치 학문에 정진하듯 열심히 계획하고 경영하며 바다를 매립하여 우산이공愚公移山의 고사를 이뤄냈다. 적은 땅이라도 그 가격이 매우 비싸 한도 없이 가격이 상승하고 있다."[76] 중국이 통치하는 황량한 섬이 서양인의 통치 아래 "적은 땅이라도 그 가격이 매우 비싼 곳"으로 빠르게 변화했다. 이러한 사실 때문에 왕도는 깊이 생각하지 않을 수 없게 되었다.

왕도는 곧 다음을 알게 되었다. "홍콩은 바다 멀리 외진 곳에 위치하여 내지에 인접한 마카오와는 구별되었다. 과거에는 짐승과 도적이 모여 살았다. 산세가 험하고 바람은 드세며 토양은 척박하여 사람이 살기에 적당하지 않았다. 조정 역시 도외시하여 돌보려하지 않았다."[77] 영국인이 홍콩을 점령한 이후 서양의 시정 관리 방법을 이식하기 시작하면서, "법의 적용을 엄밀히 하고", "관리 설치를 세밀히 했으며", "대외 방어를 엄격히 하고", "조세 수취를 풍부히 하며", "관광지도 모두 갖추었다." 이로써 황무지 섬은 해외 시장과 연결된 국제 무역항으로 거듭나기 시작하였다. 이것은 "서양인들이 열심히 계획하고 경영하였음"을 설명하는 것으로 확실히 본받을 만한 방식이라 할 수 있었다.

그러나 왕도가 더욱 부러워한 것은 홍콩의 발달된 교육이었다. 그는 홍콩에 도착하자마자 다음과 같이 쓰고 있다. "영국인이 설치한 교육 기관으로 3곳이 있다. 송미宋美가 운영하는 보라서원保羅書院, 레게James Legge의 영화서원英華書院, 사안史安의 대영서원大英書院이 그것이다. 모두 우수한 인재를 입학시켜 졸업 후 국가를 위해 봉사할 수 있도록 준비시켜 여러 곳에 추천하였다."[78] 잠시 후 또 이렇게 소개하였다. "홍콩에는 보라保羅, 영화英華 2곳의 서원이 있고, 또 대서관大書館이라는 것이 있다. 모두 학생들에게 영어로 교육시켰는데 그 수가 한 해에 2-300명 이상이었다. 이밖에 여러 곳에 의숙義塾이 설치되어 전적으로 중국어로만 가르쳤는데 교육비는 모두 국고에서 부담하였다. 영화서원은 전문적으로 교재를 출판하여 널리 전파시켰다. 별도로 여성서원 2-3곳을 설치하여 영어를 위주로 수업하였는데 부침이 심했다... 이로써 교육에 대한 홍콩 당국의 열정을 알 수 있다."[79] 도둑에게도 나름의 도리는 있는 법이다. 부강한 서구의 식민주의자가 천하를 장악할 수 있었던 데에는 특유의 경제, 문화적 배경이 있었다. 따라서 왕도는 진일보한 사고를 해야만 했다.

홍콩에서의 5년은 내지와 비교하여 해외 세계를 이해하는 데에 더욱 좋은 조건을 제공하였다. 그러나 세계에 대한 이해가 깊어질수록 중국의 낙후함에 대해 더욱 심각하게 인식하게 되었다. 왕도는 「아주반속구인亞洲半屬歐人」에서 세계 정세에 대해 거칠지만 다음과 같이 정리하였다. "오늘날 세계의 대세를 보면 동남 지역이 서북에 미치지 못함을 알 수 있다. 서북인은 오래 전에 동남 지역에 이르렀지만 동남인은 서북에 도달할 수 없었다. 지구를 가득 채운 자 모두 유럽인임을 봐라... 그러나 애석하게도 중국은 자신의 영역에 만족하고 구습에 집착하며 허위와 과장을 일삼고 아집과 오만에 가득 차 있어 유럽의 형세에 대해 제대로 알지 못했다."[80] '서북' 은 경제가 발달한 유럽과 북미를 가리키고, '동남' 은 낙후된 아시아, 아프리카, 남아메리카 등을 가리킨다. 이것은 오늘날의 '북'

과 '남' 의 구분법과 유사하다. 당시 일본은 아직 막부 말기의 시대로 메이지유신이 본격적으로 시작되지 않았기 때문에 '동남' 에 포함되었다. 당시 세계정세로 볼 때 중국은 이미 낙후되고 빈곤한 '동남' 에 속해 있었지만, 당시의 정세를 제대로 파악하지 못하고 "구습에 집착하고 허위와 과장을 일삼았다." 이 때문에 왕도는 나라와 백성을 걱정하는 마음을 더 많이 갖게 되었다.

그러나 왕도는 결코 비관하거나 소극적인 태도를 취하지는 않았다. 그는 냉정하게 당시 세계 발전의 추세를 관찰 분석하고 올바르게 해석하기 위해 노력하였으며 향후 인민이 어떻게 행동해야 할지에 대한 대안을 제시하였다. 그는 더 나아가 세계 구조 가운데 '동남' 과 '서북' 사이의 관계를 논증하고 그 미래의 발전에 대해서도 예측하였다. "금일 유럽의 각 국은 날로 강성해지고 지혜로운 자들은 기선과 기차를 만들어 세계 각 국에 통하여 동서양에 미치지 않는 곳이 없으며, 궁벽진 섬나라나 미개한 지역까지 이르지 않은 곳이 없다. 이로부터 세계 합일의 징조를 느낄 수 있다. 무릇 민民이란 흩어지면 합치게 되고[유분이합由分而合] 도道 역시 다른 데에서 같게 된다[유이이동由異而同]. 형이상학적인 것은 도道이고 형이하학은 기器이다. 도道는 먼저 기器라는 형식을 빌리지 않으면 이치에 통할 수 없다. 예컨대 기선, 기차는 모두 도를 실어 나르는 기器이다. 동방에 성인이 있다면 그 인심人心에 공통성이 있고, 그 천리天理에 공통성이 있기 때문이다. 서양 역시 성인이 있다면 그 인심人心에 공통성이 있고, 그 천리天理에 공통성이 있기 때문이다. 인심이 향하는 바가 곧 하늘의 도리인 것이다. 반드시 어떤 사람이 있어 동서양의 차이를 서로 융합 관통하여 같게 만들 것이다. 따라서 금일 유럽 열강이 우리 중국을 능욕하는 수단들은 훗날 성인의 노력을 통해 세계 각국의 제도, 문물과 합일하기에 이를 것이다."[81] 왕도는 십 수 년에 걸쳐 상해에서 거주하였고 서양인과 함께 공동으로 번역한 경험이 있으며, 또 서양인이 직접 관리하기 때문에 전통 문화의 압박이 비교적 적은 홍콩에서 생활했고 통치 계급과는 특별한 유대가 없었기 때문에, 그의 사상은 쉽게 개방적으로 될 수 있었다. 코헨은 *Between Tradition And Modernity*에서 "제1차 중영전쟁 이전 중국인은 중국이 하나의 국가라기 보다는 하나의 세계라고 파악했다"[82]고 하였다. "천하에 왕토王土가 아닌 것이 없다"고 하면서 중국인은 자기가 세계에 속하고 있다는 사실을 인정하지 않고 반대로 세계가 자기에 속한다고 여기면서, 영원히 세계 가운데 그리고 세계 위에 군림한다고 생각했다. 이것이 중국의 전통 관념 가운데의 세계 구조이며 질서였다. 먼저 왕도는 이렇게 진부하고 주관적인 구조와 질서를 포기하였다. 그는 중국이 세계의 일부분임을 인정했고 중앙에 있지도 심지어 위에 군림하지도 않고 오히려 낙후한 '동남'의 한 국가임을 인정했다. 이러한 승인은 결코 자기를 비하하는 것이 아니고 오히려 용감한 행동이었다. 19세기 중엽의 중국인 그리고 오랫동안 전통 교육을 받아온 중국인이 큰 용기 없이 이렇게 심각한 관념상의 변화를 이뤄내기는 매우 어려운 일이었다.

게다가 왕도는 공정한 시각으로 세계 각국과 그들의 문화를 바라보기 시작하였다. 성인은 반드시 중국에서만 출현하지 않으니 동양에 성인이 있다면 서양에도 성인이 있다고 보았다. 성인은 천리天理와 인심人心으로부터 분리될 수 없고, 천리와 인심은 공통성('동同')을 지녔다. 성인은 천리에 밝고 인심에 순응하지 않음이 없는데, 중국에서 성인이 출현할 수 있다면 어찌 서양에서 성인이 발생할 수 없겠는가? 과거 성리학자들은 성인의 도를 매우 신비로운 것이라 하여 볼 수도 만질 수 도 없기 때문에 매우 높은 내적 수양과 비범한 자질을 갖추어야 비로소 그 깨달음을 얻을 수 있다고 하였다. 그러나 왕도는 도를 통속적으로 이해하기 쉽게 해석하였다. 그에 따르면 도는 공허한 것이 아니며 기器를 매개로 하기 때문에 기는 곧 도를 드러내는 수단이었다. 또한 동양의 도와 서양의 도는 기선과 기차라는 기를 빌어 서로 통할 수 있는 것으로 보았는데, "기선과 기차는 모두 도를 실어 나르는 기였다." 기차와 기선은 서양에서 동양으로 상품만을 실어 나를 뿐만 아니라 '도'를 옮기는데 이때의 '도'는 서구의 도로서 서양이 발달하고 동양이 낙후하였기 때문에 서구 쪽이 우세하고 능동적이었다. 당연히 왕도는 "세계는 연결된 하나의 체體다"라는 현대적 표현을 알지 못했지만, 그는 이미 그러한 도리를 깨닫기 시작하였다. 그는 분열에서 통합으로, 차이에서 동질로 진행하는 것이 미래 세계의 발전 추세이며 인심과 천리에 따르는 것이기 때문에 뒤집을 수 없는 조류로 보았다. 서구의 우수한 무기가 침략자에 의해 이용당해 중국에게 모욕을 주어 매우 밉지만, 이들 기에도 "도는 실려 왔기" 때문에 좀 더 높은 문화 차원에서 고찰해 본다면 그것들 역시 기선 기차와 같이 "모든 나라의 문물과 법이 합일되어 있다"고 볼 수 있었다.

왕도는 식민주의자의 침략적 범죄 행위와 서구 문명이 이미 도달한 높은 수준을 구별하여, 기차와 기선을 근대 교통 기관으로만이 아니고 "도를 실어 나르는" 것으로 보았다. 이것은 왕도가 "오랑캐의 장기를 배우자"고 주장한 위원보다 심오하며, "중국의 윤리 명교를 근본으로 삼고 제국의 부강 기술로 보충한다"고 한 풍계분보다도 더 높은 차원의 것이었다. 왕도가 주장하는 바 '기'로써 '도'를 실어 날라 만국을 융합한다는 사상은 "중체서용"의 속박에서 실제적으로 벗어난 것으로 더욱 풍부한 근대 의식을 지니고 있었다.

전종서錢鍾書는 구체적으로 다음과 같이 설명했다. "중국이 세계를 향해 나아갔다고 하지만 또한 세계가 중국을 향해 왔다고 말할 수 있다. 우리가 문을 열고 밖으로 나간 것은 밖에서 어떤 이가 문을 밀고 두드리고 부딪치고 심지어 문을 부수고 창문을 넘어 들어왔기 때문이다."[83] 밖으로 나간 것은 비록 피동적으로 이루어졌지만 결국엔 일종의 진보라 할 수 있다. 그에게 있어 홍콩은 밖으로 나가는 제1보였다면, 5년간의 홍콩 체류 이후의 유럽 여행은 진정하게 세계로 향해 나아간 것이었다. 왜냐하면 홍콩은 서구화가 제대로 이루어지지 않은 동방의 작은 섬에 불과하고, 그 곳의 대다수 주민은 검은 머리와 검은 눈 그리고 누런 피부를 지녔으며 여전히 많은 전통 문화와 습속을 지니고 있는 중국인이었기 때문이다. 단지 서구, 그것도 진정으로 근대화된 서구에 도착하여 다년간에 걸쳐 직접 보고 듣고 나서야 왕도는 비로소 중서 문명의 차이를 보다 깊이 있게 이해할 수 있었고 전반적인 비교와 선택을 할 수 있게 되었다.

왕도가 40여일 선상 여행 끝에 제일 먼저 도착한 서구의 도시는 이탈리아 남단의 메시나Messina였다. 하지만 1시간 남짓 머물렀기 때문에 단지 '연이은 산봉우리와 겹겹이 우뚝 선 기암괴석'을 멀리서 바라볼 수 있을 뿐이었다. 이틀 후 상륙한 프랑스 마르세이유가 그가 방문한 첫 번째 서구 도시였다. 상해와 홍콩 같은 식민지 혹은 반식민지와 비교해볼 때, 마르세이유는 서구 근대 문명의 원형으로 왕도의 시야를 갑자기 트이게 만들었다. "이곳에 이르러 서구 도시 거리의 번화함과 건물의 화려함을 알게 되었다. 짜임새가 있고 구조 역시 당당하며 건물 모두 7-8층 규모였다. 각종 그림과 조각이 흩어져 있어 아름답기 그지없어 마치 하늘나라에 있는 듯 착각이 일 정도였다. 도로는 넓고 마차는 물 흐르듯 하고 말들은 용이 노니는 듯 잇달았다. 한 밤 가로등은 별들보다 촘촘해 불꽃이 하늘에 닿을 듯 했다. 숙소의 설비는 매우 사치스럽고 화려해 이전에 경험하지 못한 것들이었다."[84] 마르세이유의 화려함은 이 동양인을 매혹하였으니 왕도는 감탄하여 "마치 별천지에 온 것 같다"고 말했다.

이후 그는 "정말 질풍같이 빠른" 기차를 타고 파리로 갔다. 파리는 마르세이유와 비교할 때 또 다른 모습이었다. 그곳은 유럽의 대표적인 도시로서 활기가 넘쳤고 더할 나위 없이 화려하였다. "사람들은 매우 여유가 있어 보였고, 궁궐과 건물은 화려하였다. 주거지는 번화하고 공원은 아름답기 그지없었다. 당시 최고의 수준으로 아마 상대할 만한 곳이 없을 것이다."[85] 그러나 왕도는 단지 파리의 번화한 모습에 감탄하는 데에 머물지 않았다. 그는 더 나아가 도시 계획이 합리적으로 이루어졌고, 도서관에는 "소장 도서가 매우 풍부하여 없는 게 없을 정도였으며", 박물관 역시 "매우 광범하게 그리고 전체를 갖추어 수집하려고 노력하고 있다"고 파악하였다. 박물관은 각종 문명의 축소형 집합소라 할 수 있다. 특히 파리 박물관의 전시품은 세계 최대였기 때문에 왕도는 그것을 참관함으로써 세계에 대한 인식을 심화 확대시킬 수 있었다. 참관 후 그의 감상은 다음과 같았다. "갖춰지지 않은 게 없었으며 부문별, 종류별로 구분하여 한 방에 모아 두어도 서로 뒤섞이지 않았다. 널리 수집하고 전체를 갖추어 모으려 노력하였으며 정교함과 조잡함이 잘 어우러져 큰 것이나 작은 것 모두 잘못 배열된 것이 없었다. 진열된 것이 모두 비범하여 이목을 집중시키니 천하의 장관이라 할 만하다."[86] 백문이 불여일견이라 파리와 이후 런던 각지의 박물관이라는 창을 통해 왕도는 서구에 대한 인식을 새로이 할 수 있는 계기를 마련하였다.

왕도는 파리에서 처음으로 영화를 보았는데 이를 계기로 그는 서구 근대 문명에 더욱 탄복하게 되었다. 스크린에 나타난 "산, 물, 사람, 발코니, 건물 등이 금방 눈앞으로 튀어 나올 듯 생동감이 넘쳐 불가사의하기까지 했다." 이것은 마치 오늘날 텔레비전에서 방영되는 '세계 견문' 같은 프로그램과 비슷할 것이다. 따라서 왕도는 느낀 바를 "세상을 새로이 본 것이지 단지 세계 일주만 한 것은 아니었다"고 표현하였다.[87)]

바다를 건너 런던에 도착했을 때 그는 다시 "가로는 깨끗하고 건물들은 웅장하며 마차나 오가는 사람들의 왕래가 종일토록 끊임없이 이어졌다. 밤이 되자 가로등 불빛이 대낮같이 밝아 마치 불야성이나 불상 앞을 항상 밝히는 등불 같다"고 느꼈다. 왕도는 새로운 지식을 몹시 갈망했는데 런던은 이런 그에게 매우 깊은 인상을 심어주었고 그 또한 런던에게 깊은 인상을 남겼다. 그는 중국이 세계를 이해 하도록 노력할 것을 결심했고 또 세계 역시 중국을 이해하기를 희망했다. 그는 "매일 이곳저곳 여행을 다녔고 대학에서 여러 서적을 살피고 명승지에서 진기한 유물들을 감상하며 신기한 기계의 쓰임새에 대하여 관찰하면서 사물의 이치에 대해 치밀하게 파고 들어갔다. 가는 곳마다 사람들은 세세히 가르쳐 주었는데 궁금한 게 있으면 안내자의 통역을 통해 서로 대화를 주고받았다. 이 때 사람들이 내가 총명하고 박학하다고 감탄하였다"고 하였다. 런던의 여행 가운데 가장 주목할 만한 부분은 옥스퍼드 대학 졸업식 행사에서 그가 행한 연설이었다. 그 날 영국 학생은 그에게 다음과 같은 질문을 했다. "중국 공자孔子의 도와 서양의 천도天道는 어떻게 구별되는가?" 이것은 유학과 기독교를 비교해 보라는 문제로서 왕도 또한 오랫동안 생각해오던 문제였다. 그는 즉석에서 대답하였다. "공자의 도는 인간의 도이다. 인간이 있다면 도가 있는 법이다. 인류가 하루아침에 멸망하지 않는다면 그 도 또한 변하지 않을 것이다. 서양인이 논하는 도는 반드시 하늘에까지 소급된다. 그러나 전해지는 바 그것은 반드시 돌아와 사람에 근거를 둔다. 먼저 사람의 일에 진력하지 않고 하늘이 복을 내려주길 바랄 수 없는데 그것은 하늘이 사람과 여전히 관계되어 있기 때문이다. 무릇 천도는 사사로운 데에 구애받지 않고 종국엔 하나로 귀결된다. 오늘날 그 차이를 보게 되면 같은 것도 다르게 되지만, 다른 날 그 합일됨을 보게 되면 달라도 같게 된다. 전에 성인이 말하기를 동방에 성인이 있다면 그 인심人心에 공통성이 있고 그 천리天理에 공통성이 있기 때문이며, 서양 역시 성인이 있다면 그 인심에 공통성이 있고 그 천리에 공통성이 있기 때문이라 하지 않았는가? 결론지어 말하자면 도란 크게 같은 법[대동大同]이다."[88] 이것은 분명 『원도原道』의 내용에서 진일보한 것이다. 그는 유교와 기독교의 공통점과 차이점에 대해서는 그다지 진지하게 비교하지 않았다. 그러나 그는 인류 문명에는 공통성과 개성이 존재하며 각종 문명은 같은 데에서 다른 데로 그리고 다시 다른 데에서 같은 데로 마지막에는 대동으로 귀결된다고 보았다. 이는 역사 발전의 총체적 추세를 이해하고 있으며 동시에 진보적 문화관을 소유하고 있음을 드러낸 것이다. 따라서 그의 연설은 큰 호응을 얻었다. "청중 모두는 박수를 치고 발을 구르며 소리 높여 환호하여 벽이 흔들릴 정도였다." 그의 답변은 질문한 사람을 탄복시켜 수긍케 하였다. 영국인들의 마음속에 그는 신비한 동방에서 온 중국인이며, 전통 문화에 대한 풍부한 소양을 지니며 동시에 서구 학문에 대해 비교적 상세히 알고 있는 중국인이고, 또한 구식 사대부 기질과 함께 개방적이고 활달한 성격을 소유한 중국인으로 자리 잡았다.

왕도는 영국에 비교적 오랫동안 체류하였기 때문에 영국의 풍토, 인정, 제도, 문물, 과학, 기술 등에 대해 상당히 깊이 이해할 수 있었다. 과학, 기술에 대해 그는 전면적이면서도 매우 높은 평가를 하였다. "영국은 천문학, 지리학, 전기학, 열학, 기체학, 광학, 화학, 물리학 등을 실제적인 학문으로 여기고 공허하며 기교적인 시문詩文을 숭상하지 않는다. 그 용도는 작은 데에서 큰 데에 이른다. 예컨대 천문학으로부터는 해와 달 그리고 별들이 지구와 얼마나 떨어져 있는지, 얼마나 빨리 움직이는지, 일식과 월식 그리고 혜성과 행성이 언제 나타나는지, 폭풍우가 언제 몰려오는지 등을 알 수 있다. 지리학을 통해서는 만물의 생산지, 산수의 높낮이, 국토의 크기 등을 알 수 있다. 전기학은 어떤 물질이 전기를 발생시키고 또 어떤 물질이 전기를 절연시키는지 알려준다. 기체학으로는 기체의 무게를 알 수 있기 때문에 기구를 만들거나 수압계를 만들어 하늘 높이 날고 바다 깊이 들어갈 수 있게 되어 물건을 관찰하거나 사람을 구하고 산과 바다를 탐색할 수 있다. 광학을 통해 해, 달, 별 등의 본래 빛깔과 광력光力을 밝혀낼 수 있기 때문에 슬라이드와 영화를 만들어내고 광채 변화를 통해 어느 물질이 가장 밝은지를 밝혀낼 수 있다. 화학, 물리학을 이용해서는 금, 은, 동, 주석, 철 등의 특징을 판별하고 보석의 진위를 밝히고 각종 물질을 분석한다. 또한 물과 불의 힘을 규명하여 증기 기관을 발명하고 그를 통해 기선과 기차를 제조함으로써 인력을 절약하며 하루에 천리를 달릴 수 있게 하니 그 공이 만 명분에 해당한다. 산을 뚫고, 바다를 건너고, 땅을 파고, 하천을 준설하고, 철을 가공하고, 물건을 만들고, 농사와 직조織造를 행할 때 언제 어디든 증기 기관이 없는 곳이 없으니 진정 이기利器라 아니할 수 없다."[89] 이로써 왕도가 비록 서양 학문에 대해 이해의 폭이 얕다고는 하지만 당시의 제한된 인식 수준에서 본다면 총체적인 윤곽을 적절하게 묘사했다고 할 수 있다. 1860년대 중국인의 입장에서 본다면 이 정도의 인식은 매우 소중한 것이었다.

서구 과학, 기술에 대한 왕도의 열정적 찬양은 가치 관념의 명확한 변화를 드러내는 것이다. 미국의 과학 사회학자 머튼Robert King Merton은 다음과 같이 말했다. "과학은 모든 대규모의 활동과 같이 많은 사람들의 지속적인 상호 작용과 관련된다. 만약 과학의 계통적 발전이 이루어지기를 바란다면 먼저 사회적 협조를 얻어야만 한다. 바꿔 말하면 과학과 과학자라는 존재는 사회적 가치 기준에 비추어 볼 때 자신들이 어느 정도의 위치를 차지하는 지를 미리 가정한다. 이 가치 척도는 각종 과학 탐색에 대해 명성을 부여할지 말지를 결정하는 최종 중재인이라 할 수 있다."[90] 왕도는 과학과 과학자의 가치를 긍정했을 뿐만 아니라 과학, 기술 발전에 대한 사회적 동의의 필요에 대해서도 인식하였다. 그가 보기에 영국 과학, 기술의 신속한 발전은 "과학자들이 전력을 다했기 때문이지만 또한 국가의 적극적인 지원과 관리들의 드러나지 않는 협조 때문이기도 했다." 만약 과학이 많은 사람들의 '지속적인 상호 작용'과 관련되어 있고 과학의 계통적 발전 역시 사회적 동의를 먼저 필요로 한다면, '섬 오랑캐' 영국이 이렇게 성취한 것을 왜 당당한 중국이 할 수 없고 또 하기 어려운 것인가? 이는 필연적으로 양국의 사회 관념, 풍조, 제도의 차이와 관련된 문제였다. 왕도는 과거 영국에 대한 많은 오해와 편견을 직접 고찰하여 수정하였다. 그는 분명하게 다음과 같이 인정하였다. "영국은 예의를 가르침으로 삼지 단지 무력에만 의지하지 않으며, 인의와 신의를 기초로 삼지 기만과 위선적 행동을 내세우지 않는다. 그리고 교화와 은혜를 충만케 하는 것을 기본으로 삼지, 단지 부강만을 강조하지 않는다. 유럽의 각국은 대부분 이렇기 때문에 계속 발전하며 몰락하지 않을 수 있다. 영국이 비록 북방에 치우쳐 있지만 1천여 년 동안 외환이 없었는데 이는 이상의 것들이 보여주는 효과 가운데 하나 아닐까? 나 역시 구체적 근거를 갖고 말하는 것이지 단지 서구인을 칭송하기 위한 것이 아니다."[91] 영국의 역사와 현상에 대한 왕도의 이해에는 여전히 한계가 있었다. 예컨대 그가 단정한 "1천여 년 동안 외환이 없었다"거나 "인의와 신의를 기본으로 한다"는 등의 내용은 사실과 부합하지 않는다. 또한 영국인은 1066년 외래정복자 윌리엄William the Conqueror(1027-1087)을 황제로 받아들였고, 1337-1453년 영국과 프랑스 사이에는 두 세기에 걸친 백년전쟁이 있었으며, 1756-1763에는 프랑스, 러시아 등과 패권을 다툰 7년전쟁이 있고, 1839-1842년에는 두 차례에 걸쳐 아프카니스탄에 대한 침략전쟁을 벌였다. 이들 전쟁에서 영국이 항상 승리한 것만은 아니었다. 그는 이러한 사실들에 대해 언급하지 않았다. 하지만 전체적으로 보면 왕도는 직접적인 경험을 통해 서구 국가 역시 자신의 예의와 문명을 갖추고 있음을 지적하였다. 즉 물질 문명을 중시할 뿐만 아니라 정신 문명도 중시하고, 또 그 예의와 문명은 과학 기술의 발달과 국가의 부강에 더 많이 기여했다는 것이었다. 이는 중국인이 보다 깊이 생각해야 할 만한 부분이지 않을까?

1860년대의 다른 중국인과 비교하여 볼 때, 왕도는 관념상 거의 1차 혁명을 겪었다고 할 수 있다. 그는 감히 "구체적인 근거를 가지고 말한다"고 하면서, "서양인을 칭송한다"는 혐의에 대해 개의치 않았다. 동시에 그는 서구 세계에 중국의 전통 문화 가운데 우수한 부분을 소개하는 데에 노력을 기울였고, 중서 문화를 "융합하고 관통하여" 대동으로 나아가게 하는 데에 뜻을 둔 당대의 성인이었다. 이와 같은 담대한 인식과 견해는 당시뿐만 아니라 이후에도 찾아보기 힘든 것이었다. 따라서 왕도가 죽은 지 30년이 지난 후 호적胡適(1891-1962)은 북경 도서관에 소장된 그의 수고手稿 7책에 대해 발문跋文을 쓰면서 안타까워하며 만약 그가 일본에서 출생하여 통치 계급의 일원이 되었다면 자연스럽게 이토 히로부미와 같은 인물이 되었을 것이라고 지적하였다. 하지만 왕도는 결국 이토 히로부미와 같이 자신의 국가를 위해 뛰어난 재능을 충분히 발휘하여 '유신 3걸' 가운데 한 명으로 정치 무대에서 활약할 수는 없었다. 이 또한 시세이고 운명이었다.

왕도는 오랫동안 자신의 기개와 뜻을 펼치지 못하였기 때문에 생각 역시 점점 위축되어 갔다. 1879년 일본을 여행할 때 비록 중일 문화 교류를 위해 큰 공헌을 하고 일본 학계의 높은 평가와 열렬한 환영을 받았지만 사상적인 측면에서는 새로운 진보를 이룩하지 못했다. 게다가 주색에 빠져 몸이 쇠약해져 1884년 상해로 돌아온 이후 아무 일도 할 수 없게 되었다. 60세가 되기 전에 이미 그의 기억력은 매우 나빠져 사람을 만나면 성명을 묻고는 돌아서면 잊어버렸고, 작문을 할 경우 서너 줄만 지나면 그 의미가 서로 통하지 않았다. 그는 이미 선구적인 지위를 상실했고 다른 사상가들이 그 역할을 대신해야 했다. 그러나 말년에 그에게 의미 있는 일이 하나 있었다. 1894년 그가 병으로 죽기 3년 전, 젊은 손문이 정관응鄭觀應의 소개로 그를 찾아와 「상이홍장서上李鴻章書」를 다듬어 달라고 하면서 라풍록羅豊祿 등에게 편지를 보내 이홍장과 만날 수 있도록 주선해 달라고 요구했던 것이다. 오래 전 왕도는 홍콩에서 오문경호의원澳門鏡湖醫院을 건립할 때 같이 참여한 바 있었고, 손문은 1892년 홍콩 서의서원西醫書院을 졸업한 후 이 병원에서 근무한 적이 있었다. 이것은 사람들에게 쉽게 잊혀질 수 있는 사소한 인연에 불과하지만, 왕도와 손문의 마음속에는 커다란 인상을 남길 수도 있었다.

왕도가 영국을 방문했을 때 런던의 한 화실에서 "화실 내에 걸어두기 위한" 기념사진 촬영을 요청받은 적이 있었다. 그는 사진 위에 다음과 같은 시구를 남겼다. "이국의 산천이지만 해와 달은 같거늘 중원 천지엔 먼지만 일고 있네", "지금까지 목숨 부지한 건 나라에 보답하기 위함이니, 그 마음 조금이라도 남았다면 기꺼이 헌납하리다." 왕도는 죽을 때까지 국가에 보답하고자 하는 마음을 잊지 않았지만, 단지 이렇게 사람을 감동시키는 시구를 먼 이국에 남겨 놓고는 결국엔 향락을 일삼다 중국에서 죽음을 맞이하고 말았다.

용굉容閎(1828-1912)은 또 다른 유형의 개혁 사상의 선구자로서 그의 출신과 경력은 왕도와 큰 차이가 있었다.

그는 광동廣東 향산현香山縣 남병진南屏鎭(현재 주해珠海에 소속됨) 사람으로 자는 달맹達萌이고, 호가 순보純甫였던 가난한 농촌 가정 출신이었다. 그의 가정은 결코 선비 집안이라 할 수 없기 때문에 그는 어려서부터 사숙私塾에서 교육받을 기회가 없었다. 남병南屏은 마카오에서 단지 4킬로미터 거리에 있어, 그는 7살 때 영국 런던 교회 교사 구츠라프Gutzlaff 부인이 건립한 소학교에서 수학할 수 있었다. 13살 때에는 이 학교를 기초로 건립한 모리슨 학교Morrison school에 진학하였다.

그곳은 영국 선교회가 중국에 파견한 첫 번째 선교사가 건립한 학교로서 설립 취지는 "중국에서의 서양 교육을 촉진하는" 것이었다. 모리슨Robert Morrison(1782-1834)은 1807년 초 명령을 받고 대서양, 뉴욕, 태평양을 거쳐 중국에 도착하였다. 초기엔 마카오가 중국 선교의 전진 기지였지만, 후에 천주교 선교사들이 배척당하고 중국과 열강 사이에 여러 차례 충돌이 발생하게 됨에 따라 중국 대륙에서 공개적인 활동을 하거나 거점을 마련할 수 없게 되었다. 그러자 말라카에 "잠시 거주하기로 하였다." 그는 그곳에 인쇄소를 만들어 4,595쪽에 달하는 대형 『화영자전華英字典』을 편찬하고 『성경』을 중국어로 번역했다. 이후 홍수전洪秀全(1814-1864)의 배상제회拜上帝會가 경전으로 삼은 『권세양언勸世良言』은 양아발梁阿發이 쓰고 모리슨이 수정하여 1832년 출판한 것이다. 모리슨이 일생 동안 추구했던 사업은 전도이지만 서구 열강의 식민주의와 구분할 수 없는 것이었다. 그러나 그의 학술 활동은 중국이 외국과 문화 교류하는데 큰 공헌을 하였고, 어린 시절의 용굉에게 깊은 인상을 남겼다.

모리슨의 학교는 1839년 11월 마카오에서 정식으로 개교하였다. 미국 예일대학을 졸업하고 후에 명예박사 학위를 받은 브라운Samuel Robbins Brown(1810−1880)이 학교 업무를 담당하였다. 최초의 학생은 단지 6명에 불과하였는데 용굉보다 먼저 입학한 자로 황승黃勝, 이강李剛, 주문周文, 당걸唐杰, 황관黃寬 등이 있었다. 학교에서는 오전에 중국어를, 오후에는 영어를 가르쳤다. 또한 지리, 수학 등의 과목이 개설되어 있었다. 수업은 아침 6시부터 저녁 9시까지 진행되었는데 그 가운데 8시간은 공부하고 나머지 3−4시간은 과외 운동 및 오락 시간이었다. 학생과 브라운 가족과의 관계는 매우 친밀했지만, 가족의 아침, 저녁 예배에 참가할지 말지는 스스로 선택할 수 있었다. 제1차 중영전쟁 후 학교는 홍콩으로 이사했고 학생은 20여명으로 증가하였다. 과목도 원래 있던 중국어, 영어, 지리, 수학 이외에 역사, 기술, 생물, 화학, 음악 등이 늘었다. 1843년까지 학생은 42명으로 증가하여 4개 반으로 나누어 수업을 하였고, 『성경』은 필수 과목이었지만 학생들에게 세례를 강요하지는 않았다.

이것은 중국의 구식 사숙과는 판연히 다른 서구의 학교였다. 학생들은 비록 정식으로 세례를 받지 않았지만 어려서부터 기독교 문화 속에서 생활하면서 자연스럽게 습관이 되고 감화를 받으면서 중국의 전통 문화에서 이탈되어 갔다. 1845년 모리슨 학교는 처음으로 수업 성과 발표회를 개최했는데 그 가운데 고학년 학생의 영어 작문 두 편이 특별히 사람들로부터 주목받았다. 하나는 「아는 것이 힘이다」였고 다른 하나는 「중국 정부의 불공정성」이었다. 전자는 지식을 '행복과 쾌락의 원천'으로,

그리고 국가 부강 및 민족 번영의 '영구 기초'로 보았고 "그것이 한 나라의 무지하고 사악한 풍속을 없애는 밝은 빛"이라 하였다. 이것은 "중국의 윤리 명교를 근본으로 삼는 것"과는 크게 달랐고 초보적이지만 과학과 이성의 근대적인 의식을 추구하였다. 후자는 중국이 서구 세계에 미치지 못함을 다음과 같이 명확히 하였다. "중국에 좋은 정부가 있다 할 수 없다. 중국과 영국, 미국 혹 다른 어떤 기독교 국가와의 차이는 매우 크다. 중국의 권력자는 수천, 수만이지만, 관직의 최고 높은 지위에서 가장 낮은 지위에 있는 자에 이르기까지 단지 극소수의 사람들만이 성실하고 충성스럽게 인민의 이익을 생각하면서 공정하게 그들을 대한다."[92] 이 글들은 군신 사이에서 당연시되어 오던 도리를 강조하지 않고 인민의 이익을 드러내고 있으며 민주 의식도 어렴풋하게 찾아볼 수 있다. 이들은 아직 변화의 가능성이 많은 아이들이었지만 모리슨 학교라는 독특한 교육 환경 가운데에서 기독교 문화를 향해 한 걸음씩 다가가고 있었다.

1846년은 18세의 용굉에게 중요한 의미를 지닌 한 해였다. 그 해 겨울 브라운이 휴가를 위해 미국으로 돌아가기로 결정하면서 3-5명 정도의 고학년 학생을 데려가 "같이 신 대륙에서 보다 완전한 교육을 받게 하고 싶다"고 선언하였다. 그러나 이에 호응한 자는 많지 않아 단지 용굉, 황승, 황관만이 가기를 원했다. 당시 광동 향산 일대에는 외국으로 나가는 자가 많았지만 주로 생계 문제 때문에 부득이 하게 고향을 떠나 외국으로 나갔다. 당시 젊은이의 해외 유학은 정말 "그 전례가 없는" 것이기 때문에 집안의 반대가 적지 않았다. 그러나 용굉의 의지는 결연하여 마침내 모친의 허락을 얻었다. 용굉 등 3인의 가정은 몹시 빈곤하였지만 다행히 브라운과 학교 측에서 도움을 주었기 때문에 본인의 여비와 미국 체류 비용을 해결할 수 있었고 "부모 역시 적어도 2년 치 이상의 생활비"

를 보장받을 수 있었다. 이러한 우대 조건은 최초의 유학을 격려하기 위한 것이었고, 용굉은 유학을 "기독교의 자선 활동의 일환이며 다른 목적이 없는 것"으로 인식하였다.

1847년 1월 4일 용굉은 브라운과 함께 범선 형특리사亨特利思 호에 올라 황포 항을 출발하였다. 이것이 서방 행의 시작이며 그가 서구 근대 문명을 받아들이게 되는 출발점이었다. 그들은 모두 젊고 활동적이며 사상 또한 단순하였기 때문에 왕도의 서구 여행 때처럼 그렇게 복잡하고 심각한 감정에 휩싸이지는 않았다. 그들이 흥미로워 한 것은 해상에서 펼쳐지는 변화무쌍하고 기이한 광경, 짙은 물안개, 사나운 파도 등이었으니 그들 젊은이의 눈에는 "모두 세상에서 보기 어려운 놀랄 만한 광경이었다." 98일 간의 오랜 항해 끝에 용굉 일행은 1847년 4월 12일 마침내 뉴욕에 도착하였다. 1845년 용굉은 이미 「상상 속의 뉴욕 여행」이라는 제목의 글을 쓴 적이 있는데 이제 그 상상이 실현된 것이었다. 그러나 당시 뉴욕의 인구는 단지 25만−30만에 불과하여 훗날만큼 번화하지 않았고 파리나 런던에 미치지 못했기 때문에 용굉은 그다지 놀라지 않았다. 이것은 그가 이미 중국에서 몇 년간에 걸쳐 서구의 근대 교육을 받았기 때문에 신 세계에 비교적 쉽게 적응할 수 있었음을 보여주는 것이기도 하다.

용굉은 뉴욕에 잠시 머물고 나서는 메사추세츠로 가 몬슨 아카데미Monson Academy에 입학하였다. 그 곳은 대학 입학을 위한 예비 학교였다. 예일 대학을 졸업한 교장 하몬드Rev. Charles Hammond는 덕망과 학식이 높고 뉴잉글랜드 지역의 청교도 풍모를 짙게 풍기는 인물이었다. 하몬드는 "일찍부터 고문과 영국의 문예를 좋아하며 뜻한 바의 기개가 매우 웅대하여 당시 뉴잉글랜드 지역의 사람이면 모두 그가 위대한 교육가임을 알고 있었다."[93] 그의 영향과 지도 아래 용굉은 영국의 각종 문집에 대해 학습했고 그밖에 문법, 수학, 물리학, 심리 철학 등을 수학하였다.

2년은 빨리 지나갔다. 용굉은 유명한 예일대학에 입학하여 학업을 계속하고 싶었지만 경비의 부족 때문에 고심해야 했다. 이때 하몬드와 브라운의 추천에 의해 몬슨 재단 이사가 지원을 약속했다. 그러나 졸업 후 중국에 돌아가 선교 활동을 해야 하는 것이 조건이었다. 용굉은 진지한 청년이었다. 그는 이 조건에 동의하지 않았다. 수년이 지난 후 그는 이에 대해 다음과 같이 설명하였다. "내가 비록 가난했지만 모두 자유롭게 하고 싶었다. 훗날 공부를 마치고 무슨 일을 하든 중국을 위해 가장 유익한 일을 택할 것이다. 설사 청조가 등용하지 않아 큰 일을 이루지 못하더라도 어렵지 않게 새로운 흐름을 만들어 낼 수 있을 것이다."[94] 이것은 용굉이 이미 독립 인격의 근대 의식을 소유했음을 보여주는 것이며 동시에 중국에서 새로운 풍조를 개척해 나가겠다는 위대한 포부를 지녔음을 나타낸다. 그는 선교에 대해 완전히 반대하지 않았지만 하나님의 복음으로는 중국을 구원할 수 없고, 또 수년간의 학비 때문에 자신의 직업 선택의 자유를 빼앗기고 싶지 않다고 판단했던 것이다. 그에 따르면 "선교 활동이 좋은 일이지만 반드시 중국에 도움을 줄 수 있는 유일한 사업이라고 할 수 없다. 중국은 영토나 인구의 측면에서 매우 풍부하기 때문이다. 사람들이 진정한 종교 정신을 갖고 있다면 진로를 어디로 정한들 불리하겠는가? 그런데 중국인의 신앙은 과연 어떠한가? 믿음이 약한 사람의 경우 비록 기독교를 받아들인다고 해도 봄철 얼음이 떠오르는 태양을 맞아 바로 녹아버리는 것과 같으니 그것을 누가 막을 수 있겠는가? 하물며 지원서에 서명을 할 경우 바로 구속을 받게 되어 장래에 비록 좋은 기회가 있다 해도 중국을 위한 이익을 제대로 도모하지 못하게 되니 앉아서 그것을 보고만 있을 것인가?"[95] 단지 헌신적인 종교 정신만을 갖고 있다면

"진로를 어디로 정한들 불리하겠는가?"라는 생각은 학업을 마치고 돌아갈 용굉이 중국의 근대화를 위해 분투하고자 하는 기본적인 의지를 드러낸 것이었다.

"인생은 종종 예측할 수 없는 방향으로 흘러간다." 용굉이 몬슨 재단 이사의 조건부 지원을 거절한 후 얼마 되지 않아 브라운이 미국 남부 지방으로 누이를 만나러 가던 중 사바나 부녀회The Ladies Association in Savannah, Ca. 회원을 만나 용굉의 교육 경비 문제에 대해 언급하였다. 이때 뜻밖에도 회원들은 적극적 관심을 표하면서 지원금을 부담하겠다고 나섰다. 이렇게 해서 용굉은 뉴 헤븐에 도착하여 예일대학 입시에 응시를 하게 되었다. 미국 응시생과 비교할 때 용굉의 수학 기초 능력은 떨어졌다. 몬슨 학교에서 2년 동안 수학했지만 실제적으로는 단지 15개월 동안 라틴어, 12개월 동안 그리스어, 10개월 동안 수학을 각각 공부했고 그나마 부근 지역의 철로 공사 때문에 학업이 잠시 중단되기도 하였다. 하지만 다행히 그는 예일대학에 입학할 수 있었다. 1학년 때 상당히 열심히 노력하여 항상 한 밤중까지 공부하였기 때문에 "몸과 마음이 날로 허약해졌다." 2학년 때에는 미적분이라는 난관을 만나 "매일 공부했지만 별 도움이 되지 못해 시험에 매번 불합격하였다." 이 때문에 그는 항상 유급과 낙제를 걱정해야 했다. 다행히 영문 논설 과목의 성적이 우수하여 두 차례 연속 1등을 차지하였고 이로 인해 교내 교수와 학생들의 높은 평가를 받았으며 용굉 스스로도 수학 능력에 대한 자신감을 높일 수 있었다. 2학년 말과 3학년 이후 용굉의 사정은 점점 좋아졌다. 학업의 증진 이외에 학비도 풍족하여 다른 걱정을 할 필요가 없었다. 사바나 부녀회는 계속 일상 경비를 제공했고, 브라더스Olyphant Brothers 회사(용굉이 미국에 올 때 여행 경비를 면제해준 기선 회사) 또한 특별 지원을 해주었다. 이밖에 그는 형제회兄弟會를 위해 서적 관리를 해주고 매 년 30달러의 보수를 받았다. 이 또한 당시 물가를 고려하면 작은 보탬이 될 수 있었다.

동방인으로서 용굉이 서구 사회에 적응하는 데에 있어 형제회가 지니는 영향력은 브라운의 집에 기숙했을 때보다 컸다고 할 수 있다. 형제회는 미국 대학의 전통적인 학생 자치 단체였다. 용굉의 기억에 따르면 "학교 내의 2학년, 3학년 학생 20여명이 한 조가 되어 공동 생활을 하면서 1명에게 전체의 식사를 담당하게 하였다. 나는 적극적으로 이 일을 맡았다. 새벽에 찬거리를 사다 식사를 마련해 그들에게 제공했다. 이후 2년 동안의 생활비는 거의 그 곳에서 벌었다."[96] 이외에 2년 계속 이 형제회를 위해 도서를 관리했는데 이에 대해서도 약간의 보수가 있었다. 형제회 참가로 얻는 수확은 단지 경제적인 측면에서만 있는 것은 아니었다. 미국 사회를 보다 깊이 있게 이해할 수 있게 되었다. 용굉이 미국 학생들에 의해 인식되고, 반대로 그 또한 서구 문화에 대해 인식하는 것 자체가 비교적 전면적인 '서화西化'라 할 수 있다. 몇 년이 지난 뒤 용굉은 이때를 회고하였다. "나는 형제회의 장서 관리 업무를 2년 동안 맡았기 때문에 많은 사람과 사귈 수 있었다. 학교 내 3학년 학생 가운데 반 이상이 나를 알았다. 따라서 미국의 상황에 대해 잘 알 수 있게 되었고 광범한 교류를 통해 나는 학교 내에서 꽤 큰 명성을 얻을 수 있었다."[97]

형제회에 대해서 필자도 예일대학을 방문했을 때 들은 바 있다. 어떤 교수의 말에 따르면 위와 같은 전통은 현재까지 지속되고 있지만 내부 사정에 대해서는 불분명하다고 했다. 필자 또한 젊은 학생에게 물어본 적이 있는데 그는 연령 차이가 너무 커서인지 이것저것 고려해서인지 웃으면서 제대로 말해주지 않았다. 백여 년이 지난 지금, 상황은 많이 변화하여 오늘날 예일대학 학생 형제회는 이전 용굉이 생활하던 때의 그것과 틀림없이 큰 차이를 보일 것이다. 그러나 호적은 20세기 초 처음 미국에 도착하여 국제 학사International House의 접대를 받을 때를 회고하며 특별히 다음을 강조하였다. "(중국 유학생이) 미국 교육을 받는 곳은 교실이나 실험실, 도서관 등에 국한되지 않았다. 더욱 중요하고 더욱 기본적인 것은 미국 생활 방식과 문화 방면에 대한 깊이 있는 이해였다."[98] 따라서 용굉이 형제회에 가입한 의의는 그가 미국 문화와 생활 방식을 쉽고 그리고 제대로 이해할 수 있도록 도와준 가교를 얻었다는 데에 있다고 할 수 있다.

당덕강唐德剛은 호적의 이 기억에 대해 꽤 흥미로운 해석을 덧붙였다. "근대 서양의 여행가는 전체주의 국가의 여행 사업(일반적으로 '관광 사업'이라 부른다)에 대해 '제한 여행'Guided Tours이라 비판한다. 즉 여행객은 좋은 부분만 볼 수 있고 나쁜 곳은 볼 수 없다. 근 백 년 동안 외국 유학생을 접한 미국 각계의 상황 역시 사실상 이와 같다. 차이가 있다면 미국의 제한 여행을 다수 여행자 스스로 원한다는 점이다. 하지만 일정 부분은 다소간 강제적 성질도 내포하고 있다. 사실 '제한'이라는 표현에서 본다면 양자는 결과적으로 동일한 결과이지만 단지 스스로 원하는 것이 강제로 하는 것보다 효과적인 법이다. 호적과 같이 비교적 확고한 사상을 지닌 사람들도 스스로 원한 '제한 여행'에 참가하였고 미국 문명에 대해 평생 찬양하였다." "그러나 소위 '문화 교류'란 남의 장점을 취하여 단점을 보완하는 운동이다. 호적과 같은 일군의 미국 유학생이 단지 그 나라의 장점만 보고 단점을 보지 않거나 혹은 그 단점을 말하기를 꺼려한 것은 사실 크게 비난받을 일은 아니다. 그들이 요구한 바의 '서구 문명'이란 원래 동양의 단점을 보완할 수 있는 서구의 장점이었다. 만약 우리들이 서구에도 역시 '단점이 있다'고 감싸준다면 그것은 아주 고루한 늙은이의 행동일 뿐이다." 당덕강은 호적과 미국 사회 모두에 대해 상당히 깊이 있게 이해하였다. 호적이 미국에 유학한 시점은 용굉보다 반세기 이후였지만 전후의 모습을 대조해 보면 확실히 서로 통하는 부분을 발견할 수 있다.

'서구화'가 서구의 장점을 취하여 중국의 단점을 보완하는 것이라 한다면, 전통 문화로부터 이탈하려는 최종 목표는 여전히 중국을 진흥시켜 근대화의 길로 나아가게 하는 것이다. 그러나 동양과 서양의 차이가 너무 커 종종 젊은 유학생들은 쉽게 상심하여 심각한 내적 고민에 빠지기도 한다. 용굉 역시 격렬한 사상적 모순에 빠진 적이 있었다. "내가 공부하는 동안 때때로 중국의 부패 상황이 마음에 걸렸는데 유학 말기에 더욱 심해졌다. 매 번 생각할 때마다 화가 치밀어 이 좋은 교육도 받고 싶지 않게 되었다. 본래 교육을 받게 되면 마음 속의 이상이 높아지게 되고 또 도덕의 범위 역시 넓어져 스스로 무거운 책임감을 느끼게 된다. 아무런 지식이 없을 때에는 도리어 이러한 깨달음도 없다. 중국의 인민을 생각하면 더욱 무한한 고통과 압력을 받았다. 교육받지 못한 사람들은 이러한 고통과 압력을 느끼지 못한다. 따라서 나는 지식이 풍부해질수록 고통 역시 많게 되며 즐거움 역시 줄어든다고 말했다. 반대로 지식이 없으면 없을수록 고통 역시 줄어들고 반대로 즐거움은 늘어난다. 쾌락과 지식은 이렇게 반비례하는 것인가?" 이것은 물론 한 때의 극단적 표현으로 용굉 사상의 주류를 대표할 수는 없다. 대개 사명감과 책임감을 지닌 시대적 선구자는 이상과 현실의 차이가 너무 크고 또 포부와 역량의 차이 역시 너무 크기 때문에 종종 상술한 것과 같은 고뇌와 번민을 하게 된다. 용굉의 미국 유학 그리고 거기에서 맞이한 전통과 근대의 충돌이 그의 사상적 고민을 더욱 격렬하게 만들었지만, 사명감과 책임감이라는 거대한 정신력을 통해 그는 내심의 고통을 이겨내고 앞으로 나갈 수 있는 믿음을 계속 유지할 수 있었다. 반복적인 사색을 통해 마침내 이치를 깨닫게 되었는데, 만약 소극적으로 개인의 고통과 쾌락을 생각한다면 그 인생관의 품격이 극히 비천하여 큰 사업을 성취하거나 자신의 사상을 발전시키기에 부족하다는 것이었다. "나의 뜻은 내 일신이 이미 문명의 교육을 받았으니 내 후세의 사람들도 똑같은 이익을 향수했으면 하는 것이다. 서구의 학술이 중국에 유입되어 중국을 문명 부강의 나라로 만들었으면 한다."[99] 용굉은 비록 점점 서구화되었지만 그의 중심은 여전히 조국에 뿌리를 두고 있었다. 그는 주主와 보補, 도道와 기器, 체體와 용用의 구별을 중시하지 않았고, 오로지 "서구의 학술을 중국에 들여와 중국을 문명 부강의 나라로 만드는 데"에만 신경 썼다. 그는 기독교 문명의 박애, 헌신 정신을 지녔고 또한 천하의 일을 자신의 임무로 여기는 중국 전통 사대부의 기질도 조금은 갖고 있었다. 용굉은 18년 동안 유교 문화권 내에서 생활했기 때문에 비록 그가 일찍부터 서구화된 마카오나 홍콩에서 공부했다고 하지만 전통의 영향에서 완전히 벗어날 수는 없었다.

1854년 태평천국군太平天國軍이 남경을 점령한 지 1년이 지난 뒤, 용굉은 98명과 함께 예일대학을 졸업하였다. 용굉은 "중국인으로서 미국의 최고 대학을 졸업한 것은 실제로 내가 처음이었다"는 약간의 자부심을 갖고 있었지만 그렇다고 유감이 없었던 것도 아니었다. 왜냐하면 그는 본래 유학 기간을 연장하여 이공계 학문을 계속 공부하면 중국에 더 잘 적용할 수 있을 것이라 기대했기 때문이다. 그러나 이전 그에게 학비를 지원해 주던 친구들은 경비를 제공해주지 않았을 뿐만 아니라 그의 귀국을 적극적으로 권하였다. 이 선량한 보통 미국인들은 용굉이 '중국을 위한 유용한 인재'라고 생각하며 그가 너무 오래 미국에 머물며 돌아가지 않을 경우 미국 생활에 탐닉하여 본분을 잊어버릴까 걱정했기 때문이었다. 독실한 기독교도로서 그들은 용굉에 대해 큰 기대를 걸고 있었다. 즉 조속히 "귀국하여 열심히 전도하여 중국이 하나님을 믿고 사람들 모두가 기독교도가 되게 하기를"[100] 바랬다. 『호적적자전胡適的自傳』에 대한 당덕강의 주석에 따르면, 이들 미국인은 뉴잉글랜드 지역 및 뉴욕 교외에 거주하는 '중산층 백인교도'로서 남을 돕는 것이 즐거움의 근본이라 믿으면서 자선 행위를 통해 심령의 정화와 조화를 구하고 "좋은 사람은 그 누구도 기독교도가 되지 않을 이유가 없다"고 진심으로 믿었다. 선교 사업이 동양에서 식민주의와 어떻게 관계되는지에 대해서 그들은 별 생각이 없었다.[101]

1854년 11월 13일 용굉은 예일대학생 선교사 매키William Macy와 같이 범선 구리가歐里加호를 타고 중국으로 돌아왔다. 이 배는 화물선이어서 탑승 조건이나 항로가 좋지 않았다. 용굉 등은 거친 풍랑 때문에 고생하면서 154일간의 고된 항해 끝에 중국을 떠난 지 8년 만에 다시 고국의 땅을 밟게 되었다.

용굉이 마카오로 돌아와 모친을 만났을 때, 미처 의복을 갈아입지 못해 여전히 서양식 복장을 하였고 수염을 기르고 있었다. 당시 중국인이 보기에 영락없는 누런 피부의 '서양 귀신'이었다. 용굉이 조국에 돌아왔을 때 이전에 알기는 했지만 상당히 어색해진 세계에 도달한 것 같았다. 용굉은 이에 대해 명확하게 인식하고 있었다. 그는 막 조국에 돌아왔을 때의 상황을 다음과 같이 기억하고 있었다. "줄곧 서구 문명의 징표로 간주되어 온 서구 교육이 만약 한 동양인의 내재된 기질을 변화시켜서, 그가 감정과 행동거지에 있어 전혀 다른 사람들과 만났을 때 마치 스스로 다른 세계에서 온 것처럼 느끼도록 만들지 못한다면 정말 이상하지 않겠는가?"[102] 그의 몸은 이미 고국에 돌아왔지만 문화적으로는 다시 한 번 회귀해야 했고 그래야 동포로부터 인정받고 용납될 수 있었다. 그는 풍속과 모친의 명을 존중하여 즉시 수염을 깎고 북경어와 광동어를 다시 복습하여 중국인의 형상을 회복코자 노력하였다.

그러나 용굉의 세계관과 가치 관념은 여전히 서구화된 상태 그대로였다. 모친이 그에게 대학 졸업장이나 학사 학위로 "얼마나 돈을 벌 수 있느냐?"고 물어봤을 때, 그는 인내심을 갖고 설명하였다. "대학 교육의 목적은 금전적 효용에 있지 않고 고상한 품격의 인재를 창조하여 장래 세력을 갖고 다른 사람의 지도자가 되도록 하는 데에 있습니다."[103] 이것은 전형적인 예일대학의 언어로, 지식인 곧 힘('세력')이라는 말은 '예일인Yale man'이 각 분야에서 대중을 영도하는 근거였다. 만약 용굉이 베이컨이 말하는 바의 "지식이 곧 힘이다"라는 명구를 몬슨 학교 시절부터 이미 받아들이기 시작했다면 그것은 예일대학의 정규 교육 과정을 통해 그의 뇌리에 확실히 뿌리내렸을 것이다.

용굉은 열정적으로 조국의 부국강병을 추구하였지만 그의 계획은 처음부터 많은 곡절과 좌절을 겪어야 했다. 귀국 이후 그는 한 때 홍콩에서 변호사 업무에 대해 학습했으나 영국 변호사들로부터 공동 배척을 받았다. 용굉은 홍콩이란 식민지에서는 발붙일 틈이 없다고 여기고 분개하여 상해로 떠났다.

1856년 8월 상해에 도착하여 해관 번역처에서 업무를 시작하였다. 그러나 후에 영국의 중국인 직원에 대한 차별 대우에 불만을 갖고 스스로 사직하였다. 해관 업무를 그만둔 이후 그는 중국 비단, 차 등을 수입하는 영국 회사의 서기로 취직하였다. 그러나 반년도 안 되어 회사가 문을 닫게 되어 용굉은 다시 실직하였다.

상해에서 용굉은 몬슨과 예일에서 접촉한 스승과 동학들과는 크게 다른 서양인들을 만났다. 그는 밤에 사천로四川路를 지날 때 술에 취해 아무 이유 없이 난동을 부리는 한 무리의 미국인을 보았고, 2달 후 또 스코틀랜드인들이 중국인을 때리고 모욕을 주는 장면을 보았다. 이들에 자극받은 그는 스스로 중국인이며 중국인은 중국 내에서 외국인으로부터 능욕당할 수 없다고 인식하였다. 또한 그는 이들을 지식과 교육의 문제로 귀결시켰다. "나는 훗날 중국에 교육이 보급되어 사람들 모두 공권公權과 이권利權의 의의에 대해 이해하고 언제 누구를 막론하고 그 권한을 침해받을 경우 반드시 떨쳐 일어나 스스로 지키기를 바랬다."[104]

그러나 그가 중국 근대 교육의 발전을 위해 일을 할 수 있는 기회는 빨리 오지 않았다. 한동안 그는 번역업에 종사하였는데, 중국어와 영어 모두에 통달하여 번역 실력이 좋았기 때문에 점차 상해 신상紳商의 주의를 끌게 되었다. 보순공사寶順公司(Dent & Co.)가 그를 장기長崎 지사 매판買辦으로 초빙하려 할 때 그는 '미국 지도자 학교 졸업생' 으로서 모교의 명예를 더럽힐 수 없다고 생각하여 거절하였다. 이것은 물론 '예일인' 이란 의식 때문이지 상업을 경시하는 전통 사대부의 관념 때문은 아니었다. 그러나 대신 그는 회사의 대표로서 중국 내지에서 비단과 차를 구매하는 일을 맡았다.

1859년 3월 용굉은 작은 배를 타고 상해를 출발하여 소주, 항주의 차 생산 지역을 살피고 이후 강서, 호남, 호북 등지의 차 생산지에서 조사와 구매 활동을 벌이고 9월 말 상해로 돌아왔다. 이 7개월 동안의 여행은 용굉에게 내지 상황을 이해하는 데 큰 도움을 주었다. 특히 전란 후 사람의 발길이 끊어진 황량함은 큰 충격으로 와 닿았다. 당시 태평천국과 청조는 계속 대치하고 있었고 용굉은 현지 상황 판단에 따라 자신의 정치적 선택을 결정해야만 했다. 용굉은 청조에 충성을 해야 한다는 정통 관념을 갖고 있지 않았다. 그러나 태평천국에 대해서는 제대로 알고 있지 못했다. 그의 태도는 비교적 객관적이면서 또 공정하였다. 그는 오로지 중국의 근대 교육을 발전시켜 조국을 부국강병의 길로 나아가게 할 수 있는 길을 찾는 데에만 뜻을 두었다.

1860년 용굉은 미국의 두 선교사와 함께 태평천국의 수도 천경天京(南京)을 방문하였다. 목적은 "태평군은 어떠한 사람들인가? 그들 행동과 목표는 무엇인가? 그들은 과연 신 정부를 만들어 만주족을 대신할 수 있을 것인가?"[105] 등등에 대해 알아보려는 것이었다. 가는 도중 보고 들으면서 태평군에 대해 꽤 호감을 갖게 되었다. 예컨대 인민을 폭압하지 않고, 단양丹陽 지역의 "상업, 농업 모두 중단되지 않았다." 또한 하나님과 예수를 공경하고 충왕忠王 군대의 규율이 매우 엄정하다고 판단하였다. 동시에 군사 상황에 대해서도 이해할 수 있었다. 1860년 11월 18일 남경에 도착하여 그 다음날 태평천국의 중요 인물 홍인간洪仁玕(1822－1864)을 만났다. 원래 그와 홍인간은 1856년 홍콩에서 이미 알고 있었다. 당시 홍인간은 런던 선교단의 직원이었고, 용굉은 변호사가 되기 위해 공부하고 있었다.

홍인간은 용굉과 함께 일하기를 원하였다. 용굉은 태평군에 참가할 마음이 없다고 하였지만 7가지를 건의하였다. 첫째 "합당한 군사 제도에 의거하여 양호한 군대를 조직한다." 둘째, "군사 학교를 설립하여 유능한 군관을 많이 양성한다." 셋째, "해군 학교를 설립한다." 넷째, "좋은 정부를 조직하여 경험이 풍부한 인재를 초빙하고 행정 각 분야의 고문에 임명한다." 다섯째, "은행 제도를 수립하고 도량형을 통일한다." 여섯째, "각급 학교의 교육 제도를 제정하고 기독교 성경을 주요 과목으로 정한다.” 일곱째, “각 종 실업 학교를 건립한다.” 홍인간은 외부 세계에 대해 비교적 잘 이해하고 있는 진보적 정치가였다. 그가 홍수전洪秀全에게 제출한 『자정신편資政新編』과 용굉이 그에게 제출한 ‘7가지 건의’는 서로 통하는 측면이 많았다. 따라서 용굉은 그에게 희망을 걸었고 심지어 이들 건의가 실행되기 위해서라면 ‘말을 안내하는 졸병’ 노릇도 마다하지 않겠다는 뜻을 표시하기도 했다. 그러나 그는 태평천국이 남경을 수도로 정한 이후의 정치 정세에 근거해 본다면 홍인간 역시 뒤늦게 온 ‘외래자’에 불과하다는 사실을 처음엔 제대로 이해하지 못했다. 그는 천왕天王의 총애를 받아 중요한 관직까지를 얻을 수 있었지만 정치 사상과 문화 심리의 측면에 있어서는(홍수전을 포함한) 다른 사람의 이해를 얻기 힘들었다. 『자정신편』은 너무 고상하여 사람들의 호응을 받지 못한 채 휴지 조각으로 전락해버렸다. 홍인간은 ‘7가지 건의’에 대해 충분히 이해할 수 있었지만 그것들을 실현시킬 수는 없었다. 결국 우습기도 하고 또 비참하게도 홍인간은 사람을 통해 용굉에게 4等 봉작封爵의 관인官印을 보냈는데 용굉은 그것을 돌려보내고 조용히 남경을 떠났다.[106)]

용굉은 태평천국이 진정으로 새로운 정부가 되기를 바랬지만, 그들이 “새로운 중국을 창조할 능력이 거의 없음”을 발견하였다. 그는 실망하여 사업으로 돌아섰지만 많은 고생에도 불구하고 그다지 좋은 성적을 얻지 못했다. 그러나 교육을 발전시키고 정치를 개혁할 수 있는 기회가 그에게 다시 찾아 왔다. 1863년 양강총독兩江總督 증국번曾國藩이 수학자 이선란李善蘭을 통해 용굉을 초빙했다. 증국번은 당시 뛰어난 업적으로 명성이 드높았기 때문에 용굉은 그와 같은 실력가를 통해서 자신의 혁신 방안을 추진할 수 있을 것으로 기대했다.

증국번은 용굉이 군대를 이끌고 전쟁에 참가하기를 희망했지만 용굉의 의향을 확인한 후 그에게 당시 건립 중인 강남제조국江南製造局의 기계 구매 업무를 맡겼다. 용굉은 기계 구매 업무가 교육 개량 사업을 위한 징검다리 역할을 할 수 있다고 판단하여 그 임무를 기꺼이 받아들였다. 그리고 다시 파리, 런던 등지를 방문하고 1864년 초 봄 뉴욕에 도착하였다. 기계 제조를 맡은 박득남공사朴得南公司(Putnane & Co.)가 수주 맡은 물건을 6개월 후에나 출하할 수 있다고 하자, 용굉은 기회를 이용하여 10년 동안 떠나 있던 예일대학을 찾아가 동창생들이 거행한 졸업 10주년 기념회에 참가하였다. 용굉은 이미 미국을 제2의 조국으로 생각하였고 심지어 남북전쟁에 참가하기를 요청하기까지 하였다. 중국의 전통 관념에서 본다면 이것은 중국인이 변하여 오랑캐를 따르는 것으로 이미 너무 멀리까지 나아간 것이었다.

1865년 봄이 되어 기계는 비로소 뉴욕에서 중국으로 운송되었다. 용굉은 세계 여행을 하고 싶어 홀로 배를 타고 샌프란시스코에서부터 태평양을 넘어 귀국하였다. 이 때 중국 내의 정국에는 이미 큰 변화가 있었다. 상군湘軍이 남경을 함락하여 태평천국은 실패하였고 청조의 통치는 다시 안정을 되찾았다. 양무 사업이 활발해지고 소위 '동치중흥同治中興'의 단계에 들어감에 따라 지사志士들 사이에는 다시 희망이 생겨나기 시작했다.

1867년 증국번은 다시 양강총독이 되어 상해의 강남제조국을 시찰하였다. 이 때 용굉이 직접 안내했으며 증국번은 "그를 보고 크게 만족하였다." 용굉은 이 기회를 이용, 공장에 병공兵工 학교를 부설하여 기술자를 배양하자고 건의했고, 증국번은 적극적으로 찬성하여 조속히 실시하기로 하였다. 이것이 용굉의 교육 계획 실행의 제1보였다. 1855년 중국에 돌아온 이후부터 계산한다면 이미 12년의 시간을 허비한 것으로 용굉의 활동이 얼마나 어려웠는가를 알 수 있다.

병공兵工 학교가 "약간의 효과를 보이게 되자" 용굉은 다음 해 강소江蘇 순무巡撫 정일창丁日昌에게 다음의 4가지를 건의하였다. 첫째, 순수 중국 자본의 합자 기선 회사를 건립한다. 둘째, 우수한 청년을 선발하여 외국에 유학시킨다. 셋째, 광산을 개발하여 국토를 적극 이용한다. 넷째, 교회가 인민의 송사에 간섭하는 것을 금지한다. 용굉 자신의 생각에 따르면 "첫째, 셋째, 넷째는 특별히 다른 어떤 것을 드러나게 하는 작용을 하는 것들이며, 내가 주목하고 또 반드시 이루고자 하는 것은 둘째"라 하였다. 정일창은 비교적 개방적인 관원이었다. 따라서 그는 지위는 혁흔奕訢에 미치지 못하지만 커다란 정치적 영향력을 갖고 있던 군기대신 문상文祥에게 대신 전해주겠다고 대답하였다. 그러나 뜻밖에 문상이 집안의 상을 당하게 되어 휴직하게 됨에 따라 건의는 관심을 끌지 못한 채 어느덧 3년이란 세월이 훌쩍 지나가 버렸다. 용굉은 한탄하기를 "내가 뜻을 품은 지 이미 10년이 지났지만 한 번도 제대로 그 뜻을 실천하지 못했다. 어렵게 싹을 키우면 된서리를 맞으니 어찌 불만이 없을 수 있겠는가?" 그러나 그는 결코 포기하지 않고 정일창에게 같은 건의를 계속했고, 증국번에게 대신 전해줄 것을 청하여 "세월이 지나 잊혀지지 않게 하고자 하였다." 단지 청년들을 외국으로 유학보내는 일조차 십 년이 넘도록 실행하지 못했으니 일 처리가 얼마나 어려운지 알 수 있다. 하나의 일을 이뤄내기 위해선 극도의 인내심과 결연한 의지가 필요했다. 이로써 용굉이라는 예일인은 중국의 정세에 대해 이해하기 시작하였다.

1870년 천진교안天津教案이 발생한 후 정일창은 조정의 명에 따라 증국번과 함께 사건의 뒤처리를 맡았다. 그는 바로 용굉에게 통역 업무를 맡겼다. 폭력적인 기독교 배척 운동에 찬성하지 않았고 동시에 외국 교회의 내정 간섭에도 반대하였던 용굉은 이번을 증국번에게 대책을 건의

할 수 있는 좋은 기회로 여겼다. 그는 교육 구국을 믿는 독실한 신도로서 외국과의 극렬한 충돌 과정에서도 교육의 중요성을 여전히 잊지 않았다. "나의 교육 계획이 실현된다면 서구 문명의 학술을 빌어다 동양 문화를 개량함으로써 반드시 이 늙은 제국을 소년의 신 중국으로 변환시킬 것이다. 기독교 배척이라는 잘못된 결과물을 유신을 위한 좋은 원인으로 전환시켜 중국이 장차 새옹지마塞翁之馬의 고사처럼 화禍로 인하여 복을 얻게 할 것이다."[107] 중국과 프랑스 사이의 외교적 담판이 막판에 이르렀지만 그는 바삐 천진으로 달려갔다.

기회는 마침내 찾아왔다. 어느 날 깊은 밤 용굉이 이미 잠에 들었을 때, 정일창은 갑자기 방으로 들어와 그를 깨우며, 증국번이 이미 3년 전 용굉이 조정에 제안했던 건의를 채택해달라고 연명으로 상주하였다고 말했다. 용굉은 흥분하여 밤새 잠을 이루지 못하며 "몸이 날아 올라 마치 구름 위를 걷는 듯하였다"고 느꼈다. 1870년 겨울 증국번은 또 양강총독에 임명되었고, 조정은 유학생 파견을 승인하였다. 용굉의 협조 하에 증국번은 12개조의 장정章程을 마련하였는데 그 대의는 이러했다. 12살-15살까지의 아동 120명을 선발하여 4년에 걸쳐 매년 30명씩 파견한다. 시험에 합격한 후 반드시 먼저 예비 학교에 들어가 적어도 1년 이상 중국어와 외국어를 학습한 후 출국시킨다. 출국 이전 학생의 부모는 수학 도중 포기할 수 없고 외국 국적을 취득할 수 없으며 다른 직업을 취득하지 않는다는 조건이 있는 지원서에 서명해야 했다. 진란빈陳蘭彬과 용굉은 각각 유학생 정부감독正副監督을 맡았고 통역과 중국어 학습을 담당하였다. 진란빈은 정일창이 추천한 인물로서 그의 결점은 "겁이 많고 책임감이 부족하다"는 것이었다. 정일창이 그를 추천한 데에는 깊은 뜻이 있었다. 그는 솔직하게 용굉에게 말하기를 "그대가 주장하는 바는 중국의 전통 학설과 크게 다르다. 현재 조정은 과거 전통을 고수하려 하는데 만약 혼자 몸으로 부딪힌다면 반발을 당해내지 못하고 일이 잘 되어가다 막판에 실패로 귀결되고 말 것이다. 따라서 진란빈의 한림학사翰林學士 자격을 이용하여 구 학파의 사람들과 같이 일을 도모하면 반발을 막아낼 수 있을 것이다."[108] 학생들이 아직 출국도 하지 않았는데, 먼저 "일이 잘되어가다 막판에 실패로 귀결되고 말 것"을 걱정하였던 것이다. 진란빈은 진부한 사상의 소유자였지만 구파의 반대를 완충시키는 방패막이 노릇을 톡톡히 했다. 결국 용굉은 서구화된 중국인으로서 정통주의자의 눈에는 어느 정도 이단적인 모습을 지닌 것으로 비춰졌기 때문에 청조는 충분히 그를 믿지 못했던 것이다.

그러나 용굉의 태도는 적극적이었다. 그는 1871년 곳곳에서 학생을 모집하였다. 당시는 아직 개화되지 않은 때이기 때문에 사람들은 아동의 유학에 대해 매우 신중했고, 그 해 여름이 될 때까지 1차 정원 30명을 채우지 못했다. 용굉은 직접 홍콩으로 가 영국인이 개설한 학교에서 중국어와 서구 언어 모두에 약간의 기초를 갖고 있던 학생을 선발하여 부족한 인원을 보충하였다. 1년간의 예비 학교 수업을 거친 뒤, 이들 학생들은 1872년 8월 미국으로 출발하였다. 용굉의 계획이 마침내 실현되었으니 그의 마음이 어떠했을지 충분히 상상할 수 있다. 용굉의 회고에 따르면 예비 학교 학생을 모집할 때 북방인은 극소수였고 주로 광동인이 많았고 그 가운데 반수 이상은 향산인香山人이었다. 3차례에 걸쳐 파견된 120명의 유학생 가운데 남방인은 8－90%를 차지하였다.[109] 이것은 대체로 당시 중국에 미친 서학의 영향 정도를 지역적으로 반영하고 있다고 할 수 있다.

그러나 역사는 반드시 전진하는 법이다. 25년 전 용굉이 출발했을 때와 비교하면 학생 수가 증가했을 뿐만 아니라 조건 또한 크게 변화하였다. 당시 용굉 등 몇몇은 미국 선교사와 함께 출국하면서 세상에 전혀 알려진 바가 없었고 그 미래에 대해서도 예상할 수 없었다. 하지만 이제 30명의 학생은 정부가 정식으로 나서 관원이 직접 선발 인도하여 출국하였으니 그 사회적 반향 역시 컸다. 1875년까지 120명의 학생이 원래의 계획대로 모두 미국에 도착하였다. 학생들은 대체로 2인 1조로 분산되어 미국인 가정에 기숙하였고, 유학 업무는 통일적으로 관리되었으며 중국어 교육 역시 조를 나누어 시행되었다. 학생들은 매우 빠르게 진보하여, 차례로 초등학교, 중등학교, 대학교 혹은 전문학교 등에서 수학하였다. 이들 유학생들은 어려서 출국하였기 때문에 변화의 가능성이 꽤 많았다. 따라서 매우 빠르게 환경에 적응하고 비교적 쉽게 서구 문화의 영향을 받아들였다. 미국 독립 100주년 기념해인 1876년 필라델피아에서 국제박람회가 개최되었다. 113명의 중국 소년 유학생이 단체로 참관하여 대통령과 접견하였고 각 언론으로부터 열광적인 주목을 받았다. 당시 『환유지구신록環游地球新錄』의 저자 이규李圭 또한 여기에 참관하여 그 소감을 피력하였다. "박람회장을 참관하는 어린 학생들은 보니 수많은 사람들 가운데서 자연스럽게 말하고 행동하며 전혀 주눅 들지 않는 모습이었다. 옷은 서양인처럼 입었지만 외투나 짧은 덧저고리 등은 여전히 중국식에 가까웠다. 우리를 보고는 매우 가까이 대했지만 그 어투에는 서양인의 풍모가 풍겼다. 어린 아이와 여선생이 함께 걷는데 선생이 어떤 사물을 가리키면 학생들은 잘 대답하였다. 서로 사랑하는 모습이 마치 부모 자식 같았다." 이규는 그들과 대화한 후 인상이 매우 좋아 "말하는 것이 모두 명료하면서 이치에 닿았다. 마음 속으로 깊이 그들을 사랑하게 되니 서학에 의해 이루어진 그 힘이 얼마나 될지 아직 헤아릴 수 없다"

[110]고 하였다.

이들 학생들은 대부분 학업이나 자질이 우수하고 열심히 노력하였기 때문에 미국 정부나 여론으로부터 좋은 평가를 받았고, 중국과 미국 사이의 초기 문화 교류에 있어 작은 사절단으로서 역할을 훌륭히 수행하였다. 그러나 시간이 흐를수록 미국 문화의 영향 역시 점차 깊어지게 되어 기독교를 신봉하고 변발을 자르는 사람들이 나타나게 되었다. 용굉은 이를 정상적인 것으로 이해하였다. "대다수의 청년 학생이 뉴잉글랜드 지역에 도달하여 매일 현지 교육을 받았고 또 미국인과 자연스럽게 교제하면서 학식도 점차 늘어갔다. 그들의 모든 행동은 미국인에 의해 동화되었고 점차 과거의 모습에서 변화되어 갔다. 이것은 의도한 바가 아니니 학생들의 책임이라 할 수 없다. 하물며 그들은 조국을 떠나온 이후 매일같이 자유의 공기를 만끽하였고, 평상시의 정신적 중압감에서 해방되었으며 언론 사상 모두 과거 교육에 얽매이지 않았다. 건강에 도움이 되는 역동적인 운동을 하면서 더 이상 얌전하거나 규칙적인 걸음걸이를 고집하지 않았다. 이 모두는 필연적인 추세이니 어찌 심하게 책망할 수 있겠는가?"[111] 그러나 '구 학파'의 대표적 인물인 진란빈은 이 문제를 매우 심각하게 생각하여 학생들과 항상 마찰을 일으키고 용굉과도 때때로 대립하였다. 1876년 진란빈이 미국 주재 공사(용굉은 부공사)로 임명된 후 파견된 유학생 감독 오자등吳子登은 더욱 보수적이었다. 오자등 또한 한림원 출신으로 "성격이 괴팍하기"로 유명하였다. 출국 전 증국번, 정일창의 양무운동에 대해 반대했고 "외국 유학을 도리에서 벗어나는 것"이라 하였다. 따라서 용굉은 그를 '유학계의 큰 적'이라 불렀다. 오자등은 부임하자 바로 유학생들이 이미 "이국 땅에 적응되어 본분을 망각하였다"고 생각하고 북경 정부와 이홍장에게 보고하였다. 용굉에 대해서도

"직무를 다하지 않고", "학생들을 부추기며", "그들에게 종종 적절치 못한 권리를 부여했다"고 공격했다. 학생들에 대해서도 "미국인을 본받으려 하고", "스승에 대한 존경의 예를 갖추지 않으며(엎드려 절하는 예를 갖추지 않음을 가리킨다)", "대부분 기독교를 신봉한다"고 책망하였다. 오자등이 보기에 "이들 학생이 더 오랫동안 미국에 거주하게 된다면 반드시 애국심을 상실하게 될 것이고, 훗날 학업을 마치고 귀국해도 국가에 도움이 되지 않을 뿐만 아니라 사회에도 해악을 미치게 될 것이었다." 그러므로 속히 유학 사무소를 해산하고 이들 유학생들을 소환시켜야 한다고 주장하였다.

오자등 등이 지어낸 중상모략은 국내 보수 세력에게 연쇄적인 반응을 일으켜 조기 유학을 반대하는 분위기가 나타났다. 이러자 원래 동조했던 혁흔, 이홍장 등도 동요하기 시작하였다. 용굉이 근거를 갖고 열심히 반박하였고 미국의 우호 인사들도 연명으로 청조의 총리아문總理衙門에 상서하여 유학생 소환 철회를 요청하였지만, 사태의 악화를 저지하지 못했다. 더욱이 미국에서는 1870—80년대 경제 위기가 다시 발생하여 시장이 위축되고 실업이 증가함에 따라 대자본가들은 노동자의 불만을 무마하기 위해 중국 배척 풍조를 조장할 음모를 꾸몄고, 중국 유학생에 대한 미국 정부의 태도 또한 인종차별적이었다. 이러한 분위기는 또한 중국 국내 보수 세력에게 유학 반대의 구실을 제공하였다. 1881년 여름 청조는 미국 유학생 전체를 소환하기로 결정하였다. 정일창이 원래 걱정한 대로 "일이 잘 되어가다 막판에 실패로 귀결되고 만다"라는 말이 불행히도 적중되고 말았다.

결과는 처량했다. 젊은 유학생들이 다시 조국 땅에 도착했을 때, 친척이나 친구의 환영은 없었고 화환이나 열렬한 포옹도 없었으며 오히려 일군의 수병水兵에 의해 상해 도대道臺 아문衙門의 뒤에 있는 서원으로 압송되어 도대의 접견과 처분을 기다려야 했다. 그 서원은 벌써 폐쇄된 지 10년이 지나 담장이 허물어졌고 마루가 더럽고 계단엔 이끼가 가득 찼으며 문과 창은 떨어지기 일보직전이었다. 황개갑黃開甲이라는 유학생은 당시의 분위기를 이렇게 썼다. "문지방을 넘어 방안에 들어서면 바로 독기가 코를 찔렀다. 이러한 음습한 기운은 마치 우리의 운명을 정복하려는 듯했다. 밤이 되면 우리는 분명하게 그 기운이 땅에서 벽돌 틈을 타고 천천히 기어 올라가는 걸 볼 수 있었다. 그것은 우리의 옷을 축축하게 적시면서 우리를 에워싸는 운무와도 같았다. 이러한 모욕은 우리들 각자의 마음을 아프게 찔렀다. 우리를 가장 놀라게 한 것은 저 유학생 감독의 머리 속이 황당한 생각으로 가득 차 우리가 학업을 다 마치지 못했음에도 강제로 귀환시켰다는 사실이었다."[112] 이렇게 실망한 무리 가운데에는 미국에서 이미 대학까지 진학한 자가 60여 명이나 되었고 그 나머지 50여 명 또한 고등학교 혹은 각종 전문학교를 졸업하여 당시의 조건에서는 감히 모두 영재라 칭할 수 있었다. 예컨대 이후 저명한 철로 사업의 전문가가 된 담천우詹天佑, 청일전쟁 중 영웅적인 희생을 한 진금규陳金揆, 청화대학清華大學 총장 당국안唐國安, 북양대학北洋大學 총장 채소기蔡紹基 등은 눈부시게 빛나는 이름들로 이후 그 광채를 더욱 발하게 되었지만, 당시에는 위와 같은 냉대와 불공평한 대우를 받았던 것이다.

용굉의 교육 사업은 너무 일찍 피고 또 너무 빨리 시들어버린 꽃과 같이 적당한 토양과 기후가 뒷받침되지 못하였다. 꽃봉오리가 터질 무렵에는 감상하는 사람들이 많지 않았고, 꽃이 시들어 떨어질 때는 단지 몇몇 사람만이 드물게 탄식할 뿐이었다. 그러나 선구자의 노력은 헛된 것이 아니었다. 청소년들의 뇌리 한 가운데 근대 문명의 씨를 퍼뜨려 적당한 토양과 기후만 갖춰지면 발아 성장 개화할 수 있으니, 서방 세계에 대한 대규모 학습 운동을 위한 선구적 역할을 수행하였다.

용굉 본인은 결코 실망하여 의기소침하지 않았다. 그는 계속해서 시대 조류의 전면에 서서 자신의 재능과 영향력을 이용하여 근대화의 수레바퀴를 추동시켰다. 그는 1894년 손문을 도와 이홍장에게 헌책하였으며, 1898년 무술변법에 참가하였고, 1900년 상해 장원張園의 '중국 국회' 회장에 추대되었으며, 1910년 손문을 미국으로 초청하여 공화 혁명 지지 표명에 대해 논의하였다. 그는 공화국이 성립 이후 3개월이 지난 시점에 사망했고 그의 유해는 유학 사무소가 소재했던 하트퍼드에 안장되었다. 그의 업적과 영향력은 중국에서 영원할 것이며 그의 명저 『서학동점기西學東漸記』는 중국 근대화의 긴 역정 속에서 하나의 이정표라 할 것이다. 영국의 쇼어H. N. Shore는 1881년 용굉과 그의 조국에 대해 높이 평가하였다. "이와 같은 인물을 만들어낼 수 있는 국가라면 위대한 성과를 이루어낼 수 있을 것이다. 이 국가의 앞날은 비록 겉으로 보기에 여러 어려움과 퇴행적 흔적이 있지만 밝다고 할 수 있다."[113] 그러나 이와 같은 인물을 배출한 국가가 그 인물의 가치를 발굴하고 인정하는 데에는 긴 세월의 과정을 거쳐야만 했다.

왕도와 용굉은 모두 중국 사회 발전을 이끈 선구자라 할 수 있다. 하지만 국외에서 그들이 받아들인 진보 관념과 주장이 중국 내에 수용되기에는 아직 현실적 기초가 부족하였다. 따라서 그들은 오랜 기간 동안 외로웠고 사회로부터 이해를 얻기 위해서는 더 많은 시간이 걸려야 했다.

제7장

잃어버린 기회

1860년대 전후 서구 세계는 여러 가지의 문제에 봉착하였다. 경제 위기 즉 주기적인 생산 과잉의 위기는 자본주의가 극복해내기 어려운 고질병이었다. 1825년 영국에서 경제 공황이 먼저 시작된 이후 1857년, 1866년, 1873년 등 거의 10년 마다 한 차례씩 생산 과잉에 따른 경제 위기가 발생하였다. 자본주의의 자유 경쟁 단계는 이미 최고조에 달했고, 내부 모순과 상호 투쟁 역시 날로 첨예화하여 부정적 측면이 점차 커져 갔다. 그러므로 1856년 이미 마르크스는 이렇게 단언하였다. "여기에 우리 19세기의 특징이 될 만한 위대한 사실이 하나 존재하는데 그것은 어떤 정파도 감히 부정할 수 없다. 한편으로는 이전 인류 역사상 어떤 시기에도 상상할 수 없는 공업과 과학의 힘을 만들어 냈지만, 다른 한편으로는 퇴행적인 현상을 드러내었다. 이러한 부패와 타락은 로마 제국 말기의 여러 역사서가 소개한 두려운 상황을 크게 넘어서는 것이었다."[114)]

국내 사회 위기의 격화에 따른 식민지 쟁탈전의 강화는 열강 사이의 상호 모순을 더욱 첨예화시켰고, 그에 따라 다음과 같은 전쟁이 잇달아 발생하였다.

1853－1856년 러시아는 영국, 프랑스와 흑해와 지중해 그리고 중동 지역의 통제권을 둘러싸고 크리미아전쟁을 일으켰다.
1859년 프랑스는 이탈리아 통일을 지원한다는 명목으로 오스트리아와의 전쟁을 일으켰다.
1861년－1865년 미국에서는 남북전쟁이 발생하여 곳곳에 참담한 광경이 연출되었다.
1863년 프랑스가 폴란드 독립 운동을 지지하자, 러시아와의 관계가 극히 긴장되었다.
1864년 프러시아와 오스트리아는 덴마크를 침공하여 전쟁이 발생하였다.
1866년 프러시아와 오스트리아 사이에 독일 통일을 둘러싸고 전쟁이 발발했고, 그 결과 비스마르크Otto Eduard Leopold von. Bismarck(1815－1898)를 재상으로 하는 강력한 북독일연방이 출현하여 프랑스와의 관계가 악화되었다.
1867년 가리발디Giuseppe Garibaldi(1807－1882)는 의용군을 이끌고 로마로 진군하였고, 프랑스는 교황청을 지지하여 이탈리아의 통일을 가로막자, 프랑스와 이탈리아의 관계가 악화되었다.
1870－1871년 프랑스는 프러시아와의 전쟁에서 참패함에 따라 파리 코뮨이 성립되었다.
1874－1875년 독일과 프랑스는 또다시 첨예하게 대립하였다.
1877－1878년 러시아와 터키 사이의 전쟁을 전후하여 '중동 위기'가 출현하였다.

서구 자본주의 국가 내의 프롤레타리아트 계급과 기타 인민의 반항 역시 점차 증가하였고, 식민지 반식민지 민족 해방 운동도 날로 발전하였다. 예컨대 1838－1858년 영국의 차티스트운동, 1860년대 아일랜드의 독립 운동, 1865－1867년 발전된 지방 봉기, 1857－1859년 인도 병사가 주도한 세포이 반란, 1867년 멕시코 인민에 의한 프랑스 앞잡이 막시밀리안Maximilian 왕조 붕괴와 프랑스 군대 축출 등등이다.

위에 열거한 극히 간략한 예들을 통해 서구 자본주의 세계의 분열, 쟁탈, 혼란, 불안 등의 상황을 살필 수 있다. 이러한 상황은 이미 각성하기 시작한 피압박 민족에게 자기 조절과 혁신을 거쳐 완전한 경지로 나아갈 수 있는 역사적 기회를 제공하였다. 일본은 이와 같은 역사적 기회를 충분히 이용하여 메이지 유신을 통해 추구하고자 했던 역사적 임무를 성공리에 완수할 수 있었다. 30년도 안 되어 근대화의 길로 착실하게 나아갔고, 서구 열강과 함께 세계 쟁탈의 행렬에 참가하였다. 중국도 어느 정도 이와 같은 역사적 기회를 이용하여 자강운동自强運動과 신정新政을 추진했지만 일본과 같은 성과를 이뤄내지는 못했다.

이미 서술하였듯이, 중국과 같이 고루하고 융통성 없는 농업 종법 사회는 강력한 외부 혹은 내부의 자극과 추동이 없다면 커다란 변화와 진보를 보여주기 힘들었다. 예컨대 공자진龔自珍이 말하는 바의 "천지가 산중지민山中之民을 위해 종과 북을 울리고", "신이 그들을 위해 파도를 일으키는" 상황은 단지 모호한 동경의 세계에 불과하다. 그런데 1850년대 초 자형산紫荊山의 '산중지민山中之民'은 태평천국의 기치를 높이 들고 광서廣西에서부터 호남湖南, 호북湖北, 강소江蘇, 절강浙江으로 진격하였으며 그 선봉대는 천진, 북경까지 치고 올라가 10여 성을 휩쓸고 십수 년 동안 횡행하였다. 이것은 중국에서 진정으로 "천지가 그들을 위해 종과 북을 울리고", "신이 그들을 위해 파도를 일으키는" 위력을 보여준 것이다. 그러나 이와 같은 강력한 충격은 오랫동안 마비된 사회의 중추 신경에 약간의 자극을 주어 꿈틀거리게 할 수 있을 뿐이었다. 등문빈鄧文濱이라는 문인이 『성수록醒睡錄』에서 태평군 북벌 부대가 보정保定까지 접근했을 때 북경 내의 공포스러운 상황을 다음과 같이 묘사하였다. "천둥소리 같은 포성이 들리자 수도 내의 분위기는 진동하였다. 성중의 고관 가족 및 관리, 신사, 상인, 일반민 모두 황망히 흩어졌다. 정양문正陽門 밖의 큰 시장은 쇠락한 시골처럼 인적이 끊겼다... 왕공王公, 사보四輔, 육부六部, 구경九卿 등을 불러 모아 회의를 열어보았자 모두들 상심하였고 하도 울어 눈자위가 앵두만큼 크게 부어올라 있었다."[115] 왕공 대신들이 정말 울었을까? 눈자위가 정말 앵두만큼 부어올랐을까? 이것은 당연히 확인할 수 없다. 그러나 이와 같은 천지개벽의 혼란 속에서 만약 계속해서 깊은 잠에 빠져 깨어날 생각을 못한다는 것은 상상하기 어렵다. 하물며 태평군의 엄청난 충격은 단지 군사상의 타격뿐만 아니라 경제, 문화 방면의 타격이기도 하고 봉건 윤리, 관념 내지는 사회 질서에 대한 전면적인 각성을 촉구하는 것이기도 했다.

동시에 외래의 거대한 충격이 밀려왔다. 제2차 중영전쟁이 그것이다. 제1차 중영전쟁과 달리 이번 전쟁은 4년 동안이나 계속되면서 신식 소총과 대포로 무장한 서양 군대가 광동해廣東海를 지나 대고大沽까지 침입하여 결국 천진과 북경을 차례로 함락하였다. 당황한 청 황제는 황급히 열하熱河로 도주하였고 체면은 땅바닥에 떨어지고 말았다. 과거 "오랑캐의 장기를 배워 오랑캐를 제압한다"라는 거만한 태도를 버리지 못하더니 이제는 오히려 당당하게 "오랑캐의 장기를 배워 도적(태평군太平軍)을 제압하겠다"고 하였다. 모오스Morse가 서술하였듯이 "영토는 반군에 의해 점령당했고, 수도 성문 밖까지 외국 군대가 쳐들어 왔으나 황제는 열하로 도망가 아무런 방비가 없었다." 마침내 중국의 통치자들은 다음과 같이 인식하게 되었다. "그들의 법칙을 받아들여야 했다. 이전 중국은 명령하는 위치에 있어 국제 관계의 각종 조건을 결정하였지만, 현재는 서구 각국이 자신의 의도를 중국에게 강제하는 때가 되었다."116)

그러나 더욱 강력한 충격은 제2차 중영전쟁 이후에 나타나기 시작했다. 이미 개항된 동남해안의 5개 항구 이외에 천진天津, 우장牛庄(영구營口), 등주登州(연대烟臺), 조주潮州(산두汕頭), 경주琼州, 담수淡水(대북臺北), 대만臺灣(대남臺南), 강령江寧(남경南京), 진강鎭江, 구강九江, 한구漢口 등 11개 지역이 통상항으로 개방되어 외국 상품과 서구 문화가 내지로 광범하게 침투할 수 있게 되었다. 물밀 듯이 들어오는 상품 가운데에는 아편, 면사, 면포 등이 주류를 이루었지만, 기타의 상품 역시 계속 들어왔다. 따라서 정관응鄭觀應은 다음과 같이 감탄하지 않을 수 없었다. "약수, 환약, 가루약, 양담배, 여송연呂宋煙, 하바나 담배, 러시아와 미국 종이로 만 담배, 코담배, 양주, 소시지, 육포, 양과자, 설탕, 소금, 과일 말림, 과일, 커피 그리고 이외에 기타 이름을 알 수 없는 자질구레한 것들이 많은데 이들 먹을 것들은 대체로 우리에게 해가 된다. 면포, 비단, 직물, 라사羅紗, 깃털, 명주, 안감, 가죽, 담요, 펠트, 수건, 레이스, 단추, 바늘, 실, 우산, 등, 종이, 못, 그림, 붓, 물감, 안료, 가죽 가방, 자기, 칫솔, 치약, 비누, 성냥, 기름 그리고 이외에 이름을 알 수 없는 자질구레한 것들 역시 많은데, 이들 역시 우리에게 해가 된다. 또한 전기 스텐드, 상수도, 사진기, 유리, 거울, 납, 동, 철, 주석, 석탄, 함석, 목기, 시계, 해 시계, 온도계 등 가지고 놀기 좋을 진 몰라도 괴이하다 할 수 있는 것들이 수도 없이 많은데 이들 잡스러운 물건들 또한 우리를 해친다. 이러한 여러 물건들이 개항장마다 널리 팔리고 또 내지로 유입되어 사람들이 갖추게 됨에 따라 과거의 것을 버리고 우리의 자산을 낭비하니 그를 다 어떻게 일일이 헤아릴 수 있겠는가?"[117] 상품은 문명의 담체擔體이며 정보의 매개이고 소리 없는 교사이기도 하다. 외국 상품은 중국인에게 서구의 장점이 전함과 대포에만 있는 것이 아니고 경제, 문화 등 각 방면에도 있음을 보여주었다. 서구의 상품들을 "사람들이 갖추게 되고" 의식주와 관련된 물품도 "옛 것을 버리고 새로운 것을 채택하게 됨에 따라", 생활 방식과 사상 관념에서도 필연적으로 "옛 것을 버리고 새로운 것을 채택하게 되었다." 비록 전자의 경우는 빠르게 나타나고 후자는 비교적 완만하게 나타났을 뿐이었다. 그러므로 1881년 유학생들이 모두 철수하여 상해에 도착했을 때 그들은 바로 미국 차이나타운에서 만든 옷들이 상해 상류 사회의 스타일보다 낙후되어 있다는 사실을 발견하였다. 그들은 인력거를 타고 큰 거리를 천천히 둘러보았는데 이때 전시품처럼 군중들의 주목을 받았다. 어떤 학생은 수치스럽게 느끼면서 다음과 같이 불평하였다. "우리는 또 다시 이상하게 보고 또 조롱하는 사람들 사이에 노출되었다. 그들은 우리를 따라 다니며 유행과 다른 우리의 옷들을 비웃었다. 우리의 옷은 샌프란시스코에서 제작한 좋은 품질의 것이었지만 유행에 민감한 상해인의 눈에 차기 어려웠다." 이로써 상해의 사회 문화가 이미 분명하게 변화하였음을 알 수 있다.

안팎의 두 역량 특히 그 가운데 외력의 자극 아래에서 청조 정부는 마침내 국방 근대화를 기점으로 한 근대화 길로 강제로 내몰리게 되었다.

우선 1861년 설치된 총리각국사무아문總理各國事務衙門은 일체의 외국 관련 사무를 담당하는 최고 지도 기관이었다. 이번원理藩院과 예부禮部는 이미 근대 외교 관계 업무에 적합하지 못했다. 또한 이무夷務를 양무洋務

로 바꾸어 부른 것 자체가 세계에 관한 중국인의 관념에 심각한 변화가 발생했음을 반영하였다. 이 기관은 간략히 '총리아문' 그리고 더 간단히 '총서總署'로 불리웠고 동시에 '역서譯署'라고도 했다. 이는 외국과의 교섭에서 "언어가 서로 통하지 않고 문자 역시 판독하기 힘들어" 번역 업무가 특히 많았기 때문이었다. 또한 바로 이 때문에 1862년 총리아문 아래 동문관同文館을 설치하여 팔기八旗 가운데 13－14세 이하의 아동을 선발, 외국의 언어 문자에 대해 학습시켰다. 1863년 또한 상해광방언관上海廣方言館을 설치하고, 1864년 광주동문관廣州同文館을 설치하였다. 학생들은 외국어와 약간의 자연 과학을 학습하였다. 졸업 후 번역 업무를 맡거나 양무와 관련된 일을 하고 혹은 유학을 떠났다. 1872년 용굉의 건의를 받아들여 첫 번째 유학생을 파견하였다. 폐쇄적인 교육이 마침내 조금씩 개방되기 시작하여 중외 문화 교류의 좁은 통로가 마련되기에 이르렀던 것이다.

1860년대 국방 근대화는 양무운동의 기점이며 동시에 중점이었다. 국방 근대화는 대외 방어력과 대내 진압 능력을 증강시킬 수 있을 뿐만 아니라 황제 통치에 대한 인민의 신임을 회복시켜줄 수 있었다. 그러므로 1865년 창건된 강남제조총국江南製造總局을 시작으로 계속해서 금릉기기국金陵機器局(1865), 복주선정국福州船政局(1866), 천진기기국天津機器局(1867) 등 군수 공장이 건립되었다. 이들 공장에서는 서구의 총기, 대포, 함선 등을 모방 제작하였고, 동시에 외국 기술 서적을 번역하였으며, 전문학교를 부설하여 기술자를 양성하였다. 따라서 이들 사업은 서구 근대 문명을 전파하는 가교 역할을 수행하였다.

서구와 달리 중국의 공업화는 급격한 해외 시장 확대의 절실한 필요에 의해서가 아니라 국방 근대화를 계기로 한 연쇄적 반응에 의해 촉발되었다. 헌팅턴은 낙후된 전통 군주제 국가들의 근대화에서 보이는 다양한 모습들을 고찰한 이후, 하나의 공통적 현상을 도출해 내었다. "군사와 행정의 개혁은 사회 변천의 동력과 수단을 제공한다. 정부 활동의 증가는 새로운 재정 제도의 확립과 새로운 관세와 무역 방면의 간접세법 제정을 촉진하였다. 기타의 개혁 조치로는 법률 체계의 변화, 경제 발전과 공업화의 촉진, 교통과 운수 설비의 확대, 공공 위생의 촉진, 교육의 질과 양의 증진, 전통 사회 습관의 개혁(예컨대 여성의 지위와 역할), 점진적인 대중화의 진행, 정치와 종교의 분리 등등이 있다. 효과적으로 이러한 개혁을 완성하기 위해서는 분명 인내심과 불굴의 의지가 필요하다. 많은 사회에서 급격한 개혁과 그와 상반되는 태만함이 종종 서로 잇달아 등장하고 심지어 전통을 옹호하는 반동이 나타나기도 한다."[118] 이와 같은 관찰의 결과는 1860-70년대 이후의 중국 근대화 과정을 이해하는 데에 있어서도 충분히 참고할 만한 가치가 있다.

이홍장李鴻章은 국방 근대화의 주요 추진자 가운데 한 명이었다. 그는 군사 공업이 단독으로 발전하기 어렵고 반드시 관련 공업 발전을 전제 조건으로 삼는다는 사실을 비교적 일찍부터 깨닫고 있었다. 그에 따르면 "선박이나 대포는 철이 없으면 만들어 낼 수 없고 석탄이 없으면 소용이 없다. 영국이 서구의 강자로 등장할 수 있었던 것은 이 두 가지 분야에서 앞섰기 때문이었다. 복건福建과 상해上海의 각 공장에서는 매일같이 서양의 석탄과 철을 매우 많이 필요로 하였지만 중국의 토산품은 별 쓸모가 없다. 따라서 서양 선박이 항구에 도착하여 반드시 서양의 석탄을 운반해 와야 했다. 만약 관문을 닫아걸고 철시할 경우 제철 공장은 모두 쉴 수밖에 없을 뿐만 아니라, 이미 만든 증기 선박도 석탄이 없으면 한 발자국도 움직일 수 없으니 심히 걱정되는 바이다."[119] 여기에서 말하는 바와 같이 원료, 자원, 교통, 운수, 우편, 전신 및 기타 공업의 발전 등이 있어야만 군사 공업의 계속적인 발전을 보증할 수 있을 뿐만 아니라 국가 경제 전체의 혁신과 전진을 추동시킬 수 있었다. 이리하여 윤선초상국輪船招商局(1872), 개평광무국開平鑛務局(1877), 천진전보총국天津電報總局(1880), 난주기기직니국蘭州機器織呢局(1880), 당산서각장철로唐山胥各莊鐵路(1881), 상해기기직포국上海機器織布局(1882), 천진철로공사天津鐵路公司(1887), 호북연철창湖北練鐵廠(1890), 호북직포국湖北織布局(1890), 화신방직신국華新紡織新局(1891), 화성기기방직총창華盛機器紡織總廠(1894) 등 기업들이 연이어 건립되었다. 여기에는 신식 선박 장비로 이루어진 북양해군北洋海軍의 건립(1888)도 포함되었다.

이로써 중국의 농업 종법 사회라는 낡아 빠진 토양 위에 근대 공업이란 식물이 이식되기 시작하였다. 그 모습은 반드시 아름다웠다고 할 수는 없지만, 필시 『공산당선언』 가운데의 다음과 같은 중요한 논단을 실증할 만하였다. "자본가 계급은 모든 생산 수단의 신속한 개량 그리고 교통의 편리함 등을 이용하여 모든 민족 심지어 가장 야만적인 민족까지 문명화시킨다. 저렴한 그들의 상품은 만리장성을 파괴하고 가장 완강한 배외 심리로 중무장한 야만인을 정복해버린다. 또한 상품은 모든 민족이—만약 그들이 멸망하기를 바라지 않는다면—자본가 계급의 생산 양식을 채용하도록 강제한다. 또 그것은 그들 스스로 소위 문명 제도를 실행토록 강요하여 결국엔 자본가로 변화시킨다. 한 마디로 말하면 그것은 자신의 모습에 따라 자신을 위한 하나의 세계를 창출한다." "자본가 계급은 향촌을 도시의 통치에 굴복시킨다... 향촌을 도시에 종속시키는 것과 똑같이 그들은 아직 개화되지 않은 국가와 반개화된 국가를 문명 국가에 종속시키고, 농민 민족을 자본가 계급 민족에게 종속시키며, 동양을 서양에 종속시킨다."[120)]

혹 상품의 힘이 중화기보다 클 수 있다. 정관응이 제시한 50-60종의 외국 상품과 이름도 거론되지 않은 더 많은 외국 상품이 중국을 봉쇄시켜 왔던 만리장성을 깨고 중국을 근대 문명의 큰 흐름 속에 밀어 넣었다. 이것은 공자진이 말하는 '산중지민山中之民' 보다 현실적이며 커다란 힘을 지녔으며 산으로부터가 아니라 바다로부터 왔을 뿐이었다.

공업의 발전을 위해서는 그것이 군수 공업이든 아니면 민수 공업이든 관계없이 모두 과학 기술이 필요하고, 동시에 과학 기술을 이해하며 현대 기업을 관리할 수 있는 인재가 필요하였다. 그렇기 때문에 이 과정은 교육 및 문화 사업 전반의 개혁과 발전을 필연적으로 촉발하였다.

우선 동문관同文館이 점차 확대되어 갔다. 1863년 이후 영문관英文館 이외에 법문관法文館, 아문관俄文館, 덕문관德文館, 동방관東方館 등이 속속 설치되었다. 더 중요한 것은 1867년 천문산술관天文算術館이 설립되고 2년 후에는 미국 선교사 마틴William Alexander Parsons Martin이 대표 교사로 초빙되었다는 사실이다. 동문관은 본래 언어의 종류, 교과 과정, 생성 배경 등의 문제에서 많은 한계를 지닌 외국어 학교로 시작하였지만, 다양한 종류의 외국어와 과학, 기술을 수학할 수 있는 학교로 발전하였다.(영국의 폴리테크닉Polytecnic과 유사하다.)

그밖에 상해광동언관上海廣東言館은 강남제조총국江南製造總局으로 병합되어 단순한 외국어 학교에서 보다 발전된 새로운 학교로 변모하였다. 광주동문관廣州同文館, 대만서학당臺灣西學堂, 혼춘아문서원琿春俄文書院 등도 유사한 변화를 겪었다. 같은 시기 다른 전문 학교의 창설도 잇따랐다. 예컨대 강남제조국江南製造局 부설 기계학당機械學堂, 마미선정국馬尾船政局 부설 선정학당船政學堂 및 천진전보학당天津電報學堂(1879), 천진북양수사학당天津北洋水師學堂(1880), 천진무비학당天津武備學堂(1885), 광동육사학당廣東陸師學堂(1886), 광동수사학당廣東水師學堂(1887), 남경수사학당南京水師學堂(1890), 호북철정국부설화학당湖北鐵政局附設化學堂 및 광학당鑛學堂 천진군의학당天津軍醫學堂(1893), 호북자강학당湖北自强學堂(1894), 호북무비학당湖北武備學堂(1895) 등이 있다. 이들 학당에서는 인재를 배양할 뿐만 아니라, 외국 과학, 기술 서적 및 자료 등을 번역하였다. 예컨대 강남제조총국 번역관은 1871－1879년 번역서적 31,111부 총 83,454권을, 그리고 번역 지도와 해도 27종 총 4,774장을 각각 판매하였다. 이들 서적은 수학, 측량, 기계, 화학, 지리, 지학, 천문, 항행, 박물博物, 의학, 공예, 수륙, 병법, 조선, 역사, 연표, 신문 등의 분야를 망라하였고 학문적 관련 범위가 매우 광범위했다. 번역에 참여한 자로는 서수徐壽, 화형방華蘅芳, 이선란李善蘭 등 모두 과학 기술에 정통한 전문가였다. 또 영국 선교사 프라이어Jone Fryer(1839－1928) 또한 서구 학문을 소개하는 데에 크게 기여하였다. 따라서 당시의 어떤 이는 다음과 같이 칭찬을 아끼지 않았다. "프라이어, 정위량丁韙良 등이 번역한 책들이 점점 많아져 그 내용이 법령, 공법, 역사, 지리, 수학, 예술 등을 망라하였다. 중국인은 이제 이들 서양 학문을 통해 국정을 제대로 파악할 수 있게 되었다. 또한 일간 신문을 통해 여러 나라의 정책과 정세의 변화 등 사소한 것과 그 내막을 빠르고 상세히 알 수 있기 때문에 이전과 같은 무지함을 되풀이하지 않아도 되었다. 정말 대단한 발전이라 할 수 있다."[121)]

적어도 상해 등 개항장을 중심으로는 점차 개화의 분위기가 일어났다. 1880년 프라이어는 자신의 느낌을 다음과 같이 피력하였다. "현재 18개 성 모두에서 새로운 법과 새로운 사업을 확인할 수 있는데 그 기세가 너무 왕성하여 억제하기 곤란할 정도이다. 요약하면 서양의 학문 가운데 중국에 도움이 되는 모든 학문에 대해 중국은 반드시 얻으려 하니 중국인들은 이미 사상적 갈증을 풀고 싶은 마음을 갖게 되었다." 또 "(중국인은) 학술의 도가 단지 한 나라에만 있지 않다는 사실을 잘 알고 있기 때문에 서양인을 이적시하여도 중국에 도움을 준다면 기꺼이 배우려 한다. 그러나 반드시 중국의 방식에 따라 배우려 하니 그렇지 않을 경우 포기하고 취하지 않는다. 예컨대 서양과의 조약을 체결하면서 서양인의 포교를 허용했는데 이것은 부득이해서 그렇게 결정한 것이다. 하지만 이후 서학이 강제로 유입되는 것이 아님을 알게 되자 모두 서양인에게 가르침을 청하게 되었다. 서양에 유익한 학술이 있을 경우 중국인들은 비용을 아끼지 않고 그들의 책을 번역하여 책으로 만들어 전국에 유통시켰다. 이로부터 중국인이 마음 속 깊이 서구 학문을 원할 뿐만 아니라 그에 따른 비용을 적극적으로 지불할 용의가 있음을 알 수 있다. 이상을 위한 교섭이 성공리에 잘 마무리되었기 때문에 서구인 가운데 그를 칭송하지 않은 이가 없었다."[122] 프라이어는 비록 선교사였지만 과학적인 훈련을 받은 학자임에 틀림없다. 따라서 그의 감각은 비교적 소박하지만 당시의 정황에 근접한다고 할 수 있다. 결국 서학동점西學東漸이 일으킨 서구에 대한 학습열은 점차 높아져 갔고, 이에 따라 이미 하나의 시대적 조류로 등장하기에 이르렀다.

비록 용굉의 유학생 파견 계획은 잘 나아가다 실패로 귀결되고 말았지만, 다른 경로를 통한 외국으로의 유학은 단속적이지만 계속되었다. 1877년 초 이홍장은 이봉포李鳳苞, 일의격日意格 등에게 복주선정학당福州船政學堂 학생 26명과 견습공 9명을 이끌고 영국과 프랑스로 가 항해술과 선박 건조 기술을 배우도록 하였다. 엄종광(복)嚴宗光(復), 방백겸方伯謙, 살진빙薩鎭冰, 유보섬劉步蟾, 임태증林泰曾 등은 이들 유학생 가운데 뛰어난 인물들이었다. 마건충馬建忠, 진계동陳季同은 감독 및 수행의 신분으로 프랑스에 가 법률을 학습하였다. 1881년, 1883년, 1885년 복주선정학당은 계속 총 53명의 학생을 영국 프랑스, 독일 등지에 파견하였다. 선박 건조 기술과 항해술 이외에도 광물 제련, 해도 측량, 해군 공법, 국제 공법, 운하 개척, 철로 수축, 교량 건설, 영어, 프랑스어, 라틴어 등을 익히게 하였다.

결국 1860－70년대부터 민족 위기와 사회 위기라는 자극에 촉발되어 청조는 자기의 통치력을 회복하고 안정을 강화시키기 위해 어느 정도는 시대적 조류에 순응하지 않을 수 없었고 그 결과 위에서 아래로의 근대화 조치를 취하게 되었다. 여기서 "위에서부터 아래로의" 개혁을 강조했던 이유는 당시 중국에는 이들 혁신에 필요한 사회적 기초가 결여되었고, 충분한 자본주의 성장 조건이 갖추어져 있지 않았으며, 또한 이 역사적 임무를 맡아야 할 중간 계급이 제대로 형성되어 있지 않았기 때문이었다. 또한 진보적인 사상을 지닌 선구자의 외침은 대부분은 외로운 것이었고, 과거의 것을 없애고 새로운 것을 추구한다는 커다란 움직임을 비교적 쉽게 받아들일 만한 사회적 합의도 제대로 형성되지 않았다. 이러한 상황에서 청조의 정책 방향은 더욱 중요한 작용을 하였다. 증국번曾國藩, 좌종당左宗棠, 이홍장李鴻章 등이 서양 총포, 선박 혹은 서양인을 이용하여 태평군을 공격하지 않았다면, 그리고 그들이 "오랑캐의 것을 배워 태평군을 토벌하는 데에 도움을 얻었다"는 상황에서 직접 서양을 모방하는 단계로 나아가지 않았다면, 여러 양무 사업을 일으킨다는 것을 상상하기 쉽지 않았을 것이다.

그들은 지방에서 일어난 무장 세력이었다. 그들은 명교名教 유지와 공학孔學 옹호를 기치로 내걸고 농민 봉기를 진압하였으며, 그 결과 청조를 위기에서 구해내고 자신의 실력을 강화하였다. 그들의 의지와 동향은 청말 정국에서 매우 중요한 작용을 하였다. 왜냐하면 청조는 그들의 지원을 통해 지탱할 수 있었고 상당 기간 동안 민간에서는 그들의 지위를 대체할 만한 역량이 형성되지 못했기 때문이다. 청조의 최고 권력을 장악한 서태후西太后는 필요할 때 공친왕恭親王 혁흔奕訢을 핍박하거나 축출할 수 있었다. 그는 양무파의 영수였으며 청조 내에서 증국번, 좌종당, 이홍상을 지지하는 유력한 인물이었다. 교만 방자한 서태후조차 이들 지방 무장 실력가들에 대해서는 쉽게 대할 수 없었다. 그녀는 청의淸議를 이용하여 그들을 견제하고 사소한 일로 그들에게 모욕을 주었으며, 심지어 바둑돌처럼 이리저리 배치할 수는 있었지만, 어떤 수단으로도 점차 성장해 가는 이들 지방 무장 실력가들을 완전히 제거할 수는 없었다. 공자진은 「존은尊隱」에서 '쇠세衰世'의 상황에 대해 묘사하였다. "수도의 기가 빠져나가면 관부는 들판에 있을지니 이럴 경우 수도가 빈곤해지게 되고 그렇게 되면 주변 산지가 충실해진다." "그렇다면 호걸이 수도를 가벼이 여기고 또 그러면 산중의 세력이 강해진다. 수도의 토대가 약해진다면 산중의 방벽은 견실해진다. 수도의 날이 짧아지지만 산중의 날은 길어질 것이다." 이와 같은 예언은 반세기 지난 후 그대로 실현되었다. 하지만 예언자의 본래 바람과 반드시 부합되는 식으로 이루어진 것은 아니었다. 당시의 정치 상황은 장건張謇이 의화단사건義和團事件이 발생했을 때 서술한 대로였다 "서북西北이 없다면 동남東南을 보존하기 어려운데 그 명분을 유지하기 어렵기 때문이다. 또한 동남이 없다면 서북을 유지하기 어려운데 그 내실을 기할 수 없기 때문이다." 서북이 명분이 되고 동남이 내실이 되니 이 또한 역대 제왕이 가장 우려했던 "외중내경外重內輕"인 것이다.

바로 이 때문에 조정이 중시한 이들 '중흥中興의 명신名臣' 은 더욱 두각을 나타내어 특히 중요한 시점에 중앙 정부의 중요 결정에 커다란 영향력을 행사하였다. 예컨대 1861년 7월 혁흔이 서양 군함을 구매하자고 상주하자 조정은 사태를 중시하여 바로 증국번 등에게 상의하여 결정토록 명령했다. 상주문에 대해 증국번이 보여준 태도는 극히 명확하였다. "공친왕 혁흔 등이 서양 군함을 구매하자고 요청한 것은 금일 시점에서 가장 급히 수행해야 할 일입니다. 무릇 자신의 가진 바를 믿고, 남이 가지지 못함을 과장하는 것은 인지상정입니다. 습관적으로 보아 온 것은 무시하고 희한한 것에 대해 놀라는 것 역시 인지상정입니다. 기선의 운항 속도와 서양 대포의 발사 거리 등에 대해 영국, 프랑스 등은 자랑할 만하며 중국에서는 처음 보는 것들이라 놀랄 만한 것들입니다. 하지만 만약 계속 구매하여 우리의 물건으로 삼게 되면 중국도 습관이 되어 그다지 놀라지 않게 되고, 영국과 프랑스 역시 더 이상 그렇게 자랑할 만한 것이 안 될 것입니다… 하물며 금일 서양과의 화평이 이미 이루어져 중국과 외국과의 교역에는 아무 장애가 없습니다. 서양의 기물을 구매하는 것은 특히 명분과 실질에 부합하는 것입니다. 구매가 이루어진 후에 총명한 인사와 기교가 뛰어난 장인을 모집하여 열심히 연습하고 모방하게 한다면 1-2년 이내에 우리들이 제작한 기선이 중국과 외국을 왕래하게 될 것이고 역적의 무리를 토벌할 수도 있고 또 먼 앞날을 내다볼 수 있을 것입니다."[123] 증국번은 당시 지방 무장 세력의 지도자이고 "천하의 안위와 관계된" 중요 인물이었기 때문에 그의 말 한 마디는 일반인의 그것과 다른 힘을 지녔다. 4년 후인 1865년 이홍장은 스스로 공장을 건립하겠다고 상주하였는데 「외국 제철기계공장 설치 운영에 관한 주장置辦外國鐵廠機器摺」 가운데에 이렇게 지적하였다. "기계를 제조하는 일은 금일 외국 침략을 막아내는 자산이며 자강의 근본이 됩니다... 서양의 기계는 농경, 방직, 도자기, 인쇄 등의 기기를 잘 만들어 인민 생활에 도움을 주는 것이지 단지 군사 물자 제작만을 위해 쓰이는 것이 아닙니다. 물과 불의 힘을 교묘히 이용하고 인간의 노동력을 절약합니다. 핵심 부분이 전체를 끌어가듯 톱니바퀴가 서로 맞물려 돌아가며 전체를 구동시킵니다. 그 형상이 정말 분명하여 볼 만하고 그 이치와 법칙 역시 확연하여 이해할 만합니다. 이전 중국과 서양이 단절되었을 때 중국의 교활한 인사가 견강부회한 공담은 아닌 것입니다. 세월이 흘러 사회 분위기가 점차 개화되고 사람들의 지혜 또한 깨치게 되면 스스로 그것들을 따르게 될 것입니다. 신이 생각건대 10년 후면 중국의 부농과 대상인들은 반드시 서양 기계를 모방하여 스스로의 이익을 추구할 것입니다."[124] 상주문 가운데에는 또한 "외국의 장기를 취함에 있어 비교하여 부족함이 없도록 하여 장래의 근심에 미리 대비해야 한다"는 표현이 있다. 이는 그가 위원魏源이 말한 "오랑캐의 장기를 배운다"는 못다 이룬 희망을 조속히 실천하려는 인물이었음을 보여준다. 1866년 좌종당은 「기계 구입과 서양 기술자 교육을 통한 기선 제조와 관련된 상황 진술擬購機器雇洋匠試造輪船先陳大概情形摺」에서 다음과 같이 주장하였다. "평범하지 않은 일에 대해서는 쉽게 비방하는 여론이 있게 마련입니다. 처음에는 성과가 없을 거라 하고 이어서는 너무 낭비가 많다거나 근본을 잃을 것이라 비판하는데 그 의도는 뻔한 것입니다." 이것 역시 위원 등이 일찍 제기했던 주장을 되풀이 한 것에 지나지 않는다. 좌종당이 유일하게 발견한 작은 사실은 그가 "근본을 잃는다"는 지적을 반박할 때 "예가 상실되면 민간에서 구한다"라는 성현의 말을 근거로 삼았다는 데에 있다. 그러나 위원 등이 아무리 일찍 그 어떤 주장을 펼쳤다고 해도 그들의 탁월한 식견은 단지 주장에 머물렀고 그 영향 역시 일부의 개명 지식인 사이에 국한될 뿐이었다. 그러나 증국번, 이홍장, 좌종당 등은 이전과 달랐으니 비록 그들의 주장들이 단지 위원 등의 보잘 것 없는 의견들을 모아 놓은 것에 불과하지만, 이들 평범한 주장은 오히려 중앙 정부의 정책 결정에 직접적인 영향을 미치고 각종 양무 사업의 개시를 촉발시키며 사회에 대해 커다란 영향을 끼쳤다.

그러나 증국번, 좌종당, 이홍장 등의 인식 수준을 지나치게 높이 평가할 수는 없다. 그들은 오랫동안 전통 유교 사회에서 생활한 정통주의자로서 경세치용經世致用의 입장에서 어느 정도 현실 조류에 순응했다고 해도 군왕에 대한 충성이나 명교 유지라는 오래된 틀을 초월하기는 힘들었다. 중국은 서구 세계와 같이 왕권과 교권의 대립이 없고, 또한 일본에서와 같이 '지존至尊' [천황]과 '지강至强' [장군]의 대립도 없다. 단지 권력의 최정점에는 정치적 권위와 정신적 권위를 한 몸에 지니고 있는 황제(혹은 황태후)가 있을 뿐이다. 또한 충신과 반역자 이외에 제3의 선택이 없기 때문에 중국에서는 천황을 위해 막부를 타도한 장주長州, 살마薩摩 번주藩主와 같은 인물이 없었다. 동시에 그들이 충분히 알고 있었던 유가 경전에는 서학西學의 기초가 결여되어 있었고, 서양에 대한 직접적인 견문도 부족했다. 이것들은 모두 그들의 사상과 행동 양 방면에서 한계로 작용하였다. 그러나 그들의 막부幕府 가운데에는 적지 않은 개명적 인사가 있어 막주幕主의 지식 결함을 보충하면서 실제 정책 결정의 참모 역할을 훌륭하게 수행하였다. 만약 이들과 같이 재능 있는 자들이 여러 계획을 수립하고 수행하지 않았다면, 증국번, 좌종당, 이홍장 등이 그렇게 '훌륭한 계책' 을 내지 못했을 것이다.

용굉은 일찍부터 일부 인사가 막부 배후에서 수행한 활약상에 대해 주의하고 있었다. 1863년 그는 증국번의 막부에 대해 꽤 좋은 인상을 가졌다. "총독의 막부 내에는 100명 정도의 인사가 있다. 막부 밖에도 후보 관원, 재능 있는 선비가 있고 법률, 수학, 천문, 기계 등에 관한 전문가 등이 가득했으니 전국에서 최고의 인재가 여기에 모여 있었다. 이들은 모두 증국번 일인의 덕망과 도덕성 그리고 그 동안 이루어 놓은 업적으로 인해 결집될 수 있었다. 그는 이들 박학다식한 인재들을 특히 존중하였고 기꺼이 교제하였다."[125] 당시 이선란李善蘭, 화형방華蘅芳, 서수徐壽 등이 막부에 있을 때, 용굉은 그들의 추천에 의해 증국번의 초빙을 받았으니 대체로 막부 밖의 준 막료라 할 수 있다. 용굉의 회고에 따르면 강남 제조국의 건립은 이선란과 화형방 등의 건의에 따른 것이었다.

증국번, 좌종당, 이홍장 등 '(동치)중흥명신(同治)中興名臣'의 막부에는 빈객들이 구름처럼 모여들었으나 본서는 지면과 형식의 제한 때문에 곽숭도郭嵩燾, 서건인徐建寅, 성선회盛宣懷 등 3인에 대해서만 분석해 보도록 하겠다.

곽숭도郭嵩燾(1818－1891)는 자字가 백침伯琛이고, 호號는 균선筠仙으로, 호남湖南 상음인湘陰人이었다. 18세에 악록서원岳麓書院에서 수학할 때 증국번과 교제하였다. 1847년 진사進士가 되어 한림원翰林院 서길사庶吉士를 제수받았다. 1841년 봄 그는 절강浙江 학정學政의 막객幕客이 된 이후 해방海防의 소홀함을 직접 확인하고는, "분개하며 전쟁과 방어는 시의에 따라야 한다고 주장하였다." 1853년 그는 고향에서 증국번을 도와 상용湘勇, 상군湘軍을 창건하였고, 그후 4년 동안 상군 가운데 매우 중요한 위치에 있는 인물이 되었다. 1858년 다시 한림원의 직무를 담당하였고 명을 받아 남서방南書房에서 근무하였다. 1859년 승격림심僧格林沁을 수행하여 천진의 해방海防 업무를 담당했는데, 이 때 승격림심의 뜻과 달리 북당北塘 방어 철수에 반대하였기 때문에 배척당했다. 1861년 병 때문에 고향으로 돌아와 휴식을 취하였다. 1862년 소송蘇松 양저도粮儲道에 제수되고 다음 해 양회兩淮 염운사鹽運使 그리고 광동廣東 순무巡撫에 차례로 임명되었다. 1866년 관료 사이의 갈등 때문에 사직하고 고향으로 돌아갔다. 이후 상사長沙에서 성남서원城南書院과 사현강사思賢講舍에서 강학하였다. 1875년 봄 복건福建 안찰사按察使의 직을 제수받았고 또한 이 해 여름 시랑후보侍郎候補로서 영국 공사公使에 임명되어 다음 해 겨울 배편으로 상해에서 런던으로 건너갔다. 1878년 다시 프랑스 공사를 겸임하게 되었으나 바로 부공사副公使 유석홍劉錫鴻에 의해 '한간漢奸' [매국노]이라 탄핵되어 그 직에서 쫓겨나 1879년 초 임기가 남았지만 귀국하게 되었다. 이후 너무 분해 병을 핑계로 관직을 사직하였고 고향에 칩거하여 우울하게 생애를 마감하였다.

곽숭도 역시 비교적 일찍 국외로 나가 세계를 직접 경험한 인물 가운데 하나이다. 그러나 그는 왕도, 용굉과 달리 국내에서 이미 충분히 수학했고 오랫동안 관직에 있으면서 순무, 시랑 등 고위 관직을 거치고 나서 출국하였다. 따라서 그는 외국으로 나가기 전 중서 문화에 대해 이미 어느 정도 비교할 수 있었고, 또한 서양 기계 등을 모방하고 서학을 끌어들여 상업과 공업을 진흥시켜야 한다고 명확히 주장하였다. 그리고 출국한 이후에는 상당히 성숙한 정치가의 안목으로 서구 세계를 세밀히 관찰하였다.

곽숭도는 청조 정부가 정식으로 파견한 첫 번째 외국 주재 공사였다. 따라서 처음부터 여러 가지의 어려움에 봉착하였다. 청조가 억지로 공사를 국외에 파견한 것은 1874년 '마가리 사건' 으로 인한 영국에의 배상과 사과 때문이었다. 따라서 곽숭도의 임무는 본래부터 치욕적인 부분이 내포되어 있었다. 더구나 곽숭도는 출국 전 '마가리 사건' 당시 사태를 제대로 처리하지 못한 운남雲南 순무巡撫 잠육영岑毓英을 엄히 처벌해야 한다고 요구하여 많은 비방과 공격을 받았다. 이와 관련하여 당시 극히 자극적이면서 수구적인 내용의 주장이 전해지고 있다. "곽숭도는 발군의 인재다. 하지만 요순堯舜의 시대를 받아들이지 못한다. 중국인을 제대로 대할 수 없다면 어찌 양귀洋鬼를 대할 수 있겠으며 하필 부모의 나라를 버리려 하는가?" 그러나 곽숭도는 "급박하게 돌아가는 곤경의 시국을 차마 앉아 보고만 있을 수 없다"고 하면서 이들의 근거 없는 공격을 "개소리와 같은 무식의 소치와 같다"고 치부하고 "이와 같은 황당한 말들은 일찌감치 무시하니 내 마음을 어지럽히기에 부족하다"고 하였다.[126]

곽숭도는 결코 자신의 국가를 사랑하지 않은 게 아니었다. 더욱이 서구 식민주의의 침략에 대해 속수무책으로 방관하지도 않았다. 그러나 그는 제1차 중영전쟁 이후의 경험적 교훈을 통해 단순한 의분과 공허한 주장에 의거하는 것이 위기 극복에 별 도움이 되지 않는다고 보았다. 그에 따르면 "서양인이 중국에 들어온 이래 그 우환은 이미 깊어졌으니 어찌 공허한 주장과 방자한 의지만으로 그들을 물리칠 수 있겠는가? 그러나 다행히 그들의 진심과 거짓을 통찰하고 또 그들의 이로움과 폐단을 알고 익히게 되면 대응 방법을 찾아낼 수 있을 것이었다."[127] 그는 스스로 이와 같은 개명적 인물이 되기로 결심하고 서구로 가 그들의 '부국강병술'을 익히고 '학문과 예술을 숭상하고 발전시키는 방법'에 대해 학습하였다. 특히 "어떻게 하면 인민의 여론에 부합하고 국가의 기본을 설립할 수 있는지"에 대해 연구하였다. 소위 '국가의 기본'에 대해 그는 「해방과 관련된 의견 개진條議海防事宜」에서 이렇게 해석하였다. "서양에서 국가를 일으켜 세우는 데는 근본적인 방식과 지엽적인 방식이 있다. 근본적인 것은 정부의 정치와 교화이고 지엽적인 것은 상업이다. 선박 제조와 기계 제작은 서로 도와 국가의 부강을 더욱 증진시키는 것으로 동시에 지엽적인 것들 가운데 한 부분이다." 서구의 장점을 취해 중국의 단점을 보강하고 기계에서 더 나아가 정치와 교화를 배우겠다고 하는 것은 곽숭도의 인식이 이미 더 높은 차원으로 전진했음을 설명해 준다.

곽숭도는 영국, 프랑스 등에 도착한 이후 두루 묻고 방문하며 다양한 서적을 읽으면서 견식과 학문을 비약적으로 발전시켰다. 그는 서구 문명에도 매우 오래된 발전의 과정이 있다는 사실을 인정했을 뿐만 아니라, 중국과 서양의 철학, 윤리 사상에 대해서도 비교했다. 특히 서구 근대 과학 개념을 중국에 소개하였다. 그는 '파부자巴夫子'(플라톤), '아부자亞夫子'(아리스토텔레스), '쇄부자瑣夫子'(소크라테스) 등에 대해 탐구하였을 뿐만 아니라 '비경比耕'(베이컨), '격력리악格力里渥'(갈릴레오) '뉴등紐登'(뉴튼) 내지 '라아이소새야득羅亞爾蘇賽也得'(로얄 소사이어티) 등에 대해 살폈다. 그는 플라톤, 아리스토텔레스 등 서양 철학자와 공자, 맹자 등 중국 철학자를 상호 비교하였고 서구 근대 철학과 과학의 발전에 대해 특히 높이 평가하였다. 그는 콩트 철학, 데카르트 철학 및 그들과 근대 과학 발전과의 관계에 대해 살펴보았다. 그에 따르면 "영국인은 천문의 오묘한 비밀이 뉴튼에 의해 해명되기 시작했고 그것이 영국 실학(과학)의 근원이라고 한다. 230-40년 이전 유럽의 각국은 날로 부강해지고 본원本源을 추구하였는데 이 모두는 학문 탐구의 공이다."[128]

물론 가장 소중한 부분은 정체政體(국체)에 관한 곽숭도郭嵩燾 인식의 진보였다. 그는 점점 군주권이 최고의 가치라는 속박에서 벗어나 서구 민주 정체를 연구하였을 뿐만 아니라 감히 서구 민주주의의 장점에 대해 긍정하기 시작하였다. 그는 영국 하원의 토론을 옆에서 지켜보았고 영국 의회의 정치 발전 역사에 대해 진지하게 연구하였다. 그 결과 다음과 같은 인식에 도달하였다. "국가 건설의 본말을 추구해 볼 때 그 지속성과

강대함의 원인은 의회를 통해 국시를 유지하고 시장을 통해 민의에 순종하기 때문이다. 양자는 서로 엎치락 뒤치락 균형을 이루면서 군주와 인민 사이의 원만한 관계를 유지시켰고, 이로써 천년 여 동안 나라는 흔들리지 않고 지속될 수 있었다. 또한 이 때문에 훌륭한 인재와 학문이 계속될 수 있었으니 이것이 바로 입국의 근원인 것이다."[129] 위로는 의회 정치가 아래로는 지방 자치를 실시하는 것이 20세기 초 청말 입헌파의 정치 강령이었는데 곽숭도는 그보다 30년 이전 이미 이에 대해 초보적인 인식에 도달하였으니 그의 정치적 통찰력을 가히 짐작할 수 있다.

종숙하鍾叔河는 곽숭도의 『곽숭도일기郭嵩燾日記 · 륜돈여파려倫敦與巴黎(런던과 파리)』를 평가하면서 다음과 지적하였다. "1870년대 서구의 관념은 이미 근대적 관념에 도달해 있었다. 이들 관념이 40년 이후 본격적으로 중국에 유입되었을 때 '덕선생德先生'과 '새선생賽先生' 즉 Democracy[민주]와 Science[과학]로 형상화되었다. 근대(자본가 계급의) 의식 형태는 중세(봉건주의적) 의식 형태와 이 두 가지의 측면에서 크게 구별되었다. 곽숭도는 '의회'와 '시장'을 통해 서구 민주 관념을 초보적 형태나마 받아들였고 문화, 학술에 대한 고찰을 통해 서구 과학 관념을 수용하였다." 이러한 주장은 역사적 실제에 부합할 뿐만 아니라 상당히 치밀한 분석이라 할 수 있다.

실제 해외 경험을 통해 곽숭도는 세계와 중국의 관념에 대해 큰 변화를 겪게 되었다. 그는 점차 당시 세계 정세 가운데 중국이 차지한 실제 위치에 대해 인식하게 되었다. 1878년 봄 영국 타임즈 지는 영국 정부가 당시 이란 국왕에게 훈장을 수여한 사실을 두고 반半 문명국가는 훈장을 받을 자격이 없다고 비판하였다. 곽숭도는 이에 대해 흥분하여 말하였다. "서양에서는 정교政敎가 공명한 나라를 가리켜 문명국Civilized이라 하는데 유럽의 각국은 모두 이에 부합한다. 그 나머지 중국, 터키, 이란 등을 가리켜 반 문명국Half Civilized이라 한다. Half라는 것은 '반'으로 번역될 수 있으므로 반은 교화되고 반은 교화되지 않았다는 의미이다. 아프리카의 여러 국가를 가리켜 야만 국가Barbarian라 하는데 마치 중국이 이적夷狄이라 하는 것과 유사하여 서양에서는 교화되지 않았음을 나타낸다. 3대 이전에는 단지 중국만이 교화되었기 때문에 요복要服, 황복荒服 등의 명칭이 있었고,[130] 중국은 모두 그들을 멀리 하여 이적이라 칭했다. 한대漢代 이후 중국 교화의 힘이 날로 약해지고 정교와 풍속에 있어 유럽 각국이 앞질러 발전한 결과 중국 보기를 이전 3대 전성시대에 이적 바라보듯 한다. 중국 사대부 가운데 이 의미를 제대로 아는 자 없으니 참으로 애통하다!"[131] 오랜 세월이 흘러 일체의 것들이 뒤집어졌다. 예컨대 문명 발전 정도로 문명과 야만을 구분한다면 현재는 유럽인들이 중국을 이적으로 볼 차례가 되었다. 환갑을 넘은 나이로 일생의 대부분을 유교 경전을 공부하여 머리에는 "이적의 나라가 서는 것보다 차라리 중국이 망하는 것이 낫다", "중화로써 오랑캐가 변화하는 것에 대해 들어보았지만 아직 오랑캐에 의해 중화가 변화한다는 소린 듣지 못했다" 등의 모호한 관념으로 가득 차 있었지만, 이제 서구의 선진성과 중국의 낙후성을 인정하게 된 것이다. 또한 그는 명확하게 그리고 철저하게 이를 인정하였고 여기에는 철저한 과학적 태도와 많은 용기를 필요로 했다.

또한 바로 이 때문에 그는 여전히 "중화와 오랑캐를 명확히 구분하려는" 망령에 사로잡인 '반 문명' 사회에서 쉽게 용인될 수 없었다. 당시 그가 속해 있는 사회 집단에서 본다면 그는 이미 너무 멀리 나아간 것이었다. 그가 출판된 지 그다지 오래되지 않은 후쿠자와 유키치의 『문명론개략』을 읽었는지 아닌지 확실치 않다. 하지만 그의 인식은 '탈아론脫亞

論' 의 주창자인 그가 세계 문명을 문명, 반개화, 야만 등 3가지의 단계로 구분한 것과 유사하였다. 그러므로 그는 자신의 지위를 안전하게 지키기 곤란했고 계속해서 공격을 받았으며, 이 때 가장 악랄한 공격수는 자신의 부하였던 유석홍劉錫鴻이었다.

곽숭도는 영국 공사로 재직할 당시의 견문을 상세히 기록하여 『영초기정英軺紀程』(또는 『사서기정使西紀程』이라고 불린다)이라는 제목의 책으로 묶었다. 그 가운데 서구 정교의 합리성을 높이 평가하면서 중국도 치국의 도로써 그것을 채택해야 한다고 주장한 부분이 있다. 곽숭도는 조금의 거리낌 없이 총리아문總理衙門에 이 책을 보낸 결과 수구 세력의 큰 반발을 초래하였다. 한림원翰林院 편수編修 하금수何金壽는 곽숭도를 "영국에서 반역의 마음을 품게 되어 중국이 거기에 신속되기를 바란다"고 공격하였다. 그 결과 이 책은 훼손되고 판매 유통이 금지되었다. 이 사건이 발생한 후 유석홍은 기회가 왔음을 깨닫고 바로 곽숭도의 '3대 죄악' 을 공격했다. "첫째 한 포대를 시찰할 때 서양 외투를 걸쳤는데 이는 설령 얼어 죽더라도 해서는 안 되는 일이었다. 둘째 브라질 군주를 멋대로 서서 접견했는데 당당한 천조天朝의 대표로서 어떻게 소국의 군주에게 그와 같은 경의를 표시할 수 있는가? 셋째 바진 궁전에서 음악을 들을 때 매번 팜플렛을 찾아 읽었는데 그 모습이 서양인의 그것을 모방하는 것 같았다."[132] 그는 공사관 내에서 공공연히 말하였다. "북경에서도 모두 한간漢奸이라고 지목하는 이 사람을 나는 절대 받아들일 수 없다." 또한 그는 비밀리에 곽숭도의 '열 가지 제안' 에 대해 비판했는데 무고와 모함에 매우 능한 인물임을 알 수 있다. 유석홍이 곽숭도의 죄상을 지적한 것을 보면 사소하고 보잘 것 없을 뿐만 아니라 국제 의례에도 맞지 않는 허무맹랑한 것이었다. 오히려 곽숭도가 분명 숙련된 외교관임을 설명해 줄 뿐이었다. 그러나 수구 세력이 강력한 권력을 장악하고 있었기 때문에 조정과 북경 내에는 그를 책망하는 소리만 충만했다. 곽숭도는 임기도 제대로 채우지 못한 채(단지 1년 7개월만 근무하였다) 병을 핑계로 사직을 청했고 청 조정은 즉시 이를 받아들여 증기택曾紀澤으로 교체하였다.

곽숭도는 비난 속에서 출사出使하였다 다시 비난을 받으면서 귀국하였다. 부임하는 날 그는 큰 뜻을 품고 서양 치국의 도리를 배워 중국에 적용하여 조국이 강국으로 부흥하기를 희망하였다. 하지만 귀국한 후 그는 계속 싸워 나갈 자신감을 이미 상실하였기 때문에 병을 핑계로 휴직을 청하고 귀향하여 은둔하였다. 곽숭도는 1879년 5월 5일 배편으로 장사長沙에 도착하였다. 당시 상음湘陰에서는 마침 수구적인 서양 배척 운동이 발생하여 "현민縣民이 들고 일어나" 형세가 매우 긴장되어 있었다. 서양 증기 기관을 이용한 작은 목선조차 성도省都 성내로 들어가려면 장사 선화현민善化縣民에 의해 저지당하였다. 그들은 곽숭도가 "서양인과 내통했다"는 내용의 표어를 큰 길가에 붙였다. 곽숭도가 형식상 아직 완전하게 관직에서 물러난 것이 아닌데도 순무 이하 지방 관원 모두는 "오만하게 그에게 예의를 갖추지 않았다." 곽숭도가 내심 분개하였고 또 괴로워하였을 것임은 분명하였다.

곽숭도는 돌아오는 도중 『공자진집龔自珍集』에서 「포역捕蜮」, 「포웅비치효시랑捕熊羆鴟鴞豺狼」, 「포구승마의조비문맹捕狗蠅螞蟻蚤蜰蚊虻」 등을 읽고, 그 속에서 '소인배들의 악랄하고 완고한 통치의 실상'을 깨닫게 되었다. 유석홍과 같은 무리가 바로 괴물, 소리개, 승냥이 등이 아니겠는가? 이와 같은 파리, 개미, 모기, 벼룩 떼가 들끓는 사회에서 희망과 미래는 도대체 어디에 있는가? 홍콩에 도착했을 때 그는 거기에서 『순환일보

循環日報』를 편집하던 왕도와 면담하고 동화의원東華醫院, 서양학관西洋學館, 박물관 등을 방문하였다. 홍콩을 떠나기 전 왕도는 그에게 『영연잡지瀛壖雜志』, 『도원척독韜園尺牘』 등의 책을 증정하였다. 배가 출항한 후 곽숭도는 1855년 상해 영화서옥英華書屋에서 이선란李善蘭, 왕도 등을 만났을 때의 정경을 떠올렸다. 당시 왕도의 서재에는 다음의 글귀가 걸려 있었다. "가벼운 옷을 입고 말에 올라 이광李廣을 쫓고, 갈대발 속의 남루한 누각이지만 그 안에서 맹광孟光과 함께 세상을 논했다." 곽숭도는 그날의 일기에서 "왕도의 『영연잡지瀛壖雜志』를 보니 벌써 세월은 흘러 25년이 지났지만 마치 어제와 같다. 하루의 교분에 불과하지만 비슷한 처지에 있어 그의 마음 충분히 이해가 된다. 가혹한 시련이 있으니 진정 실망스럽기 그지없다. 소동파蘇東坡의 시구 '인생은 대체 무엇인지 알 수 없어 마치 기러기가 눈밭에 흔적 하나 남기는 것 같다' 까지 읽고 나니 더욱 아쉽고 비통하구나!" 라고 쓰고 있다.[133]

사상계의 선구자들은 시작 단계에서는 대체로 소수자의 위치에 있기 때문에 그들의 고독감 또한 서로 통하는 바가 있다. 거듭되는 수구 세력의 배척과 공격 아래 그들은 스스로 고결한 척 자족할 수 없었고 서로 동병상련의 울분을 공유하였던 것이다.

서건인徐建寅(1845-1901)은 자字가 중호仲虎이고, 강소江蘇 무석인無錫人이다. 그는 증국번, 좌종당, 이홍장 등의 막부에서 활동한 사람들 가운데 특이한 유형의 인재 즉 과학 기술 전문가였다.

그는 저명한 과학자 서수徐壽(1818-1884)의 둘째 아들이다. 서수의 조부와 부친은 무석無錫 북쪽에서 생활한 농민으로 그는 유년 시절 팔고문八股文을 배웠지만 후에 무용하며 과학과는 서로 어울리지 않는다고 판단하여 평생토록 그것으로써 공명을 추구하지 않았다. 1850년대 초 서수는 가까운 친구 화형방華蘅芳과 함께 상해 묵해서관墨海書館에서 편역한 대수학, 기하학, 미적분학, 중력학, 물리학 관련 서적을 열심히 읽었다. 이후 그는 물리학, 화학 등을 집중적으로 연구하였고, 화형방은 이선란에 필적할 만한 수학자가 되었다. 서건인은 어려서부터 조부로부터 수학한 것을 토대로 점차 과학 지식과 화공, 기계 실험 등에 대해 이해할 수 있게 되었다. 1861년 증국번이 안경기계소安慶機械所를 건립할 때 특별히 서수와 화형방 등을 초빙하였다. 용굉의 기용 또한 그들의 추천에 의한 것이었다. 용굉은 『서학동점기西學東漸記』에서 증국번 막부에서 그들과 함께 생활했던 때를 회고하고 있다. 17세의 서건인 역시 부친을 따라 안경安慶에 도착하였다.

서건인은 부친, 화형방과 협력하여 황곡호黃鵠號라는 이름의 기선을 제작하였다. 매우 작았지만 전적으로 중국인의 손에 의해 직접 제작된 것이었다. 서수는 이 일로 상해 강남제조총국 총리로 파견되었고 서건인 역시 그와 함께 했다. 강남제조국은 연이어 조강操江, 측해測海, 어원馭遠 등의 군함을 건조하면서 중국 근대 공업사에 있어 가장 빠른 기지 가운데 하나로 성장하였다.

서씨 부자는 기계 공정을 중시하면서도 기초 이론의 중요성을 잘 이해하고 있었다. 그들은 증국번에게 기초 이론 연구를 강화해야 비로소 "근원을 탐색할 수 있어 희귀 상품을 이용한 서양인의 폭리를 방지할 수 있다"고 건의하였다. 증국번은 이에 대해 적극 동의하여 회답하기를 "이 일은 제조국을 건설하는 것보다 더욱 중요하다"고 하였다. 이를 통해 보면 증국번은 서씨 부자와 이선란, 화형방의 뜻을 잘 헤아리는 인물이었다고 할 수 있다. 서씨 부자 등은 먼저 강남제조총국에 번역관을 부설하고, 1875년경 다시 영국인 프라이어John Fryer와 합작하여, 상해에 격치서원格致書院을 창설하여 일군의 중국인과 외국인을 집중시켜 과학, 기술 관련 서적을 번역하게 하고 실험과 연구를 진행시켰다. 당시 중국은 화학 이론 도입 분야에 있어서는 이미 일본을 앞서고 있었다.

1870년 이홍장은 천진에서 기기제조국을 건립하였고(원래는 숭원崇原이 1867년에 건립하기로 되어 있었다), 1874년 서건인을 파견하여 질산의 연구 제조를 책임지게 하였다. 그는 빠르게 제조에 성공하여 대량생산을 통해 수입 질산보다 가격 경쟁에서 우위를 점하게 하였고, 근대 군사 공업 발전을 위해 큰 공헌을 하였다.(질산은 화약을 제조하는 기초 재료이다) 서건인은 이로 인해 유명해져 도대道臺의 자격을 취득했고, 총리아문에 많은 상서를 올려 외국에 사람을 파견해 공업 기술과 관리 체계에 대해 학습해야 한다고 건의했다. 총리아문은 이에 동의하여 "그를 외교에 능한 인물"이라고 추천하였다. 1875년 서건인은 산동 순무 정보정丁寶禎에 의해 발탁되어 산동기기국 총판總辦에 임명되었다. 2년간의 노력 끝에 "더 이상 서양인의 힘을 빌리지 않고" 매우 빠르게 총포와 화약을 제조하는 무기 공장을 건립할 수 있었다. 이로써 그는 이홍장 등의 독무督撫에게 더욱 두터운 신임을 받게 되었다.

1879년 이홍장은 서건인을 독일 주재 참사관으로 파견하여 독일, 영국, 프랑스 등지의 조선소와 무기 공장 등을 시찰하고 신식 군함을 구매하도록 하였다. 서씨 일행의 주요 목적은 당시 주력함인 철제 군함을 구매하는 것이었다. 당시 독일제 군함이 품질면에서 비교적 앞선 것으로 인정받고 있었다. 이홍장과 심보정沈葆楨은 함께 하트Robert Hart(1835-1911)의 영국 스탄 군함 구매 건의에 반대하였다. 하지만 중국인을 파견할 것인지 아니면 서양인을 파견하여 구매를 추진할 지에 대해서는 의견이 엇갈렸다. 심보정은 중국인 파견에 대해 "우여곡절이 많을 것 같고 또 경비를 절약하려다 오히려 낭비할 것"으로 걱정하면서 하트나 캠프벨James Duncan Campbell(1833-1907) 등을 파견해 구매하는 편이 낫다고 판단하였나. 결국 이홍장은 서건인에게 기대를 걸고 독일 주재 공사 이봉포李鳳苞에게 서신을 보내 그의 원활한 구매 활동을 지원하라고 요청하였다. 영국, 프랑스, 독일 삼국에 대한 면밀한 방문 조사 후에 독일 폴 조선소와 두 척의 신식 철갑선을 구매하기로 계약을 맺었다. 이는 이후 북양 해군의 기초를 이루는 두 척의 주력함, 진원鎭遠과 정원定遠호였다. 정원호는 7,335톤, 6천마력, 시속 14.5해리, 함포 22문, 선원 330명, 진원호는 7,355톤, 6천마력, 시속 14.5해리, 함포 22문, 선원 300명 등의 규모였다. 이는 당시의 기준에서 볼 때 비교적 큰 규모의 선진 군함이었다. 그러나 서건인은 "그 배들을 제대로 운항할 자가 없다"고 했는데 이는 지나친 평가라 할 수 있다.

서건인은 전문 과학자로서 유럽에서 군함을 구매하러 돌아다니면서 90여 곳의 공장, 학교, 박물관 및 기타 각종 중요 근대 시설을 참관하였고 200여 항목에 달하는 공업 기술, 설비 및 관리 방법에 대해 살펴보았다. 그는 이와 같은 풍부한 수확에 대해 『구유잡록歐游雜錄』에 기록하였다. 이 책은 고도의 책임 정신과 엄격하고 세밀한 과학적 태도를 잘 나타내며 중국인에게 최신의 과학 정보를 제공하였다.

하지만 서건인의 결말은 불행하면서도 또 장렬하였다. 그는 출국 이후 영국에서 철갑선을 건조하는 공장의 설비가 강남제조총국의 그것과 큰 차이가 없지만 영국에서 제조한 신식 군함을 중국에서는 만들어내기 곤란하다는 사실을 발견하였다. 또한 독일은 비교적 간단하고 낙후된 화약 공장을 이용하여 중국의 천진天津, 남경南京, 제남濟南, 상해上海 등지의 공장에서보다 우수한 품질의 제품을 제조한다는 사실도 알았다. 그는 곰

곰이 생각하여 문제는 영국, 독일이 "팽창력, 속도, 중력 등 각종 법칙에 대해 열심히 연구하여 잘못이 있으면 바로 고치고 수시로 무형의 지식으로부터 정보를 얻는다는 사실 이외에 다른 비법이 없다"[134]고 판단했다. 이 때문에 그는 담당자의 소질, 기술 관리, 기업 관리 등을 매우 중시하였고 소중한 공장 관리 자료를 갖고 귀국하였다.

1884년 서수徐壽가 병으로 죽자 서건인은 관습에 따라 3년 상을 치뤘고, 그 이후 증국번의 요청에 따라 남경제조국의 업무를 맡아, 신식 장총과 제강 설비 등을 제조하였다. 1894년 광서제光緖帝와 직접 면담하고 위해威海를 시찰하였다. 하지만 청일전쟁의 패배에 따라 그가 힘들게 구입한 두 군함이 포함된 북양해군이 완전히 궤멸되었다. 이러한 현실 앞에서 그는 더욱 변법운동으로 기울게 되었다. 무술변법戊戌變法이 시작되자 그는 3품경品卿의 지위로서 신설된 농공상총국독리農工商總局督理에 임명되었다. 그러나 그는 본래 이루고 싶은 목표를 갖고 있었지만 수구 세력의 정변 때문에 두 달도 안 되어 농공상총국독리의 직책에서 물러나야 했다. 서건인은 비록 개혁 세력과 수구 세력의 대립에 연루되지는 않았지만, 이미 청조에 대한 믿음을 상실하게 되었고 성묘를 핑계로 귀향하였다. 이후 장지동은 그를 호북으로 불러 호북군수공장을 건립하는데 도와달라고 요청하였다. 그는 바로 한양강약창漢陽鋼藥廠으로 가서 무연 화약을 시험 제작하였다. "매일 절구질을 하면서 직접 연구하고 실험하여" 매우 빠른 성과를 얻었다. 하지만 그는 정식 생산을 준비하던 중 실험실이 갑자기 폭발하는 사고로 죽고 말았다. 중국 근대 과학 기술의 발전을 위해 자신의 생명을 바쳤던 것이다. 때는 1901년 3월 31일이었다.

곽숭도와 비교해 볼 때 서건인은 비교적 운이 좋았다고 할 수 있다. 왜냐하면 그는 증국번, 이홍장, 좌종당 등 당시 실력가의 신임과 중용을 받았고, 수구 세력의 근거 없는 배척과 비난을 그렇게 심하게 받지는 않았기 때문이다. 그러면서 대체로 자신의 총명한 재능을 발휘하고 중국의 근대화를 위해 많은 실질적인 업적을 남겼다. 그러나 그의 말년 또한 불행하였다. 이것은 그가 일찍 참사했기 때문만은 아니었다. 오히려 중국이라는 낙후된 사회 환경 때문에 그의 총명한 재능이 더욱 충분히 발휘되지 못했고, 그가 진정 책임 있게 전중국의 공업화를 추진할 수 있는 지도자가 될 수 없었기 때문이다. 이것은 개인의 불행일 뿐 아니라 중국 전체의 불행이라 할 수 있다.

이하에서는 증국번, 좌종당, 이홍장 막부 가운데에서 활동했던 또 다른 유형의 인물이면서 활동 능력이 더욱 크고 사업의 성과가 더 많았던 인물에 대해 다시 살펴보고자 한다. 성선회盛宣懷는 그 가운데 가장 유명하였다.

성선회盛宣懷(1844－1916)는 자가 행손杏蓀이고, 호는 우재愚齋로, 강소 무진인武進人인다. 관료 집안에서 출생했고 부친 성강盛康은 지부知府, 도대道臺 등을 역임했고 『황조경세문속편皇朝經世文續編』을 편찬하였다. 이 책은 위원의 『황조경세문편皇朝經世文編』을 이어 발표된 대규모의 저작이었다.[135] 성강이 마음에 깊이 간직하고 있는 경세치용의 학풍은 그의 아들 성선회에게도 당연히 영향을 끼쳤다. 성선회는 1867년 23세 때에 수재秀才가 되었지만 이후 계속 낙방하여 과거에 대한 자신감을 잃고 회계 출납 업무를 주로 하게 되었다.

1870년 봄 이홍장은 조정의 명에 따라 섬서陝西 회민回民 반란을 진압하러 가게 되었다. 이 때 성선회는 양종렴楊宗濂의 추천에 의해 이홍장의 막부에 들어가 군영 내의 문서 관리를 담당하는 영무처營務處 회판會辦으로 충원되었다. 성선회는 과거에 여러 차례 낙방하였지만 일을 처리함에 있어 발군의 실력과 재능을 발휘하여 이홍장으로부터 높은 평가를 받아, 지부, 도대, 회판섬감후로량대會辦陝甘後路糧台, 회군후로영무처淮軍後路營務處 등에 임명되어 벼락 출세를 하였다. 같은 해 8월 직예총독直隷總督 증국번이 양강총독兩江總督이 되고, 이홍장이 직예 총독에 임명되었다. 성선회는 또 이홍장을 따라 직예로 가게 되었다.

증국번이 1872년 3월 병으로 죽자 이홍장은 권력이 가장 막강한 지방 관리가 되었다. 1872년 이후 이홍장은 협판대학사協辦大學士에서 무영전대학사武英殿大學士, 문화전대학사文華殿大學士로 자리를 옮기면서 동시에 직예총독 겸 북양통상대신 등의 직책을 25년 이상 유지하면서 각종 양무 사업의 가장 강력한 추진자가 되었다. 성선회는 이와 같은 거물과 결합하여 자신의 정치 실업 활동을 주목할 만한 단계로 새롭게 끌어 올렸다.

성선회가 이홍장에 의해 중용된 시점은 청조가 근대 공업 건설의 중점을 점차 군수 공업 중심에서 민수 공업으로 전환하던 때였다. 1872년 이홍장은 윤선초상국輪船招商局을 설립하였고, 성선회는 이를 위한 계획과 장정章程 제정에 참여하였다. 이홍장은 운송 방면에서 10여 년의 경험을 지닌 3품관 도대이자 절강후보지부浙江候補知府였던 주기앙朱其昂을 총판總辦으로 기용하고, 다음해 성선회를 회판會辦에 정식 임명하였다. 또한 이홍장은 성선회가 서양인의 사정과 그들과의 무역에 밝다고 추천한 광동의 부상富商 서윤徐潤, 당정추唐廷樞 등을 똑같이 회판會辦에 임명하였다. 초상국은 남북을 잇는 조운漕運 이외에 상해에서 일본, 말레이시아, 필리핀, 싱가포르 등지에 이르는 해외 운항 노선을 열었다. 업무 발전에 따른 수요 때문에 초상국은 19개의 주요 항구에 분국을 설립했는데, 거기에는 천진天津, 우장牛莊, 연대烟臺, 복주福州, 하문厦門, 광주廣州, 홍콩,

산두汕頭, 영파寧波, 진강鎭江, 구강九江, 한구漢口 및 해외의 장기長崎, 횡빈橫濱, 신호神戶, 싱가포르, 페낭, 베트남, 루손 등이 포함되어 이미 방대한 운항 체계를 마련하였다. 또한 바로 이 때문에 초상국은 미국의 기창旗昌, 영국의 태고太古 등 기선 회사의 질시와 경쟁을 유발시켰다. 초상국은 극히 복잡한 업무적, 정치적 갈등 속에서 생존과 발전을 해야 했다. 이후 1백년 이상 계속된 이 저명한 기업의 성장 초기에 당정추, 서윤, 성선회 등은 모두 자신의 경영 능력과 관리 소질을 드러내었다.

공업과 항운의 발전 때문에 에너지 원과 원료의 수요가 날로 증가하였다. 1875년 성선회는 호북으로 파견되어 석탄, 철 광산을 조사하여 다음 해 호북매철채굴총국湖北煤鐵採掘總局이 정식 성립되자 그곳의 총판에 임명되었다. 성선회는 영국의 광산 기술자를 초빙하여 신식 기술로 호북, 강소 등지의 석탄과 철의 매장 상황을 조사하여 대야大冶, 당양當陽, 흥국興國, 광제廣濟 등지에서 매장 사실을 발견하였다. 그 가운데 대야大冶 철광의 발견은 한양漢陽제철소의 건립에 유리한 조건을 제공하여 중국 근대 철강 공업 생산의 계기를 마련하였다.

광공업, 교통, 운수 내지 금융, 무역의 발전은 또한 우편, 전신 관련 사업에 대한 절박한 수요를 창출하였다. 1880년 이홍장은 전신 사업 추진 허가를 받자 바로 성선회에게 그 책임을 맡겼다. 성선회는 덴마크의 대북공사大北公司와 합동으로 덴마크 기술자를 중국으로 초청해 사업을 추진하였다. 1881년 천진-상해선이 개통되고 천진에서 정식으로 전보국이 설립되자 성선회는 독판에 취임하였다. 이어 상해에서 전보 업무가 시작되고 전국 전보 계획이 마련되어 1897년에 이르면 전국 22개성 모두 전보를 위한 전용선이 부설되었다.

19세기 말 성선회의 경영 활동은 또 방직업, 철로, 금융업으로 확장

되었다. 1893년 상해기기직포국上海機器織布局은 운영을 시작한 지 3년 만에 화재로 훼손되었지만 성선회는 다행히 이 위기에서 목숨을 구했다. 이후 그는 1년 만에 회복하여 원래 있던 공장 터에 화성방직총국華盛紡織總局을 건설하였다. 방추 65,000추, 직기 750대로서 당시 비교적 규모가 큰 방직 공장이었다. 이 공장 역시 성선회가 독판을 맡았다. 1896년 장지동 등이 연명으로 철로 공사를 건립하자고 상주할 때 성선회에게 맡기자고 하였다. 성선회는 부름을 받고 북경으로 가서 건청궁乾清宮에서 광서제光緒帝를 알현하고 철로의 이익이 자강의 한 수단이 될 만하다고 강조하여 황제의 허가와 혁흔奕訢, 옹동화翁同龢 등 왕공 대신의 지지를 얻어 사품경당후보四品京堂候補의 직함으로 철로총공사의 사무를 맡았다. 1897년 초 철로총공사가 상해에서 성립되자 성선회는 노한철로蘆漢鐵路를 먼저 건립하고 이후 다시 소호蘇滬, 월한粵漢철로를 건립해야 하며 또한 별도의 공사는 건립할 필요가 없다고 상주하였다. 성선회는 북경에 있는 동안 별도로 은행 건립을 주청하여 광서제의 허락을 받고 명에 따라 담당자를 선택해 추진하였다. 1897년 5월 중국통상은행이 상해에서 건립되고 성선회는 그 은행의 독판을 맡았다. 이것은 중국인이 직접 만든 최초의 은행이었다.

무술변법이 발생하기 2년 전 성선회는 유곤일劉坤一의 「자강대계自强大計」를 도와 병사 훈련, 재정, 인재 양성 등에 대해 여러 건의를 하였다. 무술변법이 실시될 때에는 북경에서 광서제를 두 차례 알현하여 「연병설첩練兵說帖」을 상주하였다. 하지만 그는 무술변법의 실패에 따라 남방으로 돌아가야 했다.

의화단운동 시기 성선회의 가장 중요한 활동은 유곤일, 장지동張之洞 등을 도와 상해 주재 각국 영사와 '동남호보東南互保' 협정을 체결하는 것이었다. 협정을 통해 상해 조계는 각국이 공동으로 보호하고 양자강 및 소주, 항주 등지는 각성의 독무督撫가 보호하며 서로 충돌하지 않게 됨으로써, 인구가 조밀하고 경제, 문화가 발전한 동남 연해 지역이 전쟁의 피해에서 벗어날 수 있었다. 과거의 연구자들 대부분은 위의 사실을 근거로 성선회를 매국노 혹은 한간漢奸이라 책망하지만, 실제적으로 보면 이것은 약소국 외교의 필연적 결과라 할 수 있다. '동남호보'는 반식민지라는 현실적 한계 속에서 동남 지역의 안정을 유지하고자 한 노력의 결과였지 중국에 더 많은 손실과 굴욕을 안겨준 것은 결코 아니었다. 오히려 어느 정도는 중국의 손실과 굴욕을 덜어 주었다. '동남호보'를 중재하는 과정에서 성선회는 근대적인 외교 의식과 특별한 재능을 잘 드러내었다.

성선회는 각종 경제 사업을 벌여 나가는 과정에서 인재와 교육의 중요성을 충분히 깨닫게 되었다. 청일전쟁이 끝나고 얼마 되지 않아 천진에서 중서학당中西學堂(북양대학당北洋大學堂의 전신)을 건립하였다. 1896년 상해 서가회徐家滙에 다시 남양공학南洋公學(교통대학交通大學의 전신)을 설립하고 그 안에 사범원師範院, 외원外院(부속 초등학교), 중원中院(중등학교), 상원上院(대학교) 등을 설치하였다. 이곳은 과학 인재를 배양하는 중국 최초의 학교였다.

성선회의 활동은 매우 많고 그 공헌 또한 컸다. 그러나 실수도 많고 개인 인격상의 단점도 적지 않았다. 그런 까닭에 그의 활동 초반기이든 후반기이든, 생존해 있을 때나 사후에도 평가에 있어 논란의 여지가 많았다. 1877년 윤선초상국輪船招商局에서 기창윤선공사旗昌輪船公司의 시설 전체를 매입한 이후 운송량이 영국 상인의 이화怡和, 태고太古 두 회사 운송량 총량을 넘어섰을 때 한 어사御史는 성선회가 초상국 내에 측근을 심어 '이름만 걸어 놓고 일을 제대로 하지 않는 자' 가 점차 늘고 있다고 탄핵하였다. 1880년 국자감제주國子監祭酒 왕선겸王先謙의 탄핵은 더욱 격렬하여 성선회가 "교통 분야의 업무에 종사하면서 사기를 쳐 어부지리를 얻는다"고 직접적으로 비난하였다. 청조는 이홍장에게 유곤일劉坤一과 함께 조사하도록 명령하였다. 유곤일은 1881년 초 왕선겸의 비판은 "모두 일리가 있다"고 하면서 성선회가 "국고를 좀먹어 병들게 하고", "임의로 멋대로 행동하며", "능력 이상의 관직에 있고", "시장잡배와 유사하니" 마땅히 파직해야 한다고 상주하였다. 이홍장은 적극적으로 성선회를 변호하면서 유곤일이 사람을 쓰는 방법이나 이권을 보호하는 방법을 제대로 이해하지 못한다고 비난하였다. 쌍방 간의 논쟁이 일 년 동안 계속되자 청 조정도 어쩌지 못해 분명한 결론을 내리지 못했다. 경자庚子 배상 이후 청조에 대한 비판이 더욱 거세지고 이권회수운동과 보로운동保路運動 등이 발생하자 성선회는 대중으로부터 비난의 초점이 되어 전국으로부터 성토되었다. 심지어 어떤 이는 청조가 그의 손에 의해 망하게 될 거라고까지 하였다. 그러나 객관적으로 말하면, 당시 많은 지식인들이 양무를 부끄럽게 여기며 상업 행위를 가치 있는 것으로 여기지 않고 "각자 앉아 존귀함만을 생각하지 직접 환난을 겪으며 공훈을 이루려 하지 않는" 상황에서, 그는 시대의 조류에 순응하고 국가적 수요에 따라 어려움과 정면으로 부닥치며 용감하게 일을 추진하였다. 그 결과 매우 짧은 시간 안에 그리고 국내에 믿을 만한 경험이 없음에도 불구하고 항운, 철로, 광업, 방직, 전신, 금융 등 방대한 기업 활동을 시작하여 중국 근대화 과정에 커다란 일보를 내딛게 하였다. 그리고 이러한 신규 사업의 성취는 대단한 것이었다. 당연한 것이지만 당시의 역사 조건 하에서 기술과 외자를 끌어들이는 것은 민족 권익에 중대한 손해를 끼칠 수도 있었다.

그러나 그것은 상당 부분 중국이 처한 반식민지의 지위 때문에 결정되는 것이지 성선회 개인에게 완전히 그 책임을 돌릴 수는 없다. 그가 개인적 이익을 탐하였다거나 시정잡배와 같다는 것은 오히려 타당한 지적이라 할 수 있을지 모른다. 하지만 여기에는 평가 기준의 문제가 있다. 탐욕은 자본가 계급 본래의 특징이고 이윤 추구는 자본가 계급의 생활 목표이다. 이러한 측면에서 성선회는 당시 정도를 걷는 일반 구식 관료와는 확실히 구별된다. 그러나 그는 단지 개인적 이익만을 좇고, 공익을 추구하지 않은 것은 결코 아니었다. 그는 민족 공업 발전을 추구함과 동시에 개인 사업을 경영하였고 총체적으로 볼 때 그의 전 사업은 국민 경제의 발전에 유리한 방향으로 추진되었다. 유신 사상의 선구자들이 생각하고 쓰고 또 말한 바를 그는 행동으로써 하나하나 실천하였다. 형성화될 때 왜곡이 나타날 수 있고 구체화될 때 오염될 수도 있지만 그것들은 머리나 책 그리고 주장 속에서의 관념 형태가 더 이상 아니었고, 볼 수 있고 만질 수 있고 사용할 수 있는 실체로 등장하였던 것이다. 이는 스스로 고상하다고 여기면서 가만히 앉아 도만을 논하고, 말과 행동을 신중하면서 또 일체의 새로운 것들을 거부하는 품행방정한 군자보다 더욱 고명한 것이었다. 철로 국유화 문제에 있어서도 당시나 이후 그리고 현재에 이르기까지 그는 사람들의 격렬한 공격의 대상이었다. 그러나 천한川漢, 월한철로粵漢鐵路 부설과 같은 대 공정은 당시와 같은 경제 수준을 미루어 볼 때 단순히 국내 개인 투자만으로는 이루어 내기 힘들었다. 국가가 철로를 부설하고 소유하는 것 자체는 아무런 비난의 소지가 없다. 문제는 국가의 재정이 극히 곤란하기 때문에 대량의 외자를 끌어들이게 되고 이 외자의 유치가 외국 자본가에게 필연적으로 이익을 가져다준다는 데에 있었다. 또한 『신축조약辛丑條約』의 협정 이후 고양된 민족주의 정서 아래

거국적인 격렬한 항의를 촉발했고 청조를 무너뜨리는 한 계기로 작용한 보로운동을 일으키는 지경에까지 이르게 됐다는 데에 있었다. 청조는 '서양인의 조정' 이라는 비난을 받을 만했기 때문에, 철로 국유화 정책을 추진하던 성선회가 한간漢奸으로 공격당하는 건 당연하였다. 이 또한 시대의 어쩔 수 없는 운명이었다.

그러나 역사는 결국 객관적이고 관용적으로 진행되기 마련이어서 시간이 흘러감에 따라 사람들의 감정적 대응은 점차 감소하는 반면 이지적인 면은 날로 증가하여 이전 사람들이 남긴 사업의 사회적 효과도 점차 전면적이고 충분하게 드러나게 된다. 그것이 진정 국가 경제와 국민 생계에 도움이 되고 민족 진보에 유리한 사업일 경우, 후세의 사람들은 반드시 그 창시자의 개척적 공로을 기리고 당시의 과실이나 개인의 성격적 약점을 잊으며 점차 냉정히 분석하는 태도로써 분노의 감정적 태도를 갖고 공격했던 내용이나 공격자들을 대하게 된다. 물론 당시 성선회를 공격했던 주장들 모두를 무시해버릴 수 없으니 그 가운데에는 역사적 귀감이 될 만한 것들이 적지 않다. 많은 공격 가운데 어떤 것들은 애국주의에서 출발해 막연하게 배외주의排外主義로 흘러들어 갔고, '배만排滿' 과 혁명을 고취하기 위한 것도 있으며, 또 어떤 것들은 정책 결정에 있어 확실히 나름의 독특한 견해를 지녔기 때문에 이들에 대해 합당한 이해와 평가가 있어야 한다. 단지 왕선겸과 같이 극단적인 자신감을 지닌 정인군자正人君子와 같은 자의 비난은 장건張謇과 같은 사람의 탄식을 자아내게 할 뿐이다. "지금이 어떠한 세상인가? 한창여韓昌黎가 말한 바 소인배는 다른 사람들을 평하기 좋아하고 남을 도와 성공시키기를 즐겨하지 않는다. 이는 세상에 군자가 없음을 말하는 것이 아니고 군자는 적고 거짓 군자가 많음을 가리키는 것이다. 의론하는 자들은 항상 불초不肖한 마음으로 남들을 평가하는 법이다."[136] 비록 당시 장건은 격렬하게 성선회를 공격했고 그 가운데에는 정의감과 개인적 이해가 복합적으로 작용되었지만, 이것은 앞서의 것들과는 다른 정정당당한 공격이었고 국가의 복리를 위해 많은 사업을 일으킨 선구자를 인정한 공격이었다. 우리는 중국 근대화를 위해 심혈을 기울인 사람들을 존중해야 하는데 여기에는 주창자, 설계자, 조직가, 실천가 등이 포함된다. 노신魯迅은 첫 번째로 게를 먹는 사람을 용기 있는 자라고 한 바 있다. 그는 게를 먹기 전이나 먹을 때 그리고 후에 숭고한 뜻을 반드시 가지거나 꾸며낼 필요는 없다고 생각하였다. 왜냐하면 그가 후세의 사람들을 위해 어떤 모범적인 활동 보고를 하리라고는 절대 생각하지 않기 때문이다. 또한 이 사람이 먹는 모습이 반드시 우아하고 단정할 필요는 없다고 생각된다. 왜냐하면 통째로 삼키든 산 채로 껍질을 벗겨 먹든 몇 분간의 탐욕에 의한 것이지, 후세의 군자들 같이 게를 잡아들고 국화를 감상하며 술을 마시고 시를 짓는 따위는 결코 하지 않기 때문이다. 성선회와 같이 중국에서 진정으로 '첫 번째로' 감히 나설 수 있는 사람들에 대해서는 이상과 같은 비유는 적절할 것 같다.

이상을 종합해 보면 각종 양무 사업을 일으킨 주요 추동자들은 1860년대에서 1890년대에 걸쳐 이미 하나의 사회 집단을 형성할 수 있었기 때문에 1860년대 이전 고독하게 외쳤던 위원, 풍계분과는 크게 달랐다. 그 가운데 한 그룹은 증국번, 이홍장, 좌종당, 장지동 등 독무들이었다. 이들은 권세, 자금 그리고 군사력을 소지하며 청조의 정책 결정에 영향력을 행사했고, 자신들의 관할 지역 내에서 과감하게 각종의 신식 기업과 사업을 전개할 수 있었다. 두 번째는 곽숭도郭嵩燾, 풍계분馮桂芬, 설복성薛福成, 마건충馬建忠 등과 같은 사상적 선구자였다. 이들은 막부 내외에서 막주幕主에 영향을 주어 결정 과정에 참여하고 여론을 고취시켰다. 세 번째는 서수徐壽, 화형분華蘅芬, 이선란李善蘭, 서건인徐建寅 등 과학자(혹은 기술 관료) 집단이었다. 이들은 자신들의 서재와 실험실로부터 나와 공장 건설과 운영의 책임을 맡았기 때문에 기술 관료 집단이라 할 만하다. 네번째는 성선회盛宣懷, 정관응鄭觀應, 서윤徐潤, 당정추唐廷樞 등 경영 관리자 집단이다. 이들은 비록 출신, 경력, 처지 및 결과 등이 서로 달랐지만 경영 관리에 뛰어난 능력을 발휘했다는 공통점이 있다. 관직과 상업 분야 모두에서(혹자는 상인에서 관료로, 혹자는 관료에서 상인으로 변신하였다) 활약하였지만 그들의 상인 기질은 관료 기질 보다 두드러졌다. 유곤일이 성선회를 두고 "시정 잡배와 같다"고 한 것이나 "실력 이상의 관운을 누린다"고 비난한 것은 이들 개척형, 경영형 기질을 지닌 신흥 경제 관료에 대해 구 관료가 인정하지 못했다는 사실을 드러낸 것이었다. 그러나 그들의 작용은 극히 중요하였다. 독무 집단, 선구적 사상가, 과학 기술 전문가 등 모두 이들의 조직 경영 수완 없이는 자신들의 정책, 관념, 지식 등을 실현시킬 수도 없었고 전국 각지에 분포한 근대 기업과 사업을 추진할 수도 없었다. 만약 각종 양무 사업의 실현이 중국이 농업 종법 사회에서 분리되어 점차 근대화의 길로 접어들었음을 반영하는 것이었다면, 비록 한계가 있지만 이들 집단의 출현은 일군의 지식인들이 구 관료나 문인의 진영에서 이탈하여 자본가 계급, 자본가 계급의 대표, 자본가 계급과 소자산 계급 지식인의 과도적 존재 등으로 넘어가고 있음을 반영하는 것이다.

그러나 중국의 진보에 대한 방해의 힘 역시 매우 컸다. 1860년대 70년대 중국 내부의 억지력이 갖는 위험성은 외부에 존재하는 그것보다 더욱 컸던 것이다.

근대 문화와 근대 경제 사업은 시작부터 수구 세력의 강한 반발을 야기했다. 동문관同文館이 설립되고 얼마 되지 않아 대학사大學士 왜인倭仁은 1867년 3월 상주문을 올렸는데 그 주장의 기본은 이러했다. "나라를 세우는 근본 도리는 예의를 숭상하는 데 있지 권모술수에 있는 것이 아닙니다. 또한 근본적인 것은 사람의 마음에 있지 기예에 있는 것은 아닙니다." 이러한 생각은 선구적인 유신 사상가들의 "오랑캐의 장기를 배운다"라는 관념과 날카롭게 대립하는 것이었다. 그가 보기에 "현재 기술이란 말末을 추구하고 또 오랑캐를 스승으로 받들어 모시고 있지만, 그들의 궤변과 속임수가 아무리 그럴 듯해도 반드시 정수를 전할 수는 없습니다. 설사 그 가르침이 진실 되어 배움에 성과가 있다 해도 술수지사術數之士에 불과합니다. 고금을 통틀어 술수에 의지하여 쇠퇴하고 낙후된 것을 일으킨 예를 듣지 못했습니다. 천하가 이렇게 크니 인재 없음을 걱정할 필요가 없습니다. 예컨대 천문학이나 수학을 반드시 배우고 익혀야 한다면 널리 구할 경우 반드시 그에 능통한 자가 있을 터인데 왜 하필 오랑캐에게 구하려 하는 것입니까? 하필 오랑캐를 스승으로 삼으려 하는 것입니까?… 독서를 중시하는 인사들은 의리에 밝기 때문에 사람의 마음을 다스릴 수 있습니다. 현재 총명하고 우수한 인재를 천거하여 국가가 배양하여 쓸모 있게 만들었는데 변하여 오랑캐를 추종하게 되어 정기正氣를 다 펴지 못하고 사기邪氣가 오히려 충만하니 몇 년이 지나면 중국의 대중 모두를 오랑캐에게 몰아갈 것입니다."[137] 이 상주의 내용은 전통적 '화이의 구별' 관념을 잘 나타낸다고 할 수 있다.

당시 공친왕 혁흔은 군기처軍機處의 일을 주관하고 있었다. 그는 각종의 양무 사업을 지지했고, 상주를 통해 이학理學을 중시하는 이들 수구 세력이 계속 공담만 일삼고, "평화를 주장하든 전쟁을 말하든 모두 근거

없는 것"이라 질책하였다. 또한 당시 "충성과 신의로써 갑옷으로 삼고 예의로써 방패를 삼는다고 말하는데 이 말은 연회에서 술잔을 주고받으며 적을 제압하는 것으로 감히 믿을 만한 것이 되지 못한다"고 하였다. 하지만 왜인은 계속해서 반대의 상주를 하여 이유 없이 분쟁을 일으켰다. 따라서 혁흔 등은 상유上諭를 통해 그에게 "별도의 기관을 설립해 직접 운영하여 동문관이 초빙한 사람들과 서로 연마하도록 하였다." 이를 통해 '그가 확신하는 바'를 증명하라는 것이었다. 소위 '서로 연마하는 것'은 실제적으로는 서로 비교 경쟁하는 것이었다. 이 방법은 매우 효과적이었다. 왜냐하면 도기론道器論과 심성론心性論만을 늘어놓는 이들의 머리에는 실제적인 학문이 없으며 천문학이나 수학 등을 이해하지 못하고, 단지 "신은 이미 이전의 상주를 통해 부족한 바를 아뢰였습니다"라고 하면서 즉각 꼬리를 내렸기 때문이다. 그러나 이들 완고파는 패배를 인정하지 않고 같은 해 여름 직예후보지주直隸候補知州 양정희楊廷熙를 지지하였다. 그는 상주를 통해 동문관의 10가지의 죄상을 지적하였다. 심지어 그 해 여름의 가뭄 또한 "동문관을 설치하고 이치에 맞지 않는 억지를 부리며 적을 스승으로 삼고 원수를 망각하는 등 오랑캐를 다루는 잘못된 정책 때문에 생겨난 것"이라 하였다. 다행히 당시 혁흔은 서태후西太后의 신임을 받았고 청 조정 역시 양무 사업에 대해 비교적 분명한 태도를 갖고 있었기 때문에 동문관은 무사할 수 있었다.

그러나 철로 문제를 둘러싸고 진행된 장기간의 논쟁 가운데에서 수구 세력은 여론의 추이에 큰 영향을 끼쳤다.

1872년 상해의 외국 교민 가운데 일부는 오송도로공사吳淞道路公司를 설립하고 상해－오송吳淞 간 9.25마일 폭 약 15야드의 부지를 사들였다. 표면상으로는 도로를 수축한다는 것이지만, 실제로는 철로 부설을 계획하였다. 1874년 정식으로 오송철로공사가 설립되고 런던에 총사무소가 건립되었다. 자본금은 10만 파운드였다. 철로공사는 도로공사의 토지와 그 권리를 접수하여 1876년 6월 전 노선의 반에 해당하는 상해上海-강만江灣 구간을 완성, 철로 영업을 시작하였다. 상해 외국 교민의 이러한 행동은 일본의 동경東京-횡빈橫濱 간의 철로 부설에 자극 받은 것이었다. 일본 정부는 1868년 이 구간의 권익을 미국 상인에게 주고 1872년 정식으로 개통시켰다. "상해 항의 운송 문제는 동경의 그것과 유사한 측면이 있다. 외국 선박들은 외국 조계에서 20마일 하류 쪽으로 떨어진 오송에 정박하는 것을 더 편리하다고 생각한다. 오송에서 철로로 상해까지 잇는다면 횡빈-동경 철로와 유사한 작용을 하게 될 것이었다."[138] 외국 상인은 당연히 자신의 이익을 위해 일을 추진했지만 이 철로가 하나의 출발점이 되어 철로에 대한 청조 관리의 관심을 증폭시켜 자신들의 통상과 투자 환경이 개선되기를 희망했다.

그러나 순조로웠던 일본에서와 달리 중국에서는 매우 큰 곤경에 봉착했다. 길William John Gill의 『금사강金沙江』(*The River of Golden Sand*)에 따르면 "오송철로가 건축되던 기간과 통행 초기에 아마 상해의 신사紳士의 선동 때문이겠지만 부근 촌락의 인민들 사이에는 심각한 반감이 존재하였다. 심지어 자살을 포함한 다양한 방법으로 철로를 공격하였다." 철로 부설 공정이 반쯤 이루어지고 운행을 시작하자 중국과 영국 사이에 심각한 외교 교섭 문제가 야기되었다. 이는 철로 부설이 중국 정부의 허가를 얻지 않은 채 이루어져 중국의 주권 문제와 관계되었기 때문이었다. 양측의 반복된 격렬한 논쟁과 타협 끝에 1876년 10월 마침내 『수속오송철로조관收贖吳淞鐵路條款』이 체결되어 중국은 2,851,000량의 평은平銀을 지급하는 조건으로 철로를 인수 운영하기로 하였다. 소위 '인수 운영'은 체면 유지를 위한 말이고 결과는 그 일을 포기하는 것이었다. 왜냐하면 당시 중국에는 기관차와 철로와 같이 풍수용맥風水龍脈을 파괴할 수 있는 새로운 사물을 받아드릴 사회 심리 상태가 부족하였기 때문이었다.

이 철로를 이용한 사람들은 신식 교통수단의 우월성을 충분히 느낄 수 있었다. "(열차가 출발한 후) 서서히 움직이면서 점점 빨라져 번개나 폭풍과 같이 빠르게 철로 위를 달려 나갔다. 철로는 평행하게 이어져 양쪽 간격이 가지런하고 열차는 오차 없이 곧 바르게 전진하여 타기에 꽤 편안하였다. 마을, 구름, 나무, 뽕밭 등을 지나쳐 가는데 날개 없이 하늘을 나는 듯 무섭게 질주하였다. 얼마 되지 않아 12리를 달려 강만에 도착하였다." 그러나 그들은 철로가 장차 어떠한 결과를 가져올지 제대로 전망할 수 없어 많은 걱정을 하였다. 그들에 따르면 "서양인들이 시작한 철로는 반드시 직선으로 뻗어나가 집, 논밭, 분묘 등을 무수히 파괴하면서 점차 내지까지 침투할 것이니 청 조정은 관리의 보고에 따라 그를 금지시킬 날도 이제 얼마 남지 않았다."[139]

오송철로가 철거되고 3년이 지난 뒤 철로 부설을 둘러싼 논쟁이 다시 제기되었다. 먼저 전 직예총독 유명전劉銘傳은 1880년 말 다음과 같이 주장하였다. "철로가 조운, 구제 사업, 상업 활동, 광업 활동, 이금釐金 징수, 여행 등에 유익하다는 사실은 분명하다. 또한 군사 방면에도 특히 유용하니 조속히 건설해야지 더 늦출 수는 없는 일이다." 아울러 외채를 끌어 들여 두 노선을 부설할 것을 건의했는데 그 하나는 한구漢口—하남河南—북경北京 노선이고 다른 하나는 청강淸江—산동山東—북경北京 노선이었다. 상소가 있자 바로 격렬한 논쟁이 이어졌다. 시독학사侍讀學士 장가양張家驤은 먼저 반대하면서 철로 부설에 '3가지의 큰 폐단'이 있음을 지적하였다. 이홍장은 유명전의 건의를 적극 지지하면서 철로의 유익함과 필연성을 강조하였다. 그들의 주장은 즉각 수구적이고 무지한 관원들의 반발을 초래하였다. 혹자는 철로의 '다섯 가지 해악'을 또 다른 이는 철로에 '9가지의 불리함'이 있다고 지적하였다. 심지어 프랑스 부공사로 파견되었던 유석홍劉錫鴻조차 철로에는 "할 수 없는 것이 8가지, 불리한 점이 8가지, 유해한 것이 9가지나 되니" 해만 끼칠 뿐 무익하여 부설할 수 없다고 하였다. 수구파의 철로 반대 이유들은 현재의 시각에서 본다면 논할 가치조차 없는 것이지만 당시에는 겹겹이 쌓여 있는 족쇄처럼 사람들의 사고와 행동을 구속하였다.

이후 프랑스와의 전쟁에서 병력 운송 곤란 문제를 접하고 나서 청 조정은 여러 반대 의견을 배척하고 1887년 진고철로津沽鐵路를 먼저 부설하기로 결정하였다. 다음 해 그 노선은 완성되었다. 하지만 원래의 계획에 따르면 통주通州까지 연장될 것이었지만 "전 조정을 놀라게 하였기" 때문에 이 부설 계획은 또 다시 당분간 잠시 보류되었다.

일본의 사네로 케슈實藤惠秀(1896－1985) 교수는 중일 간의 근대 초기 경제, 정치, 법률, 교육 기관 상황을 다음과 같이 비교하였다.[140)]

분야	일본		중국		년차
	항목	년도	중국	년도	
외국어 학교	양학소洋學所	1855	동문관同文館	1862	7
기선 구매	함해환咸海丸	1857	상선 아든Aden호 구입	1872	15
유학	네덜란드	1862	미국	1872	10
공장	횡수하조선소 橫須賀造船所	1864	안경군계소安慶軍械所	1861	(-3)
문자개혁운동	『한자어폐지지의 漢字御廢止之儀』	1866	『일목료연초계 一目了然初階』	1892	26
잡지	『서양잡지西洋雜誌』	1867	『시무보時務報』	1896	29
조령詔令	오조서문五條誓文	1868	과거폐지조서科擧廢止詔書	1905	37
신문	『중외신문中外新聞』	1868	『소문신보昭文新報』	1873	5

분야	일본		중국		년차
	항목	년도	중국	년도	
전신	동경東京－횡빈横檳	1869	상해上海－홍콩	1871	2
화폐 제도	신 화폐 제도	1871	법폐法幣 발행	1935	64
두발	자유형	1871	변발辮髮 폐지	1911	40
기차	동경東京－횡빈横檳	1872	상해上海－오송吳淞	1876	4
달력	양력	1873	양력	1912	39
민중정치운동	민선의원설립건의 民選議院設立建議	1874	공거상서公車上書	1895	21
국립대학	동경대학東京大學	1877	경사대학당京師大學堂	1902	25
입헌 예고 立憲豫告	국회설립조서 國會設立詔書	1881	예비입헌상유豫備立憲上諭	1906	25
헌법 반포	대일본제국헌법 大日本帝國憲法	1889	중화민국헌법中華民國憲法	1947	58

위의 비교는 비록 모두 정확하다고는 할 수 없지만 일본 근대화가 상당히 빠르게 진척을 보이고 있는 반면 중국은 상당히 느리게 전진하고 있음을 보여주고 있다.

물론 일체의 잘못을 수구파의 방해 탓으로 돌릴 수만은 없다. 이미 살펴보았던 사회 구조 등 당시 중국의 상황을 제외하고도 양무 집단 자체의 약점 역시 큰 한계로 작용하였다. 이 약점에 대해 곽숭도는 가장 분명하게 분석할 수 있었다. 왜냐하면 그는 양무 집단의 중요 성원이었고 또한 세계의 차원에서 자신의 집단과 사업을 엄격하게 평가할 수 있었기 때문이었다. 그가 생각하기에 각 성의 총독과 순무 가운데 진정으로 '양무를 제대로 아는 사람' 은 단지 이홍장, 심보정沈葆楨, 정일창丁日昌 세 명뿐이었다. 그는 "합비合肥(이홍장)는 전체를 볼 수 있고, 심상서沈尙書(심보정)는 그 실질을 얻을 수 있으며, 정중승丁中丞(정일창)은 그 정수를 얻을 수 있다" 고 보았다. 그러나 곽숭도는 그들이 "중체서용" 의 틀을 아직 벗어나지 못하고 "단지 서양인의 지엽적인 것만을 구하지, 그 근본을 잊는다"고 비판하였다. 그는 분명하게 서구 국가의 문명 진화를 인식하여 사회 제도, 정치 제도, 과학, 기술, 문화, 학술, 풍속, 습관 등 각 방면의 혁신과 진보에 대해 언급하였다. 만약 이와 같은 환경 전체의 변혁을 고려하지 않고 단지 서양의 군수 물자만을 고려하거나 외국의 군사 명령 체계와 진법, 조례 등을 받아들이고 몇몇 군수 공장을 세우거나 몇몇 항로를 개설한다면 성공하기 힘들 것이었다. 더욱이 양무 추진과 경영을 맡았던 관료들의 부패와 우매함 때문에 그는 상심하였다. 그는 외국인의 설명을 빌어 자신의 실망감을 드러내었다. "프라이어는 상해에서 경험한 두 가지 사건에 대해 언급하였다. 1874년 일본이 대만에 군대를 파견하자 청조는 연해 지역을 방비하기 위해 기선 한 척을 오송강吳淞江 입구에 정박시켜 만일의 일에 대비토록 하였다. 수병이 총 300여 명이었으나 출항 명령이 있자 6-70명이 병을 핑계로 작전에 참여할 수 없다고 하였고, 꽤 시간이 흐른 후 명령이 실행되자 이번엔 사직을 청한 자가 반이고 도망자 역시 반이나 되었다. 결국 오송에 도착해 보니 남은 자는 20여 명에 불과하였다... 하루는 대포 주조 공장에 들러 내연 기관 작동 상황을 둘러보는데 한 소년이 다루고 있었다. 단지 2촌寸 길이의 기기機器를 사용하였기 때문에 기관이 계속 헛돌고 있었다. 따라서 그에게 '이 기관을 제대로 작동시키려면 긴 것을 버리고 짧은 것을 써서는 안 된다'고 질책하자 그는 '나는 여기에서 대충 시간만 때우면 되고 총판總辦은 이를 알 수 없으니 나한테 뭐라 하지 말라'고 대꾸하였다." 곽숭도는 이와 같이 부패한 정황을 들은 후 매우 상심하였다.

"귤이 회수淮水를 넘어 북쪽으로 가면 탱자가 되는데 이는 환경의 차이 때문이다."[141] "귤이 회남淮南에서 나면 귤이지만 회북淮北에서 생산되면 탱자가 된다. 잎은 서로 비슷하지만 그 맛은 서로 다르다. 왜 그럴까? 물과 토양이 서로 다르기 때문이다."[142] 선진적인 서구 과학 기술, 설비 그리고 기업 조직이 이미 쇠락한 청조로 유입되면 이렇게 왜곡된 형태로 바뀌었고 그 결과물 역시 전혀 다른 것이 되고 말았다. 여기에는 사회, 문화 토양의 문제도 있고, 기업 경영자와 노동자의 소질 문제도 개입되어 있다. 곽숭도는 중서 문화에 대해 비교적 깊이 있는 비교 연구를 했기 때문에 그 요체를 제대로 이해할 수 있었다. 그는 "서양의 문물에서 취할 바가 어찌 총포만이겠는가? 사람들의 마음과 풍속이 이렇게 극단적으로 피폐해졌는데 총포를 얻는다면 침략과 약탈을 이롭게 할 뿐이다. 그런데 서로 속이고 모함하면서 태연히 일을 처리한다. 프라이어의 말을 들으니 더욱 한탄스러울 따름이라 하였다"

"속이고 모함하면서 태연히 일을 처리한다." 이 말은 양무 사업 전체의 한계를 지적한 것으로, 단지 남양南洋, 북양수사北洋水師나 강남제조국江南製造局만을 대상으로 한 것이라 할 수 없다. 소위 '동치 광서 신정'의 한계가 집중적으로 폭로된 것은 청일전쟁 기간이었지만 그 부패상은 2–30년 이전에 나타나기 시작했던 것이다.

"귤이 탱자로 변한다."는 사실을 보여주는 또 다른 예는 태평천국이 기독교를 도입한 부분에서 찾을 수 있다. 홍수전洪秀全(1814–1864)은 본래 어려서부터 전통 문화 교육을 받은 구식 인물이었다. 하지만 여러 차례 시험에 낙방한 이후 "학문을 통해 관리로 나가는" 길을 포기하였다. 1843년 마지막으로 과거에 낙방한 후, 7년 전 광주廣州에서 우연히 입수한 『권세양언勸世良言』을 열심히 읽고 그 가운데 많은 계발을 얻었다. 그 책의 저자 양아발梁阿發(1789–1855)은 본래 인쇄 노동자였지만, 영국 선교자 모리슨Robert Morrison(1782–1834)에 고용되어 전문적으로 『성경』 중역본을 인쇄하였고 후에 중국 최초의 목사로 훈련받았다. 그는 교육 수준의 한계 때문에 중서 문화에 관한 소양이 부족했고 『성경』에 대해서도 체계적인 이해에 도달할 수 없었다. 따라서 그의 『권세양언』은 2백년 전 마테오 리치Matteo Ricci(1552-1610)가 저술한 『천주실의』와 같이 체계적이거나 고상한 품격을 갖추지 못했다. 단지 『신약』, 『구약』 가운데 단편적인 부분만을 발췌하고 중국식으로 견강부회하면서 반복적으로 하나님을 숭배하고 예수님을 경배하며 우상 숭배를 배척할 것을 강조하였다. 그리고 천당은 영원한 쾌락이며 지옥은 영원한 고통이라는 통속적 교의만을 설파할 뿐이었다. 그러나 현실 생활 가운데 실의에 빠진 자나 고통을 받고 있던 사람들은 제대로 각성되기 이전에는 종종 쉽게 종교로부터의 위안을 얻거나 마음 속의 허전함을 달래기 마련이었다. 홍수전은 바로 이렇게 『권세양언』이 선전하는 원죄설, 유일신 숭배, 하늘의 계시 실천, 악행 금지 등 평이한 교의를 받아들이게 되었다.

사회 모순이 격화되고 홍수전이 청조에 반대할 것을 결심함에 따라 『권세양언』이 선전하는 이와 같은 조악한 교의는 점차 더 큰 영향력을 행사하게 되었고, 당연히 이 과정에서 홍수전의 가공 작업을 거치게 되었다. 홍수전은 기독교의 교의 가운데 사명감과 헌신적 자각을 받아들이고 박애와 평등의 사상을 흡수했으며 또한 이로부터 간음, 사악, 사기, 폭력, 학대 등을 반대하였다. 그는 평생 하나님의 복음을 신봉하고 전도할 것을 결심했을 뿐만 아니라 하나님의 의지대로 혼탁한 암흑 세계를 세척하고자 갈구하였다. 실제로 그는 수억 중국 농민의 원망을 대표하였다. 그들은 인내심을 갖고 미래의 천당, 쾌락을 즐기는 데에 만족하지 않고 현실 생활 가운데 자신의 지위와 대우가 개선되기를 갈망하였다. 홍수전은 종교 언어로 이러한 희망을 나타내었다. 그는 천당을 두 종류로 나누어 대천당大天堂은 하늘 위에 소천당小天堂은 인간 세상에 있다고 보았다.

왕경성王慶成은 역작 『태평천국의 역사와 사상』을 통해 심도 있고 치밀하게 다음과 같이 분석하였다. "천당, 지옥은 영혼이 머무는 곳으로 피안의 세계이지만 태평천국의 종교는 상당 정도 이 천당을 인간화하였다. 이점에서 태평천국은 농민봉기의 요구에 적응할 수 있었다." 홍수전이 포교한 것은 중국화된 기독교로서 거기에는 많은 부분 이단적 색채를 분명히 지니고 있었다.

태평천국은 난을 일으킨 이후 남에서 북으로 파죽의 기세로 진격하여 금릉金陵에 도읍을 정하고 천조天朝를 건립하였다. 그리고 북벌北伐과 서정西征 과정에서 혁혁한 승리를 거두었다. 태평천국의 기독교적 특색은 약간의 외국인과 중국의 선구적 유신 사상가의 관심을 촉발시켜 태평천국이 비교적 쉽게 서구 근대 문명을 받아들여 부패한 청조를 대신하는 새로운 국가가 될 수 있다는 생각을 갖게 하였다. 그러나 바로 이들의 판단이 착각이었음이 판명되었다. 광대한 농민 반항에 의거하여 건립된 천조 역시 농업 종법의 수구 왕조란 틀을 벗어날 수 없었다. 위에서 서술한 왕경성의 책 가운데 「태평천국 상제上帝의 대가정大家庭과 소가정小家庭」이란 논문에는 흥미로운 지적이 있다. "태평천국의 종교 관념 가운데에는 하나님을 가장으로 하고 천하의 사람들을 형제자매로 하는 대가정 이외에 하나님, 예수, 홍수전, 홍천귀복洪天貴福 등 '부자공손父子公孫'을 중심으로 하는 소가정이 있다. 이러한 소가정 내에서 하나님은 여전히 가장이고 예수는 큰 아들이며 홍수전은 둘째 아들, 홍수전의 아들 홍천귀복은 예수의 조카, 하나님의 손자가 된다. 또한 하나님과 예수의 처는 홍수전의 천마天媽(할머니), 천수天嫂(형수)가 된다. 이밖에 양수청楊秀淸, 풍운산馮雲山, 석달개石達開 등 역시 한 때 불분명하지만 이 가정의 성원이었다. 하지만 후에 단지 양수청만이 하나님의 셋째 아들로 확정되었다." 이상은 하나님을 세속화시킨 것이고 서구의 하나님을 중국의 종법 체계 내로 편입시킨 것이다. 문제는 여기에만 있는 것이 아니었다. 현실의 권력 분배도 최종적으로 이 종법 체계에 따르게 되었다는 데에있었다. 가상, 장자 등의 지위로부터 얻어지는 하나님과 예수의 많은 권리는 추상적이고 그들의 부인인 천마, 천수 역시 추상적 권리를 지녔다. 반대로 둘째 아들인 홍수전 그리고 이들 가계 내에 위치한 제왕諸王 등이 얻는 서로 등급을 달리하는 권리는 실제적인 것이다. 태평천국의 지도 집단은 한편으로는 남영男營, 여영女營 등을 조직하여 다른 일반인의 가정을 파괴하면서, 다른 한편으로는 엄밀한 종법 체계로써 자신의 가족 및 종족을 건립하였다. 또한 그 가계 내의 위계에 따라 권리와 물자를 나누어 갖는 최상층을 형성하였다. 종법 제도와 위계제의 상호 결합 및 각종 봉건 왕조 폐단의 부활과 부정적 발전은 태평천국 실패의 중요한 원인이다.

증국번은 『토월비격討粵匪檄』 가운데 태평천국을 다음과 같이 공격하였다. "당唐, 우虞, 삼대三代 이래 역대의 성인 모두 명교名教를 지탱하고 인륜을 돈독히 하여 군신君臣, 부자父子, 상하上下, 존비尊卑가 정연하니 마치 관모와 신발을 바꾸어 쓸 수 없는 것과 같다. 월비粵匪(태평천국군: 옮긴이)가 서양 오랑캐의 것을 몰래 가져다 기독교를 숭배하고 스스로 군주 재상을 칭하고 아래로 병졸 천민까지 모두 형제로 칭한다. 단지 하나님을 아버지라 하고 그 외에 백성의 아비, 어미를 모두 형제, 자매라 한다. 농민은 스스로 농사를 지어 세금을 낼 필요가 없는데 토지가 모두 천주天主의 것이기 때문이며, 상인은 스스로 장사하여 이윤을 취할 수 없는데 물건 모두가 천주의 것이기 때문이라 한다. 사대부는 공자의 경전을 읽을 수 없고 별도로 예수의 말이나 『신약』을 봐야 했다. 수천 년 동안 중국에서 지속되어 온 예의, 인륜, 시서 그리고 제도 등 모두는 일거에 사라져 버렸다. 이 어찌 청조만의 변고라 하겠는가? 개벽開闢 이래 명교名教의 기변奇變인 것이다. 우리의 공자, 맹자가 구천에서 통곡할 바인데 무릇 지식인은 어찌 수수방관하며 아무 것도 하지 않으려 하는가?" 증국번의 뼈저린 반성과 격앙된 어투를 통해서, 사람들은 구 사회 제도와 의식 형태를 개조하고자 하는 태평천국의 혁명 성질을 지나치게 과대평가하면서, 반면에 『토월비격』의 책략적 의의를 무시하였다. 그는 명교 윤리를 태평천국이 반대하였고, 전통 경전을 파괴하였음을 의도적으로 과장하였다. 그 목적은 태평군이 기독교를 신봉하며 난을 일으키는 무리이기 때문에 전통을 유지하고 또 전통 질서 가운데 기득권을 향유하고 있던 사람들이 나서 이 농민반란을 진압하게 하려는 데에 있었다. 사실상 태평천국의 반전통주의는 그다지 중요한 의의를 지니지 못한 것이었다. 천경天京에 수도를 정한 이후 위 아래의 등급은 엄밀하고 부패는 날로 심해졌으며, 윤리 명교와 공맹의 도는 여전히 홍씨洪氏 왕조를 지탱해주는 정신적 지주였다. 비록 조악한 기독교 교의를 억지로 갖다 붙였지만 결국엔 중국의 것도 서양의 것도 아니고 이도 저도 아닌 잡동사니와 같이 되어버렸다.

베버Max Weber(1864-1920)는 일찍이 신교 즉 칼빈교 신앙과 자본주의 정신 사이의 관련성을 검토할 때 칼빈교의 교의가 자본주의 정신의 생성과정에서 적극적인 작용을 하여, 합리적 경제 활동의 사상과 배후 역량으로 작용하였다고 주장하였다. 베버에 따르면 합리적 경제 행위는 '천직天職'과 '소명召命'(call) 관념 위에 형성되고 이러한 관념은 기독교의 금욕주의 정신에서 비롯되어 자본주의 정신의 근본 요소 가운데 하나가 되었다. 베버 이론의 편파성과 불확실성 문제를 제외하고 이성적 자본주의가 필요로 하는 정신 신앙이라는 좁은 범위에서 본다면, 태평천국과 같이 많은 황당한 관념들을 혼합시킨 종교 사상으로는 사람들을 중세기의 암흑에서 벗어나게 하기 힘들었다.

태평천국 후기 지도자들 가운데 기독교의 교의와 서구 근대 문명에 대해 비교적 제대로 이해한 사람은 단지 홍인간洪仁玕뿐이었다. 그는 천조에 뒤늦게 참가한 손님이었을 뿐만 아니라 우매하고 낙후된 분위기 가운데 고독하게 깨어 있던 인물이었다. 그는 일찍이 『자정신편資政新篇』을 제출하여 서구의 방식에 따라 국가를 개조하려 하였다. 그러나 그는 정치적으로나 사상적으로 태평천국의 기존 틀을 변화시킬 수 없었다. 그의 언행을 제약하는 힘은 살아 있던 천왕의 절대 권력에서도 왔지만 이미 죽은 동왕東王 양수청으로부터도 왔다. 홍인간은 신천新天, 신지新地, 신세계新世界 건설이라는 자신의 청사진을 던져 버리고 태평천국의 사상, 행위, 언어 등 규범에 따라 천왕에 충성을 다하는 보좌 역할에 충실하는 데 노력할 뿐이었다. 후세의 사람들이 홍인간의 마음속에 초기 유신 사상가와 같은 고독감이 있는지 여부를 판단하기는 어렵다. 하지만 적어도 그의 결말이 곽숭도 등과 비교할 때 더욱 비참했다고는 할 수 있다. 왜냐하면 곽숭도는 적어도 이홍장 등의 정책 결정에 영향력을 행사할 수 있었기에 몇몇 새로운 공장의 건립을 직접 볼 수 있었기 때문이다. 그러나 홍인간은 천왕이 몽환 속으로 빠져 들어가고 천경의 몰락과 태평천국의 붕괴를 지켜 볼 수밖에 없었다.

태평천국은 다른 것과는 비할 수 없는 사회에 대한 충격력을 지니고 있었다. 이러한 충격력이 만약 명확히 혁신을 요구하는 사회 집단과 결합되었다면 중국을 비교적 빠르게 근대화의 길로 추동할 수 있었을 것이다. 그러나 이 방면에 있어 중국은 또한 일본과는 다른 상황에 놓여 있었다. 일본 학자의 연구 성과에 따르면 일본의 막부 말기 사회 모순은 격화되어 농민반란이 도처에서 일어나 전 사회가 불안정한 상태에 빠지게 되었다. 1590년－1867년(대체로 도쿠가와 시대 전체에 해당된다)의 278년 동안 농민반란은 총 2,809 차례 발생하여 평균 1년에 10여 차례 발생했다고 할 수 있다. 그 가운데 1,192건이 메이지유신 이전 67년 동안 발생하여 평균 1년에 18차례였다. 이들 반란은 덴보天保(1830－1844년) 년간과 게이요慶應(1865－1868년) 년간에 특히 집중되어 두 차례의 고조기를 형성하였다.[143] 이러한 상황은 제1차 중영전쟁 후의 중국과 꽤 유사하였다. 반란의 규모와 조직 정도는 태평천국의 그것과 큰 차이를 보이지만, 게이요 년간 반란이 고조됨에 따라 존왕양이파尊王攘夷派는 전략을 공허한 '양이攘夷' 주장에서 '개항開港 토막討幕'으로 전환하여 여러 막부 반대 세력을 연합하여 막부를 타도하기로 하였다. 1862년 초 장주번長州藩 존왕양이파 지도자 구사카 겐즈이久坂玄瑞(1840－1864)는 토좌번土佐藩의 존왕양이파 지도자 다케치 즈이잔武市瑞山(1829－1865)에게 보내는 편지에서 다음과 같이 언급하였다. "제후들도 공경公卿도 믿을 수 없습니다. 재야지사在野志士와의 연합 이외에는 방법이 없습니다. 이 또한 우리가 모두 알고 있는 바입니다. 경솔함을 용서해주기를 바랍니다. 하지만 대의가 있으니 설사 우리의 번이 망한다 할지라도 애석할 게 없습니다."[144] 이와 같은 결사항전 각오를 지닌 '재야지사 조직 결정론'은 비록 유신지사와 농민반란을 직접 결합시키지 못했지만 적어도 두 가지의 측면에서 적극적인 작용을 하였다. 하나는 투쟁의 방향을 막부에 집중하면서 차라리 국체 유지의 전제 하에 개항하여 외적의 간섭을 피할지언정, 메이지유신 이전 역량을 분산시켜 농민반란을 진압하지 않았다. 둘째, 토막討幕 과정에서 재야지사를 이용하는 데에 주의하였는데 이 가운데는 종종 공상업 경영을 겸하는 호농豪農과 토지 경영을 겸하는 호상豪商이 포함되어 있었다. 이들 재야지사들은 분명한 자본주의적 지향을 지니고 있었고 막부 타도의 무장 투쟁 가운데 중요한 작용을 하였다. 메이지유신 이전의 정치 상황과 다르게 중국의 초기 유신 사상의 선구자들은 농민반란에 반대하고 적대시하는 태도를 취하였다. 일부는 농민반란 진압에 직접 참여하기도 하였다. 그들이 양무 집단에 몸을 던진 초기의 주요 임무 역시 태평천국, 염군捻軍 및 각지의 소수 민족 반란을 진압하는 것이었다. 시간이 경과하고 규모가 커졌음에도 이러한 태도의 변화는 두드러지게 나타나지 않았다. 단지 1880년대 이후 그들은 비로소 외국으로부터의 침략에 주의를 기울이기 시작하였다. 1861년 초 양무 집단의 지도자 혁흔 등은 이렇게 상주하였다. "금일의 국제 정세를 논한다면 태평천국과 염군의 반란은 심복心腹의 걱정입니다. 러시아의 영토는 우리와 서로 접하고 우리 영토를 잠식할 뜻이 있으니 팔꿈치와 겨드랑이의 우환이라 할 수 있습니다. 영국은 무역, 통상에 뜻이 있지만 포학하여 인간의 도리가 없어 제한하지 않으면 자립할 수 없으니 팔, 다리의 걱정이라 할 수 있습니다. 따라서 먼저 태평천국과 염군을 멸하고 다음에 러시아 그리고 그 다음에 영국을 다스리면 될 것입니다."[145] 양무 집단은 통치 계급 가운데 비교적 개명적이면서 실력을 갖춘 집단이지만 농민반란을 대표적인 적으로 삼았고 그들과 소수민족 군대를 20여년 동안 싸워서 죽였다. 당연하게 그들은 농민반란 진압을 이용하여 자신의 세력을 증진시키고 서양의 총포 및 기선을 통해 자신의 군대를 무장하였으며 몇몇 근대 군수 공업과 민수 공업을 건립하여 마침내 명실상부한 지방의 실력가로 부상하였다. 그러나 그들은 일본의 장주長州, 살마번薩摩藩 등의 존왕토막파尊王討幕派와 같이 메이지유신을 일으킬 수는 없었다. 그들은 중국의 대일통大一統 정치 구조 아래서 단지 부패 왕조의 앞잡이 노릇만을 계속할 수 있을 뿐이었다.

태평천국의 역사적 공헌은 주로 파괴에 있지 건설에 있다고 할 수 없다. 그들은 엄청난 위력으로 중국 최후의 왕조에 충격을 가하여 그것을 뿌리부터 동요하게 만들고 붕괴의 지점으로 몰고 갔다. 그러나 그들의 파괴는 결코 농업 종법 사회가 오랫동안 의지해 오던 과거의 토양까지 없앨 수는 없었다. 천년 이상 동안 이 토양은 너무도 단단해져 개별 왕조의 교체만 있었을 뿐 진정한 사회 혁신은 출현하기 어려웠다. 아마 역사가 태평천국에게 요구한 것은 바로 맹렬한 기세로 중국의 생기를 촉발시켜 사람들을 깊은 잠에서 깨어나도록 하는 것이었을 것이다. 양무 집단은 태평천국의 난을 이용하여 근대 공업을 일으켰고, 무술유신은 태평천국의 위력을 이용하여 황제에게 변법을 재촉하였다. 또한 손문은 공공연히 홍수전과 양수청을 계승하는 모습을 내세워 신해혁명을 일으켰다. 앞선 사람들의 공로가 없다 할 수 없고 완전무결함만을 요구할 수도 없다. 과대평가와 함께 과소평가 역시 사학가가 피해야 할 바이기 때문이다.

그러나 가장 아쉬운 점은 중국이 1860년대에서 70년대에 걸쳐 전쟁에 겨를이 없었기 때문에 개혁, 진흥, 발전 등의 역사적 호기를 놓친 것이었다. 이후 비록 더욱 각성하고 더욱 분발하여 새로운 것을 추구하였지만 도리어 더 가혹한 국제적 환경에 처하게 됨에 따라 그 어떤 중대 혁신도 이루어 낼 수 없었다.

제8장

험난한 이탈 과정

제1차 중영전쟁 이후 중국 100여 년의 역사를 총체적으로 볼 때 전통문화에 대한 전면적 이탈은 청일전쟁 이후 시작되었다. 전반기 50년은 정식 이탈 과정을 위해 필요한 부분이지만 지나치게 많은 복선을 깔은 것 같다.

청일전쟁은 두 차례의 중영전쟁 그리고 중불전쟁中佛戰爭과 비교해 보면 보다 전면적이며 철저한 실패였다. 중국은 영토의 할양 이외에도 전래 없이 많은 배상금을 지불해야 했다. 또한 중국 내지에 외국인의 공장 부설이 인정되어 농업 종법 사회의 경제 구조에 강력한 충격이 미치게 되었다. 전쟁의 실패 때문에 사람들의 사상은 더 큰 타격을 받았다. 과거 몇 차례의 전쟁 패배는 그래도 백인종 서구 국가에 의해 당한 것이었다. 수십 년의 관찰과 연구를 통해 마침내 이들 영국과 미국 등이 결코 상상했던 야만인이 아니라 문명 부강의 경제 발달 국가였음을 깨달았다.

따라서 이들 국가에게 패한다는 것은 어쩌면 당연한 일이었다. 하지만 이제 줄곧 중국을 따라 배워 왔던 섬나라 일본에게 패배를 당했고, 그 시점이 일본이 유신을 시작한 지 불과 20여년 밖에 지나지 않았다는 사실에 사람들은 크게 놀랐다. 이와 같은 일본의 당당한 도전에 대한 반응은 두 방면에서 나타났다. 하나는 '대청제국' 이 미미한 일본에게 패한 것은 그만큼 나라의 부패가 심하고 사태가 긴박한 것임을 나타낸 것이기 때문에 그 위기감을 더욱 증폭시켰다. 다른 하나는 일본이 서구의 것을 학습함에 있어 큰 효과를 봤으니 서구 내지는 일본을 배우자는 자각성을 증강시킨 것이다. 형세의 급속한 전개에 따라 사람들 또한 다시는 "중체서용" 이라는 협소한 방식을 받아들일 수 없게 되었고, 자신의 사상 해방을 요구하고 포부를 펼치며 더 광활한 공간에서의 서구 학습과 변법을 통해 부강해지기를 추구하였다.

청일전쟁 이후 진보 지식계의 사상은 갈수록 빠르게 변화하였다. 1903년 이 짧은 시기의 사상 변화에 대한 한 회고가 있다. "청일전쟁, 의화단전쟁 이후 양자강 이남의 6—7개 성의 인사들은 구 정치, 구 학술, 구 사상 등의 문제에 대해 일제히 비난하면서 다투어 신 지식, 신 학술을 받아들였다. 현재 자유 민권론이 크게 유행하여 막을 수 없을 정도니 지식과 교육 방면의 진보가 없다고 할 수 없다."[146] 이것은 주로 동남 연해 지역 지식계의 분위기를 반영한 것이지만 대체로 사회사상 발전의 전체 추세를 반영한다고 할 수 있다.

만약 곽숭도가 일찍이 청일전쟁이 발생하기 10여년 전에 양무 집단이 서구의 것을 학습하는 방식에 대해 "말末만 치중하지 그 근본을 잊고 있으며 헛되이 돌아가느라 그 근원을 모호하게 한다"고 비판했다면, 1884년 10월 전 양광총독兩廣總督 장수성張樹聲은 유접遺摺 형식으로 제출한 정론政論을 통해 이미 서방 국가의 본질에 대해 비교적 구체적으로 탐구하여 서양이 부강해진 근본에 주목해야 한다고 확실히 주장 하였다. 즉 "근자에 사대부들은 점차 외교에 대해 명확히 알게 되고 양무를 중시하고 또 해방을 도모하니 이는 중외中外 모두 일치하는 바입니다. 무릇 서양인의 입국立國에는 본말이 있는 법입니다. 비록 예악, 교화 등에 있어서는 중화에 한참 미치지 못하지만 부강에 이르는 데에는 체體와 용用을 갖추고 있습니다. 학교에서 인재를 양성하고 의회에서 국정을 논하니 군주와 인민이 일체가 됩니다. 또한 상하의 마음이 같으며 실질에 힘쓰고 공허함을 경계하며 또 미리 계획을 세운 후에 실천에 옮기는데 이는 곧 체體입니다. 기선, 대포, 총기, 수뢰水雷, 철로, 전선 등은 그 용用입니다. 중국이 그 근본을 버리고 그 용만을 취한다면, 힘겹게 그 뒤를 추종한다고 해도 항상 미치지 못할 것이며, 설령 철갑선을 만들고 철로를 사방에 부설한다고 해도 과연 그 결과를 믿을 만하겠습니까?" 그 주접 가운데에는 "성인은 만물을 스승으로 삼으니 서양인의 체를 채택하고 그 용을 실행해야 합니다"라는 주장도 있다.[147] 유접은 장수성이 구술한 것을 다른 사람이 받아 적은 것은 것이라 하는데 구체적인 상황은 분명치 않다. 학자 가운데 다수는 이 상주를 근거로 장수성이 선진적 사상을 지녔으나 평상시에는 마음속에 깊이 가둬두고 있다 죽음에 임박해 유언의 형태로 표현한 것으로 이해하였다. 하지만 유접 가운데 정리된 주장 모두는 반드시 장수성 개인의 것이 아니며 심지어 그의 견해가 아닐 수도 있다고 판단된다. 더욱이 이 주장은 그의 막료幕僚나 가인家人의 집단 의견이거나 어떤 사람이 장수성을 핑계로 제안한 것일 가능성이 더 높다. 유접이 이루어지는 과정에는 여러 가지의 경우가 있다. 어떤 것들은 작자가 죽기 이전 정신이 비교적 또렷하여 자신이 직접 작성한 것이다. 이러한 경우 본인의 사상을 비교적 충분히 대표할 수 있다. 또 어떤 경우는 임종 시 직접 작성할 수 없어 다른 사람이 초고를 대필할 수 있는데 이때는 본인이 다시 검토할 수도 있지만 바로 죽어 보지 못할 경우도 있다. 이런 유접이 그 본인의 실제 사상을 대변한다고는 할 수 없을 것이다. 예컨대 웅동화翁同龢는 임종 시 장건張謇에게 유소遺疏의 초안 작성을 맡겼다고 한다. 하지만 그가 1904년 7월 4일 죽었는데 장건은 7월 9일에야 비로소 그의 부고訃告를 접했으니, 유접은 사후에 작성되어 상주되었다고 해야 할 것이다. 이밖에 일반 유접은 모두 상투어와 천편일률적인 표현으로 가득 차고 군왕의 은덕에 대한 감사와 미련 때문에 감동의 눈물을 주체 못한다는 내용뿐이었다. 그러나 장수성의 유접 가운데에는 실질적인 내용도 일부 있고, 당시 유신 사상의 발전과도 호응하는 바가 있어 중요한 가치를 지니기 때문에 이미 일부에 의해 중시되었다.

마땅히 지적해야 할 것은 1884년 정관응鄭觀應의 『남유일기南游日記』에도 매우 비슷한 표현이 있다는 점이다. "내가 평상시 서양 입국의 근본에 대해 살펴보니 체와 용이 겸비되어 있음을 알게 되었다. 학교에서 인재를 교육하고 의회에서 국정을 논하여 군주와 인민이 일체가 되고 상하의 마음이 같으니 이것이 체이다. 병사를 훈련하고 기계를 제조하며 철로, 전선 등을 부설하는 것은 용이라 할 수 있다. 중국이 그 근본을 버리고 그 용만을 본받으려 한다면 일은 번잡해지고 서로 모순되어 부강의 길로 나아가기 힘들 것이다." 이 일기로부터 다음의 사실을 알 수 있다. 정관응은 황제의 명에 따라 1884년 초 광동에 도착하여 병부상서兵部尙書 겸 독판광동해방督辦廣東海防 팽옥린彭玉麐의 강권 때문에 상군湘軍 영무처營務處에 근무하고 있었는데, 양광총독 장수성은 정관응을 "홍콩에 파견하여 영국군 제독과 포격 사건에 대해 협의토록 하였다." 팽옥린과 장수성은 모두 정관응을 양무에 관한 전문가로 여겼다. 1884년 겨울 팽옥린은 『성세위언盛世危言』의 서문에서 "나는 천성적으로 소박하고 말주변이 없어 양무에 내해 잘 알지 못한다. 이세 이 책을 보니 주장하는 바의 중국과 서양의 장점과 단점을 아주 쉽게 이해할 수 있게 되었다. 저자의 충성심과 의리의 기운은 행간을 넘쳐 흘러 나의 마음을 사로잡았다. 따라서 짧은 몇 마디로 서문을 짓고 이 책의 조속한 간행을 권하니 이로써 국내의 사람들은 이 책의 주장을 채택하여 실천에 힘쓰기 바란다." 장수성이 『성세위언』 원고를 읽었는지 아닌지 판단하기는 매우 어렵다. 그러나 정관응을 통해 중국과 서양의 장점과 단점에 대해 자세히 이해할 수 있었고 이 점은 팽옥린의 느낌과 서로 통했을 것임에는 틀림없다. 따라서 장수성의 유접 가운데 정교한 논리를 지닌 부분은 설령 정관응이 유접의 대필자가 아니라도 아마 정관응의 진언에 근원을 두었을 것이다. 장수성은 공교롭게 1884년 5월 22일 병 때문에 면직되어 10월 광동 군영에서 사망하였다. 정관응은 1884년 6월 팽옥린의 명에 따라 동남아시아 각지로 가 동향을 살피고 8월 광주로 돌아와 팽옥린과 막 양광총독에 부임한 장지동에게 관련 사항에 대해 보고하였다. 따라서 팽옥린, 장지동이 장수성의 죽음 이후의 일 처리와 유접 등의 문제에 대해 검토할 때, 정관응이 참여하여 의견을 개진했을 가능성이 크다.

그러나 정관응은 1892년 『성세위언』의 자서自序를 쓸 때 한 자도 빠뜨리지 않고 앞에서 언급한 장수성의 유접 가운데 나오는 말들을 모두 인용하였고 또 "좋다", "진실로 핵심을 찌르는 주장이다"라고 찬사를 보냈다. 이것은 장수성의 지위와 명성을 이용하여 자신의 주장을 선전한 것이라 하지 않을 수 없다. 사람은 죽을 때 진실된 말을 하기 마련이고 임종 전의 유언은 종종 사람의 마음을 감동시킨다고 할 때 정관응은 이와 같은 전통 사회의 심리를 잘 이해하고 있었다고 할 수 있다.

청일전쟁의 실패를 통해 양무운동의 내재적 약점이 충분히 폭로되었고, "중체서용"은 실천의 과정을 통해 그 한계가 매우 많다는 사실 역시 드러났다. 따라서 그에 대한 비판도 점차 격렬해지고 심각해져 갔다. 1895년 7월 8월 사이에 담사동譚嗣同은 「보패원징報貝元徵」에서 다음과 같이 지적하였다. "성인의 도는 과연 빈말이 아니니 반드시 도드라져 뒤에 그 결과가 나타나는 법이다." "따라서 도道란 용用이며, 기器는 체體이다. 체體가 서면 용用이 이루어지고, 기器가 존재하면 도道는 망하지 않는다. 학자들이 살피지 않고 도를 체로 잘못 이해하면서부터 도가 헷갈리게 되어 마치 환영같이 아득하게 가물거리니 도대체 그것이 무엇이란 말인가?... 소위 혹세무민의 이단의 것이 아닌가? 만약 도가 기와 분리될 수 없다고 한다면 천하의 기 역시 위대한 것이다. 기가 변화하면 도 또한 어찌 변하지 않을 수 있는가? 변하여 기가 되고 또 도와 분리될 수 없다면 사람은 자연히 기를 버릴 수 없고 또 어찌 도를 버릴 수 있겠는가? 또한 도는 성인만이 소유하는 것이 아니고 중국만의 것도 아니다. 단지 성인만이 기를 끝까지 사용할 수 있고 그렇기 때문에 그것은 성인에게 돌아갈 수 있는 것이다. 저 양인 또한 그것을 소유할 수 있기 때문에 중국만이 독점한다는 것은 절대 불가능하다."[148] 담사동은 철학적인 시각에서 전도된 도와 기, 체와 용의 관계를 다시 한 번 뒤집었고, 도와 기가 분리될 수 없고 기가 변하면 도 역시 변하지 않을 수 없으며, 중국에 도가 있다면 외국에도 도가 있다고 논증하였다. 이것은 보다 깊은 이론적 차원에서 양무운동의 "중체서용"론을 비판한 것이었다. 담사동은 약간은 거칠면서도 혈기 넘치는 호남湖南 사람으로서, 그의 주장은 자못 통쾌한 측면이 있었다. 예컨대 도를 체라 오해하고 또 그것을 모호하게 말하는 정통 유자

儒者를 '혹세무민의 이단' 이라 한 것은 그의 높은 이론적 용기를 드러내는 것이었다.

"중체서용" 을 견지하는 사람들이 가장 우려하는 것은 서구 문명에 의한 동화 즉 소위 "변이變夷" 였다. 이에 대해 담사동은 같은 편지 가운데 분명히 선을 그어 다음과 같이 지적하였다. "옛 말에 이르기를 '자신을 알려면 남을 알라' 고 했다. 먼저 자기 자신에 대해 엄격히 해야만 후에 남을 가벼이 할 수 있는 법이다. 오늘 날 중국의 인심, 풍속, 정치, 제도 그 어느 것도 이적夷狄에 비해 나은 게 없는데 어찌 아직도 하夏라 할 수 있겠는가? 이적과 나란히 하고자 해도 할 수 없거늘 하물며 변이를 두려워할 수나 있겠는가?"[149] 세계 가운데 자립할 수 없을 정도로 낙후되었고, 또 이적(여기서는 서구 국가를 가리킨다)과 나란히 할 수 있는 자격조차 없으면서 "변이" 를 떠벌이는 것은 한 마디로 지극히 가소롭다는 뜻이었다. 담사동이 생각하기에 이러한 "정신없는 주장에 현혹되지 않기 위한" 가장 좋은 방법은 "직접 가서 살펴보는 것" 이었다. 특히 국외로 나아가 실제 조사를 하는 것이었다. 그에 따르면 "근자의 유명한 인사들을 살펴보면 처음부터 사태를 명확히 파악하지 못했다. 많은 경험이 있고 나서야 파악 능력이 탁월해졌다. 예컨대 증문정曾文正, 혜민惠敏 부자(증국번曾國藩, 증기택曾紀澤), 정우생丁雨生 중승中丞(정일창丁日昌) 등은 양무에 대해 해박했는데 이는 모두 직접 체험을 통해 얻은 것이었다. 좌문양左文襄(좌종당左宗棠)은 늦었지만 자세하게 관찰하였다. 그는 선박 제조를 청하는 상소에서 '그들은 이미 정교하니 우리는 졸렬한 기술에 안주할 수 없으며, 그들은 이미 소유했으니 우리는 없으면서 자만에 빠질 수 없습니다' 라고 하였다. 조속히 기계 생산에 나서야 하며 먼저 힘써야 하는 바에 대해 믿고 알아야 했다. 심문숙沈文肅(심보정沈葆楨)은 상소에서 선박 제조와 관련하여 '자신은 전혀 아는 바 없으니 정말 후회스럽습니다' 라고 고백하였다. 팽강직彭剛直(팽옥린彭玉麐)은 말로는 양무를 좋아하지 않는다고 하면서도 강을 따라 포대를 건립할 때 서양 방법을 채용했고 군함 제조에 그들의 도움을 청하였다. 그리고 『성세위언盛世危言』 서문에서 정도재鄭陶齋(정관응鄭觀應)는 '공자와 맹자가 다시 살아나도 변법으로 대처할 수밖에 없다' 라고까지 하였는데 이는 그가 양무의 본질에까지 다가갔음을 보여주는 것이다. 여순재黎蒓齋(여서창黎庶昌) 병비兵備는 서생일 때 올린 상서 등을 통해 볼 때 양무에 대해 잘 알지 못한 것으로 보였지만, 일본 출장 때의 장주章奏에서는 큰 차이를 보였다. 곽균선郭筠仙(곽숭도郭嵩燾) 시랑侍郎은 서양에서 돌아와 구미 국가를 당唐, 우虞, 삼대三代의 흥성함에 견주었는데 당시 거의 사람들에게 인정받지 못했다. 설숙운薛叔耘(설복성薛福成) 부도副都도 처음에는 그가 지나치게 과장한다고 의심하였지만, 후에 서양 4개국에 외교 사절로 파견되어 직접 경험한 뒤에 비로소 그 말이 틀리지 않았음을 시인했다. 무릇 직접 체험하는 것은 사람마다 동일한데, 이전의 자신을 변호하고 꺼리어 피하기만 한다면 어찌 미몽에서 깨어날 수 있을 것인가?"[150] 여기에서 논하고 있는 것은 서구의 기器와 용用에 대한 견해의 변화이지만, 실제적으로는 이미 서구의 도道와 체體에 대한 평가의 변화를 언급하고 있다. 서양의 국가를 '당, 우, 삼대의 흥성함' 에 견주고 있는데 이는 담사동이 주장하는 바 "이적夷狄과 나란히 하려 해도 할 수 없다"는 의미와 동일한 것이다. 위에 소개한 내용들은 양무 집단 가운데 몇몇 주요 인물이 어떻게 서구 문명을 받아들여 전통 진영의 밖으로 점차 이탈되어 가는지에 대해 비교적 구체적으로 잘 드러내주고 있다. 이후 담사동 역시 스스로 심각한 자책감에 빠져 자신이 전통 문화로부터 점차 벗어나게 되는 과정에 대해 회고하였다. "어렸을 때 세태에 부화뇌동하여 서학을 무시하고 배척하였다. 친구들과 다투다가는 항상 상대방의 신망을 잃게 되었다. 세월이 흘러 점차 비난의 원인을 알게 되어 재차 그 사람을 만나기 바랐지만, 상황이 여의치 않아 지나쳐 버리고 말았고 결국엔 다시는 못 보게 되든가 아니면 죽은 후 묘지에서나 보게 되었다. 애통하게도 나의 무지함 때문에 이러한 좋은 친구들을 저버리고 말았다." 이는 정말 진지한 반성이며 아무런 거리낌 없는 마음이라 할 것이다. 또한 이상의 사실은 담사동이라는 유신지사維新之士가 의를 위해서라면 여타의 것을 돌아보지 않고 변법에만 매진하며 또 탄탄한 사상적 기초를 지니고 있었음을 잘 보여준다.

"중체서용"에 대한 비판이 단지 무술유신戊戌維新 시기에 한정되었다고 할 수 없다. 왜냐하면 이러한 태도로 부터는 그것이 우여곡절과 반복적인 과정을 거치는 긴 과정 속에서 형성된 주장이었다는 사실이 제대로 드러나지 않기 때문이다. "중체서용"은 보수 세력의 눈으로부터 보면 하나의 진보라 할 수 있겠지만, 사회가 발전하고 사람들의 사상이 급격하게 변화하는 새로운 시기에 이르면 전진의 길을 가로막는 엄중한 장애로 다시 변할 수 있다. 왜냐하면 배외 보수파는 적나라하게 그리고 공개적으로 서구 근대 문명 학습에 대해 반대하는 반면 "중체서용"론에 대해서는 공정한 태도를 취하였기 때문에, 그것은 일견 유신론과 유사해 보이지만 그 내부로 들어가 보면 농업 종법 사회의 현상 유지책으로 기능할 수 있기 때문이다. 예컨대 청일전쟁에서 중국이 패한지 7년 후 엄복嚴復은 다음과 같이 반성하였다. "중학中學을 중시하고 서학西學으로 그 부족한 부분을 보충한다고 하는데 대강 들어보면 이치에 잘 맞는 주장 같아 보인다. 하지만 구체적 실천 과정에 이르면 그렇지 않다. 과거 중국은 무비武備는 되어 있되 화기火器가 없자 화기를 취하여 부족한 바를 보충하였고, 도시는 있지만 경찰이 없자 경찰을 취해 부족함을 채웠다. 그러나 금일 도道로써 금일의 풍속을 변화하지 않고 단지 그 부족한 부분만을 보충한다면 과연 제대로 될 수 있겠는가? 화기만 갖추면 전쟁할 수 있겠는가? 경찰만 갖추면 제대로 치안을 유지할 수 있는가? 하지만 과거에 이러한 효과에 대해 사람들은 역으로 추론할 수 있었지만 심각하게 고민할 겨를이 없었다. 현재 중국의 큰 걱정은 사회 인의人意의 얕은 부정에 있지 않고 심층적 긍정에 있다. 부족한 바를 보충하는 것은 쉽지만 스스로 충분하다고 여기는 것을 고쳐 바르게 하는 것은 어렵다."[151] 엄복에 따르면 사람들 모두는 머리가 아프면 머리를 치료하고 다리가 아프면 다리를 치료하는 방식의 자강지도自强之道가 분명한 오류를 지니고 있고 또 실패했음을 알고 있었다. 그러나 더욱 중요한 문제는 이러한 행위에 있는 것이 아니고 그 행위로 이끈 사상과 심태心態(즉 '인의人意')에 있었다. 중국에 가장 큰 해악을 끼치는 것은 사회 심태의 얕은 부정(즉 '비非')에 있지 않고 사회 심태의 심층적 긍정('시是')에 있었다. '부족한 부분을 채우는 것'은 분명 '용用'의 범주에 속하는 기술적인 부류의 것이기에 이루어내기란 비교적 용이하다(동시에 진정으로 쉽다고도 할 수 없다). 하지만 '스스로 충분하다고 여기는 바'는 '체體'의 범주에 속하여 형이상학적이고 또 '심태'에 깊이 숨겨진 도道이기 때문에 고치거나 보완하기 매우 어렵다.

당시 금궤金匱의 거인擧人 구가부裘可桴는 "중체서용"에 대해 신랄한 비판을 하였다. 주장의 요점은 이러하다. "체와 용은 하나의 것을 가리킨다. 소라는 체가 있다면 무거운 물건을 짊어진다는 용이 있고, 말이라는 체가 있으면 멀리 달린다는 용이 있는 것이지, 소를 체로 삼고 말을 용으로 삼는다는 것은 들어보지 못했다. 중학과 서학은 서로 다른데 마치 여러 인종의 모습이 차이를 보이는 것과 같아 억지로 같게 할 수 없다. 따라서 중학에는 중학의 체와 용이 있고 서학에는 서학 나름의 체와 용이 있게 마련이어서 서로 분리되어 병립할 수 있지만 합하면 둘 다 망한다. 그러나 혹자는 그 둘을 합해 하나로 합하거나 각각의 체와 용을 혼합하려 하는데 본래의 뜻에 어긋나 이미 명名조차 얻을 수 없는데 어찌 실행되기를 바랄 수 있겠는가?" 그가 말하는 "분리되어 병립할 수 있지만 합하면 둘 다 망한다"라는 것은 오로지 "중체서용"을 두고 하는 말이다. 즉 쌍방의 체와 용을 혼란스럽게 하나로 뒤섞어서는 안 되고 각자 체와 용의 내재 관계에 주목해야 한다는 것이다. 이 거인이 "중체서용"을 "우체마용牛體馬用"으로 비유한 것은 매우 재미있고 또 설득력도 있다. 그러므로 엄복은 그에 대해 찬성의 뜻을 표하고 더 나아가 다음과 같이 설명하였다. "한 나라의 정교政敎, 학술은 여러 기관을 갖춘 생명체와 같다. 머리와 척추가 있어야 또 내장과 사지가 있고, 줄기와 뿌리가 있어야 잎과 과실이 있게 마련이다. 남의 것의 일부를 취하여 부족한 부분을 보충하면 전혀 다른 것이 되어 마치 준마의 다리를 취해 소머리에 붙이는 것과 같다. 천리마를 얻을 수도 없고 그렇다고 논두렁을 경작할 수도 없게 되고 만다. 근자에 변법을 주장하는 자들이 서구의 근본을 살피지 않고 지엽적인 부분만을 취하고자 하면서 별 효과가 없자 스스로 의아하게 생각하며 어찌할 바를 모르고 있다. 제대로 안 되는 이유가 이미 분명한 것이니 그 결과를 기다릴 것도 없는 것이다."[152)]

구가부의 "우체마용"이라는 비유와 엄복의 탁월한 분석을 통해 우리는 선진 지식인들이 중서 문화에 대해 이미 더 깊은 인식에 도달하였음을 알 수 있다. 중국과 외국과의 교류 증가 그리고 사회 환경의 변화 이외에 엄복은 또한 지식 소양의 측면에 있어서도 우월한 위치에 있었다. 왕도가 중학에 대해서는 해박하지만 서학이 부족한 반면 용굉은 반대로 서학엔 조예가 깊지만 중학에 대해서는 잘 알지 못했다. 하지만 이들과 달리 엄복은 중학 서학을 겸비한 중국의 첫 번째 대학자였다. 중학에 관해 본다면 그는 어려서부터 유가 경전을 읽었고 일생 동안 중국의 문화 연구에 각고의 노력을 기울였다. 서학의 경우 그는 서구의 정통 정규 교육을 받아, 아담 스미스, 몽테스키외, 루소, 벤담, 밀, 다윈, 헉슬리, 스펜서 등의 저작을 열심히 읽고 세밀하게 연구했다. 특히 다윈의 진화론은 그에게 큰 영향을 끼쳤다. 그와 구가부는 실제로 사회유기체설로써 중서 사회와 문화를 고찰하여 그들을 두 개의 완전한 구조, 기제, 기능, 효과 등을 지닌 큰 시스템으로 간주하였다. 이것은 관념상의 중대한 변화를 만들어냈을 뿐만 아니라 사고방식의 근본적 변화를 드러내어 도와 기, 체와 용, 주와 보라는 전통 범주의 기존 형식을 붕괴시켰고 새로운 사고방식을 가능케 하였다.

물론 엄복 역시 결코 중국의 전면적 서구화를 주장하지 않았다. 그러나 서학의 체와 용 사이의 내재적 관계를 강조하면서, 서학 가운데 일부만 간단하게 받아들여 이식해서는 효과를 볼 수 없다고 생각하였다. 자신의 전통과 자신의 민족 특색에 대해 그 또한 "우수한 부분은 선별하여 잘 보존해야 한다"고 동의했다. 그러나 그는 동시에 이렇게 '선별하는 것' 이 매우 어렵고 수구적 사상을 지닌 자들이 담당할 수 있는 바가 아니라고 여겼다. "선별을 할 때는 넓게 그리고 멀리 살펴보고 과거와 현재를 통관하며 중외中外의 경험들을 아우른 후에야 가능하니 이루기가 매우 힘든 법이다." 동시에 그가 보기에 '선별' 의 가치 기준은 중국의 문명 진보에 이익이 되느냐 아니냐에 달려있었다. 중국의 대환大患은 무지, 빈곤, 허약 등에 있었다. 이 삼자를 없애는 데 도움이 되는 일이어야만 하는 것이었다. 삼자 가운데 무지함을 치유하는 것이 가장 시급했다. 왜냐하면 무지함은 빈곤과 허약의 근원이며 빈곤하고 허약한데 그 이유를 모르는 것이 무지이기 때문이었다. 엄복은 이렇게 말했다. "지금부터 무지함을 치유할 수 있다면 전력을 기울여 그것을 구할 것이다. 그것을 구함에 있어 중학이든 서학이든 상관하지 않으며 새로운 것이든 옛 것이든 따지지 않을 것이다. 여기에 하나의 길이 있어 만약 그것이 우리를 우매함에 빠뜨리고 그 우매함 때문에 빈곤해지고 허약해진다면 비록 그것이 가까운 조상들이나 엄격한 스승들로부터 나왔다 해도 감히 버릴 것인데, 그와 같거나 못한 것도 물론 그러할 것이다. 만약 여기에 다른 하나의 길이 있어 우매함을 치유할 수 있고 또 그로부터 빈곤과 허약에서 벗어날 수 있다면 비록 그것이 이적 금수 등의 것이라 해도 사표로 삼을 것인데 그와 같거나 그 이상인 것은 말할 것도 없다. 왜 그런가? 중국의 몰락은 매우 심각하며 4억 인민의 몰락 역시 심히 애통하기 때문이다."[153] 무지, 빈곤, 허약으로 내모는 것들은 그것이 설령 조상 대대로 전해 내려온 것이거나 황제가 총애하는 '보배'라 할지라도 아무 거리낌 없이 버리겠다는 것이었다. 그러나 "우매함을 치유하고 빈곤과 허약함에서 구할 수 있는" 방법이라면 그것이 금수, 이적 등에서 나왔다 해도 반드시 배우려 노력하겠다는 것이었다. 왜냐하면 어떤 것을 근본으로 삼든 민족의 생존과 국가의 부강을 전제로 해야 하기 때문이었다. 만약 중국과 중국의 인민이 몰락하여 도탄에 빠져있는데 모른 척 하고 오히려 옛 것을 묵수하여 도통道統과 낡은 규칙에 얽매인다면 그것이야 말로 정말로 비통한 일이었다.

엄복은 또한 세계 각국의 흥망의 원인을 귀감으로 삼아 유신변법을 이루기 위해서는 대단한 결심과 노력이 필요하다고 하였다. "최근 유신

변법에 있어 일본만큼 제대로 이루어진 곳은 없다. 이 밖에 좀 멀리는 프러시아의 프레드릭, 러시아의 피터 등이 분발하여 자강을 도모하면서 천수백 년간의 옛 제도와 풍속을 과감히 버렸다. 그것은 프랑스의 18세기 혁명, 16세기 영국의 개혁과 같은 것으로 사실 모두 천하의 부정을 저지르는 것이었다. 하지만 현재의 시점에서 보면 당시 행위는 나라와 민족을 보존하기 위한 매우 가치 있는 것으로 이해된다. 왜냐하면 문명 부강의 행복에 이르기가 매우 어렵기 때문이다. 만약 자기와 남을 비교하여 과거의 것만 따르고 그를 혁파하려 하지 않을 수도 있다. 돌궐, 이집트, 이란, 인도 등이 그러하다. 이들 국가들은 외국의 것을 배척하는 데에만 주력했다. 이들은 배척의 이유로 자신들의 문명을 강조하였다. 교육에서도 자신들의 전통을 자랑하면서 외국인들이 자기들만하지 못해 배울 것이 없다고 하였다. 그러나 그 결과는 모두가 다 보고 들은 바대로다. 그래서 나는 '문명에 기대하는 것은 가능하지만 배외는 안 된다. 문명에 기대하면 배외하지 않고 오히려 자신을 배척하게 된다. 만약 배외에 기대하면 장차 외세를 배척할 수도 없고 오히려 스스로 문명의 길을 가로 막게 된다'고 했다."[154] 긍정, 부정의 역사적 경험을 총괄해 본다면 그의 결론은 명확하다. 즉 막연한 배외는 택할 수 없으며 그 결과는 필연적으로 "스스로 문명의 길을 가로 막게 될 뿐이었다."

19세기 말에서 20세기 초까지 한계는 있지만 "중체서용"이 지녔던 진보적 작용은 빠르게 사라져 갔고 오히려 자신의 부정적 측면을 드러내었다. 선진적인 중국인들은 이미 서구의 과학, 기술만을 습득하는 데에 만족하지 않았고, 서구의 경제, 정치 체제 등을 학습할 것을 요구하였으며 더 나아가 서구의 문화 학술 내지는 나라를 다스리는 근본 원리를 연구할 것을 요구하였다. 결국은 전면적 개방, 전면적 학습을 요구하는 것이며 전통 문화로부터의 전면적 이탈을 원하는 것이었다. 전체적으로 볼 때 물질문명에 있어 서양이 중국보다 우월하지만 정신문명의 측면에서는 중국이 서구보다 우월하다고 인식되어 왔다. 그러나 이제 이러한 우월감조차 근본적으로 동요하게 되었다. 왜냐하면 사람들은 청일전쟁에서 중국이 패배하고 양무운동이 실패하게 되자 점차 하나의 이치를 깨닫기 시작했기 때문이다. 그 이치란 물질문명과 정신문명은 구분할 수 없는 것이며 우월한 정신문명이 있어야만 우월한 물질문명을 창조할 수 있고, 우월한 물질문명이 있어야만 비로소 우수한 정신문명을 만들어 낼 수 있다는 것이었다. 즉 진정으로 자신의 낙후를 인정하고 나서 서구의 선진 문명을 모델로 삼아 자신의 물질문명을 혁신하고 또 자신의 정신문명을 혁신해야만, 중국은 비로소 자신의 운명을 장악할 수 있고 또 자신의 찬란한 전도를 보장받을 수 있었던 것이다.

담사동은 『인학仁學 · 자서自敍』에서 다음과 같이 말했다. "겹겹의 그물에 얽혀 있어 공허하기 그지없다. 처음에는 금전적 이익의 그물에서 벗어나야 하고 다음에는 고증과 수사에 치우치는 속된 학문의 그물에서 벗어나야 하며, 또 다음은 군주의 속박에서, 삼강오륜의 속박에서, 하늘의 속박에서, 집단 교육의 속박에서 그리고 마지막으로는 불법佛法의 질곡에서 벗어나야 한다. 이 모든 것으로부터 자유로울 수 있다면 속박이 없는 것이다. 진정으로 속박이 없다면 벗어났다 할 수 있다." 담사동의 사상은 매우 복잡하여 공자孔子와 묵자墨子의 사상 그리고 기독교와 불교의 사상 모두를 내포하고, 다분히 공상적인 측면도 있다. 하지만 금전적 이익, 속된 학문, 군주, 삼강오륜 등의 거듭된 속박에서 벗어나자고 하는 것은 완전히 현실적인 사상과 행동에 속하는 것이며 용감무쌍한 기개를 갖춘 것이다. 이와 같은 이탈의 힘 또한 이전엔 볼 수 없었다.

이와 같은 문화 이탈의 정치적 표현이 바로 무술변법 즉 백일유신의 출현이었다. 무술변법은 일본 메이지유신을 모방한 것이지만 결국 실패하였다. 그러나 운동에는 앞을 내다 볼 수 있는 정신적 지도자, 뒤에서 책략을 도모하는 모사가, 여론을 환기시키는 문장가 및 조직 경영에 뛰어난 행정가 등이 참여하였다. 변법의 실패에 따라 담사동 등 6인이 처형되고, 광서제光緒帝가 영대瀛台에 감금되어 사건은 더욱 비장해지고 또 참담해지면서 오랜 기간 동안 사라지지 않는 매력을 지니게 되었다. 하지만 지속되었던 구 세력은 이 모두를 방해하고 파괴하였다. 마치 경량급의 권투 선수가 용감히 중량급 선수에게 도전했으나 그의 한방에 쓰러져 다시 일어서지 못하는 상황과 유사하였다. 이것은 현재의 풍자가 아니라 당시 한 사람도 이와 유사하게 느끼고 있었다. 처형당한 '무술육군자戊戌六君子' 가운데 한명이며 강유위의 동생인 강유부康有溥는, 무술변법 시기 북경에서 형을 도와 변법 관련 상소문을 기초하면서 신구 세력의 역량 차이가 매우 크다는 사실을 발견하였다. 그는 걱정스러운 마음으로 그의 친구에게 다음과 같은 내용의 편지를 썼다. "형(강유위)의 뜻은 너무 크고 예리하며 혼자 도맡아 하는 일이 너무 많다. 동지들은 적은데 너무 거창하게 일을 벌인다. 그래서 배척하는 자, 시기하는 자, 압박하는 자, 비방하는 자 등이 넘쳐 흐른다. 또한 위로는 황제가 힘이 없으니 무슨 성과가 있겠는가? 동생으로서 심히 걱정스럽다... 형 또한 이를 모르는 바 아니다. 옹동화翁同龢가 진실 된 마음에서 그만 두라고 했을 때 형은 감격해 마지 않았지만 차마 그만 두겠다고 하지 못했다. 변법은 한편으로 새로운 나라의 기초를 닦는 일이고 다른 한편으로는 인민으로 하여금 성군聖君을 생각하게 하여 훗날을 기약하는 것이기 때문이었다. 하지만 나는 밤낮으로 역설하였다. 신구파가 서로 갈등 대립하고 대권 역시 서태후가 장악하고 있어 결코 성공할 수 없는데 무슨 까닭으로 모험을 하냐고. 형 역시 잘 알고 있지만 삶과 죽음은 운명에 달려 있는 법, 어찌 피할 수 있겠는가?"[155] 이 편지는 비교적 객관적으로 그리고 생동감 있게 당시의 정국과 유신파 지도자의 심리 상태를 잘 묘사해내고 있다. 유신지사들은 결코 눈앞의 이익에 급급한 무모한 집단이 아니었고, 변법 역시 실패할 수 있다고 생각하고 있었다. 그러나 그들은 기본적으로 이렇게 인식하였다. 설령 변법이 실패해도 국가를 위해 새로운 길을 개척할 수 있고 동시에 광서제의 권위를 높여, 서태후 이후 크게 능력을 발휘함으로써 러시아의 피터 대제나 일본의 메이지 천황과 같은 인물이 되기를 기원했던 것이다.

서태후 이후의 새로운 시대를 희망했던 것은 결코 강유위, 양계초 등에서부터 시작된 것은 아니었다. 일찍이 1878년 9월 곽숭도는 파리에서 독일 주영공사 브란트M. A. Brandt와 만나 북경의 수구적 '청의파淸議派'가 이홍장, 좌종당 등의 신정을 견제한다고 지적하였다. 브란트가 왜 이러한 비정상적 상황이 조성되는지를 묻자 곽숭도는 이렇게 대답하였다. "중국은 땅이 매우 넓고 인구도 많기 때문에 모름지기 모든 법은 삼천여 년의 긴 세월에 걸쳐 확립되었기 때문에 변통을 말하기 쉽지 않다. 『천진조약』의 체결에서 지금에 이르기까지 20년 동안 황제는 유약하고 대신은 감히 나서지 못하였다. 10여년 동안의 친정 이후에나 변통을 하여 전진할 가망이 있을 것이다."[156] 브란트는 어떻게 변통할 것이냐고 또 물었다. 곽숭도는 대답하기를 "중국의 법률은 위반할 수 없지만, 군기대신軍機大臣은 조정의 정무를 주재하면서 변통을 적극 용납하여 기존법에 구속되지 않는다. 하지만 독무는 일을 철저하게 처리하게 촉구할 따름이다. 조정은 독무를 책임지고 독무는 지방관에 대해 책임지어 특히 인민과의 소통을 우선으로 삼는다. 신정이란 모두 인민의 인심을 고무 진작하게 하는 것이다." 그는 다시 브란트에게 다음과 같이 권했다. "원하건대 당신은 이와 같은 상황을 깊히 헤아려 조금 기다려 달라. 황제가 친정에 나선 후 조용히 일을 처리해야지 서둘러 강압적 방법 때문에 오히려 해만 되고 무익한 결과를 낳게 하지 말라." 곽숭도는 출국하기 전 총리아문總理衙門에 근무한 적이 있었고, 서태후와 접견하여 직접 명령을 받은 경험이 있기 때문에, 조정 내외의 정치 상황에 대해 비교적 상세히 알았다. 그의 변통지법變通之法은 황제의 친정 이후 군기처軍機處가 국무를 주재하여 옛 것을 버리고 새로운 것을 추구하며, 권력을 분산시켜 민주를 발양시키고 민기民氣를 진작하는 것이었다. 이와 같은 곽숭도의 구상은 20년 이후의 무술변법과 매우 유사하다. 역사는 가설을 용납하지 않지만 옛 사람들에 대해 한 번 가정해 보도록 하자. 만약 옹동화가 아니라 곽숭도가 군기처에서 정국을 장악할 수 있었다면 무술변법은 어떻게 진행되었을까? 애석하게도 그는 무술변법이 있기 7년 전에 죽었고, 그의 정치 생명은 무술변법이 있기 20년 전에 이미 끝났다.

물론 옹동화는 황제의 스승으로서 '서태후 이후'를 기대하였다. 그는 본래 수구파에 속했지만 중불전쟁中佛戰爭 이후 사상이 점차 개방적으로 변화하였다. 1889년 광서제가 소위 '친정'을 시작하자 옹동화는 『교빈려항의郊邠廬抗議』를 제출하고, 일기 가운데 자신의 학생 광서제를 높이 칭찬하여 다음과 같이 쓰고 있다. "(황제께서) 『교빈려항의』를 보고 어제 이 책이 가장 시의적절한 것이라 하셨다… 오늘 황제께서는 6편을 뽑아 1책으로 만들어 제목을 붙이고 서로 읽어 보게 하셨다. 이는 황제께서 이 책에 충분히 마음을 두고 계심을 증명하는 것이니 기쁠 일이다."[157] 청일전쟁 이후 옹동화는 "대만 할양에 실망하여 변법을 해야 한다는 마음을 갖게 되었고", 진치陳熾의 『용서庸書』, 탕수잠湯壽潛의 『위언危言』 등을 황제에게 올렸다. 이후 강유위康有爲는 『일본변정고日本變政考』, 『태서신사람요泰西新史攬要』, 『각국진흥기各國振興記』, 『아라사대피득변정기俄羅斯大彼得變政記』 등을 황제에게 올렸는데, 그 목적 역시 유신 황제를 교육하여 '서태후 이후' 시대에 대비하고자 하는 데에 있었다. 심지어 무술변법이 실패하여 황제가 영대瀛台에 감금된 이후에도 강유위, 양계초 등은 여전히 군주를 잊지 못하고, 동남아시아와 북미 각지에서 보황당保皇黨을 조직하여 '서태후 이후'에 대해 희망을 걸고 있었다. '서태후 이후'라는 정략은 악몽같이 이들 유신지사에 10－20년간 달라 붙었고 1908년 광서제가 서태후 보다 빨리 죽자 그들 스스로 만들어 놓은 희망은 이제 최종적으로 깨져버렸다. 또한 그들이 혈액을 교체하여 회생시키려 했던 청조는 이제 소생할 가능성이 사라져 버렸다.

제당帝黨과 유신파의 가장 큰 실책은 황제를 지나치게 높이 평가하고 그에 대한 기대가 너무 컸다는 데에 있었다. 그들은 "자고로 비상의 시국에는 반드시 뛰어난 군주가 있기를 기다려야 한다"는 전통적 관념에서 벗어나지 못하였다. 그들은 광서제가 피터대제와 같이 "재기와 무예가 출중하고", "심지가 깊으며", "힘이 넘치고", "기백이 용맹하기"를 기대하였다. 그들은 황제에게 다음과 같이 진언하였다. "오호라! 천둥이 치니 초목이 갈라집니다. 그 힘이 클 경우 효과 또한 큽니다. 수많은 백성 모두 초목과 같으니 천둥이 치자 갈라지어 꽃 피고 자라나 하늘에까지 이르게 됩니다. 피터의 변력變力이 바로 천둥의 힘인 것이니 마땅히 그를 통해 갈라지고 꽃피어 하늘에 이르러야 할 것입니다. 아! 하나의 왕조로 수백 년 동안 유지되어 온 국가가 위태롭고 또 취약하다면 마땅히 이를 본받아야 할 것입니다."[158] 모든 정치 투쟁은 서로 다른 방식의 힘이 대결하는 것이다. 유신파가 '변력變力', '강한 힘' 그리고 '용맹한 기백'을 강조하는 것은 그들이 이미 이러한 이치를 깨닫고 있었음을 설명한다. 그러나 그들은 통치 계급의 권력이 쉽게 옮겨질 수 없다는 사실—설사 그것이 부모, 모자, 형제 사이라 해도—에 대해 충분히 이해하지 못하였다. 왜냐하면 권력은 결국 이익과 서로 관련되어 있기 때문이다. 권력이 이동하면 그에 따라 이익 또한 이동한다. 통치자가 권력을 끌어안고 죽어도 놓지 않으려 하는 것은 바로 이 때문이다. 따라서 소위 '서태후 이후'의 정치 체제는 서태후가 죽어야만 비로소 가능한 것이었다. 그녀가 살아 있는 한 어떠한 권력 이동—설령 자신이 직접 양육하여 성인이 된 양아들에게 넘긴다 해도—도 반드시 살벌한 권력 투쟁을 거쳐야만 했다.

황제 친정 전후나 수렴청정, 훈정訓政 등 어떠한 형식에 관계 없이 당시 청조의 최고 통치 권력은 서태후가 장악하고 있었고, 이점은 제당파帝黨派나 유신파 모두가 직면해야 할 엄혹한 현실이었다.

청말의 정치 체제에 대해 필자는 『개척자적족적開拓者的足跡—장건전고張謇傳稿』에서 다음과 같이 분석한 바 있었다.

> 서태후는 매우 총명하여 권력의 속성을 잘 알고 그것을 잘 다룰 줄 아는 궁중 귀부인이었다. 그녀는 일찍이 공친왕恭親王 혁흔奕訢과 동맹을 맺고 열강의 지원을 받아, 신유정변辛酉政變을 통해 숙순肅順 등의 정적을 제거하고 최고의 통치 권력—수렴청정—을 얻었다. 또한 한족 지방 실력가인 상군계湘軍系와 회군계淮軍系 군대를 이용하여 태평천국, 염군捻軍 및 소수민족 반란을 진압하면서 중앙 황실의 권위와 중앙 정치의 안정을 회복하였다. 그녀는 장기간의 궁중 생활로 인해 속이 좁았지만 심리적 계략에 능했다. 그녀는 근대적인 정치 안목이 부족했고 치국안민治國安民의 커다란 포부와 전략을 지

니지 못했다. 그녀가 집착한 것은 단지 스스로 어렵게 획득한 절대 권위를 어떻게 유지할 것이며 다음으로는 애신각라愛新覺羅의 청조 황실을 어떻게 지속할 수 있는가 라는 문세였다. 그는 혁흔을 이용하였지만 이 '공고진주功高震主'를 두려워 하여 계속해서 공격하고 욕보이며 파면시켜 심지어 다시는 정치적 영향력을 행사할 수 없게 하였다. 그녀는 누구도 자신을 넘어 서게 하지 않았는데 여기에는 자신의 친자인 동치同治 소황제小皇帝까지 포함되었다. 동치제가 불행히도 일찍 죽자 그녀는 또 다른 소황제로 광서제光緒帝를 선택했다. 이들 젖비린내 나는 아이들을 고분고분하도록 가르쳐 제위에 앉히고는 자신의 의지대로 천하를 주무르면서 그녀는 큰 만족감을 얻었다. 그녀는 이들 소황제들에게 효성과 공손함을 강요했고 결코 영준하고 과감해지기를 바라지 않았다. 그러므로 광서제가 청일전쟁과 무술변법 시기 막 자신의 의지대로 행동했을 때, 그녀는 전혀 주저하지 않고 광서제를 영대에 감금하고 심지어 이 청년을 산송장같이 만들어 버렸다. 그녀는 일찌감치 부준溥儁을 선택하였는데 그 목적은 다시 한 번 자기 마음대로 조정할 수 있는 소황제로 교체하려는 데에 있었다. 하지만 강렬한 사회 여론의 반대에다 열강의 간섭 때문에 그 뜻을 이루지 못했다.

분명히 해둘 것은 서태후가 지방 실력파들과 상대할 때에 황실 내부의 권력 투쟁보다 더 힘들었다는 점이다. 왜냐하면 그들은 군사력, 재력, 물질적 기반 및 지역적 기반 등을 지닌 실체로 이들 실체는 일정의 사회적 기초를 가지고 있었기 때문이다. 중앙과 지방 사이에서 매번 이해의 충돌과 정견의 차이가 발생할 때, 만약 그녀가 어떤 중대한 결정을 채택해야 하는 경우 반드시 먼저 각 정치 역량을 대비해 저울질해야 했는데, 특히 중앙과 지방 정치 역량의 비교가 중요했다. 그녀는 상군湘軍과 회군淮軍을 이용하여 농민 반란을 진압하였고 또 상군계와 회군계를 이용하여 양무운동을 추진하였다.

중앙의 전제 권력 체제가 회복 안정이 되고 상군계, 회군계의 실력이 점차 팽창되어 가게 되자, 그녀는 다시 상군계, 회군계 사이의 모순을 이용하여 그들을 이간질하고 다시 '청의淸議'를 이용하여 양무파를 견제하였다. 일부 청류파가 광서제를 중심으로 제당帝黨을 형성하고 변법파와 연합하여 변법 운동을 추진하자 그녀는 대권을 잃을까 두려워 회군계淮軍系에 다시 의지해 제당과 변법파를 공격하였다. 그녀는 각 정치 파벌 사이에서 균형을 유지하는 데에 능하였다. 그러나 애석하게도 이러한 균형감은 결국 세상 물정에 어두운 낙후된 두뇌에 종속될 뿐이었다.

능력이 출중한 한 무리의 남성들이 군왕의 권위를 장악한 한 여인 앞에 비굴하게 굽신거리게 되었다. 이 여인 역시 남성들이 만들어 놓은 윤리 명교의 짧은 식견과 얕은 지식에 의해 지배되었다. 이렇게 하여 그녀는 평생 최고의 통치 지위를 장악하였는데 이것이 근대 중국의 역사적 불행이었다.[159]

무술변법이 실패한 이유는 이와 같은 기존 정치 체제를 변화시킬 충분한 힘이 없다는 데에 있었다. 광서제는 상당히 적극적이어서 제당을 통해 조정 밖의 변법파를 지원하였지만, 변법파는 여론을 진작시키는 것 이외에 별다른 실력을 갖지 못하였다. 수도 북경 밖에서 가장 힘이 있는 집단은 지방 실력가들이었지만, 그 가운데 중요한 역할을 담당하고 있던 회군계는 서태후의 지원을 받고 있었고, 나머지 다수의 독무는 변법에 대해 회의적이거나 배척의 태도를 보였으며, 적극적인 반응을 보인 것은 단지 호남성湖南省뿐이었다. 이 때문에 무술변법이 많은 번주藩主의 지지를 받은 메이지유신과 같을 수 없었다. 진보적인 경향을 지닌 신상紳商과 개명 지주는 변법의 진정한 지지자였지만, 중국의 자본주의 발전은 이제 막 시작 단계에 있었기 때문에 그들의 경제 정치 역량은 한계가 있었다. 따라서 무술변법은 사회 내에 의지할 만한 충분한 역량을 확보하지 못했다. 청일전쟁 이후 천하 모두가 분노하고 민심이 끓어올랐으며 하층 인민의 투쟁이 다시 고양되었다. 그들이 원수로 삼는 대상은 바로 중국을 과분瓜分하려는 제국주의 열강이었지만 그들의 자발적 반항은 선진 역량의 지도가 부족하였기 때문에 대부분 애매모호한 배외 운동으로 흐르고 말았다. 그들은 서구의 근대 문명과 식민주의 침략을 혼동하여 그 모두를 배척하고 그 자취를 중국에서 없애고자 하였다. 따라서 변법파는 그들과 연계할 수 없었고 인민들 또한 '양귀자洋鬼子'를 학습하자는 변법 사업에 관심과 지지를 보낼 수 없었다. 그들 사이에는 일본 토막討幕 투쟁 가운데의 '호상豪商'과 '호농豪農'과 같은 존재가 등장할 수 없었던 것이다.

유신파는 변법 기간 동안 정적과의 투쟁 방식에 대해 큰 주의를 기울이지 않았고 일의 추진을 지나치게 빠르게 하였으며 개혁의 대상을 너무 넓게 함으로써, 정적을 지나치게 많이 만들고 동시에 스스로를 고립시키고 말았다. 비유하면 짧은 2—3개월 내에 첨사부詹事府, 통정사通政司, 광록시光祿寺, 홍려시鴻臚寺, 태복시太僕寺, 대리시大理寺 등 경사京師의 아문衙門를 없앴고, 호북湖北, 광동廣東, 운남雲南 삼성의 순무巡撫, 동하총독東河總督 및 운무運務를 실행하지 않는 량도糧道, 판매 업무에 소홀한 염도鹽道 그리고 불필요한 좌이佐貳 등을 철폐했다. 또한 과거를 개혁하여 각급의 고시 내용을 대폭 손질하고, 각지의 서원을 서학과 중학을 동시에 가르치는 학교로 개편하였다. 이 조령을 반포할 때 그들은 단지 주관적 희망에 의지해 필요성만을 강조할 뿐 그 실현 가능성에 대한 세세한 증거 조사를 하지 않았고, 강도 높은 개혁에 대한 사회의 수용 능력을 고려하지 못했으며 민중의 이해 결핍에 따른 반대 여론 등을 생각하지 못했다. 변법파는 그들의 영수 강유위를 포함해 대부분 정치 투쟁의 경험이 없는 서생에 불과했다. 그들은 누구를 의지하고 누구와 연락하며, 어떤 역량을 고립 타격시켜야 하는지에 대해 제대로 알고 있지 못했다. 단지 열정에 의지해 계속 조령을 반포함으로써 "과거의 폐단을 제거하고 새로운 정치를 펼치고자" 하였다. 그들의 애국심은 절절했기 때문에 속히 일을 성사시켜야 한다는 조급증이 있었다. 앞서 살펴본 강유위에 대한 강유부의 비판은 이러한 결점을 잘 지적해 주고 있다. 담사동 역시 스스로 다음과 같이 반성한 바가 있다. "나의 혼란은 앉아 새로운 것을 이루려다 종국엔 그것을 이룰 수 없는 데에 있다. 그 때문에 성격은 급하고 또 작은 성취에 만족하지 못한다. 작은 성취에 만족 못하는 것은 장점이지만 성격이 급한 것은 단점이다. 성격이 급하면 무엇이든 속히 이루고자 하고 이럴 경우 순서를 건너뛰게 된다. 그렇게 되면 결국 아무 소득이 없게 되는 법이다."[160] 무술변법에 동정적이었던 장건은 사후에 역사적 교훈에 대해 다음과 같은 결론을 내렸다. "100리를 가는데 그 반이 방해받는데, 하루에 2－30리씩 가면서 방해받지 않고 목적지에 도달할 수 있겠는가?" 이 또한 변법파의 책략상 착오를 가리킨 말이다.

변법의 실행 시점 역시 적당하지 않았다. 군사 전략가들은 총공격의 시점으로 가장 좋을 때는 적진이 안정되지 않거나 동요하고 있을 때이며, 선결 조건으로 자기 부대의 준비가 완료되고 지휘관이 전쟁에 대한 전체 계획을 잘 수립하고 있는 시기라는 것을 잘 알고 있다. 변법파의 주요 상대는 (서태西太)후당后黨 및 그 주요 지지자인 회군계 집단이었다. 후당 및 회군계가 곤경에 빠져 정치적으로 가장 취약한 때는 청일전쟁의 패배와 그에 따른 『하관조약下關條約』 체결 이후였다. 당시 그들은 전국적인 비난 속에 소극적 방어 태세만을 취할 수 있을 뿐이었다. 그러나 변법파는 이 시기 매국 조약과 대만 할양에 반대하는 데에 정신이 팔려 전면적으로 변법을 고취하거나 자신의 대오를 조직하지 못했다. 러시아, 프랑스, 독일의 삼국 간섭 이후 요동 반도를 회수함으로써 약간의 체면을 찾은 후당과 회군계는 일반인으로부터 약간의 심리적 지지를 회복했다. 바로 후당과 회군계는 이를 계기로 제정 러시아의 명시적 혹은 암묵적 지지를 이용하여 새롭게 자신의 전열을 가다듬었다. 외관상 그들은 스스로에 대한 절제의 정치적 태도를 취했지만, 실제적으로는 활시위를 팽팽히 당기고는 쏘지 않는 것과 같은 신중한 태도를 보여주고 있었다. 변법파는 정치 정세의 미묘한 변화에 대해 예민하게 살피지 못했다. 아직 제대로 된 조직 역량이 확보되지 않고 실천 가능한 절차와 방안이 마련되지 않은 상황에서, 무턱대고 구 체제와 구 세력에 대해 전면적 공격을 가했다. 이것이 전형적인 '제멋대로의 전쟁'이고 그 결과 '육군자六君子'가 처형되었을 뿐만 아니라 강유위, 양계초 등이 해외로 망명했고, 국내 변법파가 큰 타격을 받아 지반을 상실했으며 그들의 최대 자본인 광서제마저 감금당했다. 여기서 가정해 본다면(필자가 다시 한 번 가정이라는 역사학 전통에 반하는 금기를 범하는 것에 대해 양해해 주기 바란다) 만약 강유위, 양계초 등이 그렇게 서두르지 않고 청일전쟁의 유리한 상황을 이용하여 한편으로는 여론을 환기하여 조직 역량을 강화하고, 다른 한편으로는 반발이 비교적 적으면서도 효과가 비교적 빠르게 보이는 개혁에 먼저 착수하여 점차 정치적으로 유리한 위치를 차지하고, 그 영향력을 확대한 후 상대방이 곤경에 빠졌을 때(예컨대 1900년 서태후가 서안으로 도망갔을 때나 『신축조약辛丑條約』이 체결된 이후)를 이용하여 일거에 변법의 주도권을 장악했다면 그 결과는 어떻게 되었을까?

미국인 헌팅톤은 무술변법과 기타 여러 국가의 개혁을 비교하면서 자신만의 독창적 견해를 제시하였다. 그에 따르면 "전통 사회에서 개혁적 군왕은 분명 소수의 편에 서있게 마련이다. 따라서 지나치게 빠르거나 격렬한 행동은 보통 잠재적인 반대자를 적극적 반대자로 변화시킨다. 1898년 광서제의 백일유신百日維新은 이 같은 분명한 예이다." 그는 동시에 100년 전 유럽에서 출현하여 매우 유사하게 참패로 끝난 제국 이상주의의 예를 거론하였다. 이것은 급진적 군주인 요셉 2세Joseph II가 1780년에서 1790년 사이 합스부르크Habsburg 영지에서 실행한 개혁을 가리킨다. 이 개혁이 미치는 범위와 격렬함의 정도는 프랑스대혁명 기간에 실행된 각종 개혁과 유사했다. "사실 아래로부터의 프랑스혁명이 폭발하기 이전 위로부터의 혁명이 이미 오스트리아 제국에 의해 시도되었다." 그러나 뒤의 것은 성공한 반면 선행한 것은 참패로 귀결되고 말았다.

요셉 2세의 개혁을 무술변법과 비교하는 게 적당한지 그리고 어떻게 비교해야 적당한지에 대해서 잠시 논외로 하면, 군왕 주도의 개혁에 대한 헌팅턴의 주장은 상당한 시사적이다. 그에 따르면 "이와 같은 개혁이 효과적으로 이루어지려면 분명 인내심과 불굴의 의지가 필요하다. 많은 사회에서 격렬한 개혁과 나태함이 서로 교차하고 심지어 전통을 옹호하려는 반동 역시 항상 출현한다. 전통 시대의 개혁자가 성공하기 위해서는 반드시 점진적인 방법을 취해야 하며 현대의 개혁자에 비해 더욱 신중해야 한다. 하지만 일단 구 질서가 붕괴되면 사회적 분위기는 개혁 사상에 동정적일 수 있다."[161] 사람들은 일본 메이지유신의 예를 들어 헌팅턴의 주장을 반박할 수 있다. 그러나 일본 전통 사회에서 천황은 "존경을 받지만 강한 존재는 아니어서" 실제의 군권은 막부가 장악하였다. 그리고 메이지유신은 결코 막부가 위로부터 진행한 것이 아니다. 메이지유신은 평화적이고 점진적 개혁이 결코 아니며, 그것은 격렬한 투쟁을 거쳐 이루어진 정권 교체를 전제로 한 것이다. 천황 자신은 단지 허명에 불과하고 그의 역량은 스스로 개혁에 찬성하는 각 번에서부터 오고 다수의 하층 무사로부터 비롯되었으며 개혁적 경향의 '호상豪商'과 '호농豪農'에서 온 것이나. 이렇게 일본의 메이지유신은 무술변법이나 그 이전의 요셉 2세의 개혁과는 구별된다. 당연히 이것은 사회 구조의 차이에 따른 구별이며 헌팅턴이 주목한 것은 바로 이 점이었다.

무술변법은 정치적으로 비록 실패했지만 그것이 갖는 주요한 역사적 의의는 사상적 측면에서 찾을 수 있다. 일찍이 대일戴逸의 평가에 따르면 그것은 중국 근대사상 첫 번째의 사상 해방운동이었다. 이러한 점에서 필자는 무술변법과 그에 이은 신해혁명을 두 가지의 서로 고립된 사건으로 파악하는 것이 아니라 둘 다 근대를 향한 중국의 문화 역정으로 이해하고자 한다.

양계초는 1901년, 19세기 말에서 20세기 초까지의 시기를 '과도過渡시대'로 칭하면서 당시의 중국 사회에 대해 상당히 구체적으로 묘사하였다. "중국은 수천 년 이래 항상 일정하여 변하지 않는 지역에 위치하여 전혀 밖으로 나가지 않고 움직이지 않아 과도라는 게 뭔지 알지 못했다. 그러나 오대양의 거칠고 사나운 풍랑에 의해 충격을 받고 19세기의 광풍과 먼지바람을 맞이하여 고대 이래 선조들이 남겨놓은 완고하게 폐쇄된 근거지가 점차 상실되어 갔고, 전국의 민족은 어쩔 수 없이 고통의 참담함을 겪으면서 과도의 길로 나갈 수밖에 없게 되었다. 따라서 금일 중국의 현상은 한 척의 배가 처음으로 해안선을 떠나 바다 한 가운데로 나아간 것과 같다. 크게 본다면 인민이 폭군의 우민 전제 정치에 분개해도 새로운 정체로 대체하지 못하는데 이것이 바로 정치상의 과도시대이다. 지식인이 문장의 기교에 치중하여 용렬한 학문에만 근거하면서 새로운 학문을 일으켜 대체하지 못하니 이것이 학문상의 과도시대이다. 사회가 허례적 삼강오륜의 억압 풍습을 싫어하면서도 새로운 도덕으로 대체하지 못하는 것 이것은 풍속상의 과도시대이다. 작게 본다면 관례는 이미 유명무실한데 새로운 법전은 없고, 과거제는 변했는데 신 교육은 없으며, 원흉은 이미 처형됐는데(완고파인 재훈載勛, 육현毓賢 등이 자살을 명령받거나 처형당한 것을 가리킨다) 새로운 인재가 없고, 북경은 이미 파괴되었는데 새로운 도성은 건설되지 않았다. 수개월 이래 취해진 백여 가지의 조치는 그것들이 자발적이든 수동적이든 과도시대의 특징을 드러내지 않은 게 없다."[162]

각 시대에는 그 시대에 맞는 영웅의 출현을 요구하기 마련이다. 과도시대에는 "신구 양 진영의 중심에 우뚝 솟은" 영웅을 요구한다. 강유위康有爲, 양계초梁啓超, 엄복嚴復, 담사동譚嗣同, 손문孫文, 황홍黃興, 장태염章太炎, 추용鄒容 등은 비록 서로 대립적인 두 부류의 정치 집단으로 나뉘지만 이러한 영웅들에 속한다고 할 것이다.

양계초의 경험에 따르면 '신구 양 진영의 중심에 우뚝 솟은 과도 시대의 영웅들' 에게 있어 없어서는 안되는 '덕성' 가운데 가장 중요한 것은 '모험심' (즉 담력과 지모 그리고 용기)이었다. 왜냐하면 구 세력이 매우 강하고 과거를 지키고자 하는 타성이 지나치게 강해 혁신자는 다양한 시련을 겪어야 하기 때문이다. 양계초에 따르면 "과도란 개진改進의 의의이다. 무릇 혁신자는 과거의 형식을 유지할 수 없고, 진보자는 반드시 과거의 방식을 버려야 한다. 높은 망루에 오르려면 먼저 평지에서 떨어져야 하고, 이국에 가려거든 먼저 고향을 떠나야 하는데 이는 가장 분명한 이치이다." 그러나 과거 전통에서 이탈하는 것은 평지에서 떨어지는 것이나 고향을 떠나는 것과 같이 그렇게 쉽지 않다. 왜냐하면 전통 사회에 있어서는 대개 과거가 현재를 단단히 잡아 붙들어 당기고 죽은 사람이

산 사람을 잡아 당겨, 일보를 전진하기 매우 힘들어 그 때마다 대가와 희생을 치러야 하기 때문이다. 무술변법 실패에 따른 교훈 때문에 이 방면에 대한 양계초의 경험과 이해는 매우 깊었다. 그는 중국의 개혁을 천 년된 낡은 집을 "새로 고치지 않을 경우 다시 거주할 수 없어" 먼저 구옥舊屋을 허물어야만 새집을 지을 수 있는 상황에 비교하였다. 가장 참기 힘든 것은 낡은 집이 이미 허물어졌는데 새집이 아직 다 지어지지 않아 기와장이 널려져 있고 재목이 흩어져 있어 낡은 집이 있을 때보다 더 황량하다는 사실이었다. "보통 사람은 눈앞의 작은 해로움을 보지 훗날의 큰 이익을 살피지 못해 사력을 다해 거기에 얽매인다. 또한 한두 명의 지식인은 혹 담력이 부족하여 오랫 동안 심사숙고하지만 가볍게 행동에 나서지 못한다. 이 점 때문에 과거 여러 나라에서 진보는 적되 퇴보가 많았다. 따라서 큰 힘과 과감한 노력만이 천신만고 끝에 창업의 공을 이뤄낼 수 있고, 크고 맹렬한 힘이 있어야 원대한 뜻을 이뤄낼 수 있는 것이다."[163]

변법운동의 정신적 지도자 강유위의 가장 큰 역사적 공훈은 '천 년된 낡은 집'을 단순히 보수하는 데에 만족하지 않은 데에 있었다. 비록 낡은 집을 허물고 새집을 짓겠다고 공개적으로 제시하지 않았지만, 이미 전면적인 개조를 시도했고 몇 개의 옛 대들보를 허물었다. 그는 1891년의 『신학위경고新學僞經考』와 1898년의 『공자개제고孔子改制考』 그리고 1901부터 1902년 사이에 완성한 『대동서大同書』 등에서 양계초의 비유이지만 대폭풍, 화산 대폭발, 대지진 등과 같은 파괴력을 보였다. 이것은 청대 학술계의 정식 분열을 뜻하고, 근대적 의미의 신구 당쟁의 발단이며 새로운 역사단계가 도래했음을 의미하는 것이었다.

양계초는 학술 사상의 시각에서 위원으로부터 강유위에 이르는 발전의 맥락에 대해 고찰하면서 강유위의 역사적 위상에 대해 명확하게 파악하였다. 그에 따르면 "제1차 중영전쟁 이후 지사들은 주먹을 불끈쥐고 이를 갈면서 커다란 치욕으로 삼으며 스스로 그를 씻어 없애려는 생각에 사로잡혔다. 이로써 경세치용經世致用의 사상이 부활하여 활활 타올라 억제할 수 없는 지경에 이르렀다. 또한 문호가 개방됨에 따라 서학이 점차 수입되어 초기에는 기술 분야가, 이어 정치 제도 등이 유입되었다. 학자들은 암실에서 생활하여 밖의 상황을 알지 못하다가 갑자기 창밖을 보니 찬란히 빛나는 것 모두 이전에 보지 못한 것들이었지만, 다시 집안으로 눈을 돌려 보면 어두컴컴하고 문제점은 쌓여만 가고 있었다. 따라서 대외 개방의 풍조가 치열해지고 내부 문제에 대한 혐오감이 깊어갔다. 벽을 깨고 스스로 이러한 암흑의 세계에서 떨쳐 벗어나려면 반드시 먼저 과거 정치와 싸워야 했다. 따라서 일부의 선진 지식인들은 지극히 유치한 서학 지식을 청초 계몽기의 경세치용학과 결합시켜 별도의 학파를 세워 정통파를 향해 반기를 들었다."[164)]

앞서 소개한 강유위의 삼대 저작은 경학經學을 외피로 삼고 진위 판별을 수단으로 삼으며 바로 직전까지 보여준 용맹의 기개를 갖고, 정통 지위를 차지하고 있던 고문경학古文經學과 정주이학程朱理學에 대해 도전한 것이었다. 즉 "거짓의 학설을 파괴하고 그 진지를 초토화하였으니" 정통파의 정신 권위를 근본적으로 공격하였다. 동시에 그는 또한 "신이호고信而好古" 하고 "술이부작述而不作" 하는 공자를 "난세를 극복하고 태평에 이르는" 데에 노력하고 개혁에 뜻을 둔 공자로 개조하였다. 또한 금문학파今文學派의 '삼세설三世說' (난세亂世, 승평세升平世, 태평세太平世)을 빌어 진화론적 역사관을 선전하였고 변법을 위한 이론적 근거를 제시하였다. 이밖에 그는 "경經과 자子의 오묘한 뜻을 결합하고, 유교와 불교의 섬세한 가르침을 탐구하며, 중학과 서학의 새로운 이치를 참조하고, 천과

인의 변화를 궁구하며 대지大地의 것과 금고今古에 대해 수집 분석하면서 미래의 일에 대해 고찰하였다." 이를 통해 '대동세계大同世界' 라는 아름다운 계획을 수립하였는데 그것은 인산이 분투하여 달성해야 할 이상 목표였다. 이렇게 그는 스스로와 변법파를 위해 방대하고 복잡한 사상 이론 체계를 건립하여 정통正統 도학道學에 대해 "공공연히 반기를 들었다."

강유위의 이들 저작에 대한 학술적 가치를 지나치게 높이 평가할 수 없는 것은 당연하다. 경학의 진위 판별은 종종 주관적 판단에 휩쓸릴 소지가 있었고 서학에 대한 이해 역시 큰 한계를 내포하고 있었다. 강유위 개인의 기질로부터 생각해 본다면 그는 정치가라기보다는 학자이고 학자이기보다는 종교가라 하는 편이 낫다. 그는 당수黨首의 역할에 적합한 인물은 아니고 이상적 교사 또한 아니며 오히려 다분히 교주의 성질을 지니고 있었다. 20년 이후 양계초는 자신의 스승 강유위를 다음과 같이 비판하였다. "강유위의 인간됨을 보면 만사에 대해 주관적이다. 자신감이 극히 강해 일 처리에 박력이 넘친다. 그러나 객관적 사실에 대해서는 혹 무시하거나 혹 강제적으로 자신에 맞추려고 한다. 사업의 경우에도 그러하고 학문할 때도 그러하다. 이 때문에 그는 일가를 이뤄 일시에 우뚝 솟아 올랐지만 또 바로 같은 이유 때문에 건실한 기초를 닦을 수 없었다."[165] 이외에도 양계초는 『삼십자술三十自述』에서 강유위 문하에서 수학하던 상황에 대해 서술하였다. "당시 나는 어린 나이에 과거에 합격하였고 당시 존중되었던 훈고학訓詁學, 사장학詞章學 등에 대해 잘 알고 있었기 때문에 자주 우쭐거리고 뽐내고 다녔다. 선생께서는 큰 소리로 야단치면서 수 년간 지속된 쓸 데 없는 구학을 비판하고 그것들을 모두 깨끗이 쓸어 없애버렸다. 오전 7시—9시에 찾아뵙고 오후 7시—9시에 물러날 때까지 교육은 계속되었다. 냉수를 뒤집어 쓴 듯 머리에 곤봉을 맞은 듯 충격이 커 과거에 믿었던 보루가 허물어졌다... 이로써 나는 결연히 구학을 버리기로 하였다."[166] 스승을 아는 데 있어 그 제자만한 사람은 없다. 양계초의 글을 통해 우리는 자신감이 있으면서 독단적인, 강력한 의지의 소유자이면서 동시에 전횡을 일삼는, 열정으로 감화를 주지만 이성적 설득력이 없는, 기세로 압박하지만 조리 있게 타이르지는 못하는 강유위를 확인할 수 있다. 바로 이와 같은 사람이 청일전쟁 이후 맞이한 기회와 인연을 이용해 빠르게 역사 무대의 전면으로 등장하게 되었다.

강유위의 역사적 작용은 주로 "과거의 보루를 깨고 신군新軍을 떨쳐 일으킨" 데에 있었고, '천년 고옥'의 벽돌과 기와를 치우고 새집을 짓기 위한 공간을 정리한 데에 있었다. 그러나 그의 독특한 성격과 서학에 대한 낮은 이해 수준 때문에, 신학의 발전에 더 큰 공훈을 세우지는 못했다. 영향력이 가장 큰 진화론과 서구 근대 정치 학설을 소개하는 데에 주요한 공을 세운 인물은 진정으로 중학과 서학을 겸비하고 과학적 훈련을 체계적으로 밟은 엄복嚴復이었다. 청일전쟁에서 신해혁명 이전까지 엄복은 『국문보國聞報』 제작 이외에 믿음직스럽고 통달하며 우아한 문체로써 서구의 많은 학술 명저를 번역하였다. 그 가운데에는 헉슬리Thomas Henry Huxley(1825－1895)의 『천연론天演論』(1898), 스미스Adam Smith(1723－1790)의 『원부原富』(1902), 스펜서Herbert Spencer(1820－1903)의 『군학이언群學肄言』(1903), 밀John Stuart Mill(1806－1873)의 『군기권계론群己權界論』(1903), 몽테스키외Montequieu(1689－1755)의 『법의法意』(1904－1909), 밀의 『명학名學』(1905), 제번스William Stanley Jevons(1835－1882)의 『명학천설名學淺說』(1909) 등이 포함되었다. 바로 이들 저작과 그 번역어, 평어評語 등은 중국 사회가 근대로 나아가는 데에 있어 계통적인 이론적 기초를 제공하였다.

엄복의 이론적 공헌은 매우 크고 또 다방면에 걸쳐 있다. 그는 진보적 세계관과 가치 관념 그리고 과학적 방법론을 도입했고 중서 문화의 비교 연구를 전면적으로 진행하였다. 하지만 더 중요한 것은 중국에서 가장 먼저 인간의 발견을 이끌어내었다는 점이다.

만약 서구가 외부 세계의 발견으로부터 내심 세계로 전환하여 그로부터 인간의 자아를 발견했다면, 중국은 외부 세계의 충격으로부터 중서 문화의 반복적 비교를 통하여 비로소 자신의 인감됨을 발견할 수 있었다.

그는 1895년 2월 천진天津 『직보直報』에 「논세변지극論世變之亟」이라는 글을 발표했는데 그 가운데 매우 정치한 분석이 등장한다. "오늘날 사람들은 서양인을 평가하여 말하기를 그들은 계산과 기교에 능할 뿐이라 하는데 이는 우리가 현재 보고 듣는 바에 대해 제대로 알지 못하고 하는 말이다. 예컨대 증기 기관과 무기 등은 모두 형이하학적인 결과물에 불과하며, 천문학, 수학, 물리, 화학 등 자연 과학의 정수 역시 그 능사의 일단을 드러낼 뿐 명맥命脈과는 무관한 것으로 파악하고 있다. 여기서 명맥이란 무엇을 의미하는가? 요점만 말한다면 그것은 학문함에 있어 거짓을 버리고 참된 것을 숭상하는 것이며, 법률을 집행하는 데에 있어 사사로움을 굽히고 공익을 위주로 삼는 것에 다름 아니다. 이 둘은 중국의 이도理道와 다르지 않다. 서양인이 이들을 실행하면 잘 통하는데 우리가 하면 항상 병이 생기는 것은 자유가 있고 없고의 차이 때문이다." 그는 과학(거짓을 버리고 참된 것을 숭상하는 것)과 민주(사사로움을 굽히고 공익을 위주로 삼는 것)를 서구 근대 문명의 '명맥'으로 파악하였는데, 이것은 당시의 역사 조건에서 본다면 세속적인 관념을 뛰어넘는 탁견이라 할 수 있다. 또한 그는 서구 세계가 과학과 민주를 실행하면 잘 통하지만 중국이 그렇게 하면 항상 발병하는 원인을 자유의 유무 차이에서 찾았다. 이는 서학을 대충 아는 학자가 할 수 있는 바가 아니며, 현재까지도 여전히 사람들에게 깊은 반성을 촉구하는 부분이라 할 수 있다. 자유가 없으면 과학과 민주가 없고 결국 서구와 같은 부강함을 이루지 못한다는 사실, 이것이 19세기 말 엄복의 기본적 관점이었던 것이다.

엄복은 더 나아가 근대 의식인 자유에 대해 간단하게 논하였다. "무릇 자유라는 말은 중국의 역대 성현들이 심히 두려워하여 아직까지 가르치는 바가 아니었다. 저들 서구인들은 '단지 하늘만이 인민을 낳으면서 각자에게 부여한 것이기 때문에 모두 자유를 얻고 또 누릴 수 있다' 고 한다. 따라서 각 개인은 자유를 얻고 각각의 국가 역시 자유를 얻을 수 있는데, 다만 법률로써 서로 침탈하지 못하게 할 뿐이다. 사람의 자유를 침해하는 것은 인리人理를 거스르는 것이고 인도人道를 해치는 것이다. 사람을 죽이고 해치며 재물을 훔치는 것 모두는 극단적인 자유 침해 행위이다. 따라서 인간의 자유에 대한 침해는 군주라도 불가능하며, 법률의 금지 조항도 이 때문에 만들어진 것이다. 중국의 이도理道는 서양 법 가운데의 자유와 매우 흡사한데, 서恕를 말하고 혈구絜矩를 말한다. 하지만 서로 비슷하다고는 할 수 있지만 동일하다고 할 수는 없다. 왜 그런가? 중국의 '서' 와 '혈구' 는 오로지 다른 사람과 물질을 대할 때 적용된다. 그러나 서구의 자유는 외부 물질세계에 미치지만 실은 나의 존재 이유와도 관계된다." 그는 서구의 천부인권설과 그 법제적 표현에 대해 소개했을 뿐만 아니라, 서구의 자유 관념과 중국의 '서도恕道' 와 '혈구絜矩' 에 대해 심도 있게 비교하면서 양자가 형식적으로는 유사하지만 실제적으로는 구별된다고 파악하였다. '혈구' 라는 표현은 『대학大學』에 보인다. 즉 "이로써 군자는 혈구의 도道를 지닌다." 주자朱子는 『대학장구大學章句』에서 '혈구' 를 '헤아린다' 고 해석하였다. 엄복에 따르면 중국의 '서' 와 '혈구' 는 오로지 다른 사람과 물질에 대해 관계하여 군체群體와 객체客體를 우선적 지위에 위치시킨 반면, 서구의 자유는 다른 사람과 물질(객체客體)과의 관계에서의 자기 존재 의미를 포함하며, 자아自我(개인個人)를 주체이자 출발점으로 삼았다. 바로 이같은 근본적 차이 때문에 중서 문화의 다른 차이들이 나타나게 된 것이다. "자유의 개념이 서로 다르기 때문에 다른 많은 차이들이 발생하였다. 거칠게 몇 가지의 예를 들어보자. 중국은 삼강三綱을 가장 중시하는 반면 서양인은 평등을 우선으로 삼는다. 중국은 개인적 친분 관계를 중시하지만 서양인은 현자賢者를 숭상한다. 중국은 효로써 천하를 통치하고 서양인은 공公으로 천하를 다스린다. 중국은 군주를 존중하지만 서양인은 인민을 극진히 대한다. 중국인은 획일적으로 통일되어야 한다고 생각하지만 서양인은 각기 서로 다르게 무리짓기를 좋아한다. 중국인은 기휘忌諱하는 게 많지만 서양인은 비평을 일삼는다. 재물 사용에 있어서 중국인은 지출을 줄이는 데에 치중한 반면 서양인은 재원 확충을 중시한다. 중국인은 순박함을 추구하고 서양인은 즐거움을 찾는다. 사물을 대할 때 중국인은 겸손을 미덕으로 여기지만 서양인은 힘써 자신의 의견 감정을 드러낸다. 중국인은 절제된 수식을 숭상하지만 서양인은 간단 평이한 것을 즐긴다. 학문에 있어 중국인은 박학다식을 자랑하지만 서양인은 새로운 지식을 존중한다. 재앙에 대해 중국인은 하늘을 원망하지만 서양인은 인력에 의지한다. 나는 이상의 예들로써 서양의 특징을 중국의 도리와 대립시켜 양 극단에 병존시킬 수 있지만, 감히 그 우열을 서둘러 단정할 수는 없다." 여기에서 비교된 쌍방 가운데 하나는 농업 종법 사회의 전통 문화이고 다른 하나는 자본주의 사회의 근대 문명이다. 엄복은 비록 우열 구분을 하지 않았지만, 어디에 더 큰 가치를 부여하고 있는지는 분명히 알 수 있다.

청일전쟁 이후 인민의 분노가 들끓고 다양한 학회가 건립되고 신문,

잡지가 다수 등장하게 됨에 따라 의회, 민권과 같은 것들은 새로운 지식인들이 경쟁적으로 논의하는 유행 언어가 되었다. 단지 엄복은 냉정하게 진행한 중서 문화에 대한 비교 연구의 기초 위에서 자유 문제의 근본적 차이를 규명하고, 그것을 기타 "다양한 차이를 발생시키는" 출발점으로 이해하였다. 이와 같이 탁월한 그의 견해는 현재까지 사람들을 감탄시키고 있다.

자유는 대체로 인권과 서로 관련되어 있다. 자유 없는 인권이 없고 인권 없는 자유 역시 있을 수 없다. 중국의 역대 성현들이 자유를 "심히 두려워하고", "가르치지" 않는 까닭은 그들이 농업 종법 사회의 종속적 인간관계, 상하의 차별, 혈연적 유대 및 의식에 반영된 강상綱常 명교名教 등을 만고불변의 진리로 간주하였고, 이들 모두는 자유, 인권 등과 서로 양립할 수 없었기 때문이었다. 나라를 구하려면 반드시 먼저 사람을 구해야 했다. 천년 동안 속박당해 온 노예, 신민을 갖고서는 근대 문명 국가를 건설할 수 없다. 만약 인간의 발견이 없고 인간의 가치를 긍정하지 않는다면, 또한 인권의 기초인 자유가 관념적으로 또 법제적으로 확립되지 않았다면, 서구의 의회, 헌법, 정당, 민주, 과학, 교육 등 새로운 개념의 이식은 모두 "귤이 회수淮水를 넘으면 탱자가 되는" 것과 같은 비참한 결과에 이를 수 있었다.

비록 양계초가 상해에서 주관한 『시무보時務報』와 『국문보國聞報』가 남북에서 호응하고 이 둘이 무술변법 시기 가장 영향력이 큰 여론 형성 기관이기는 했지만, 주의할 만한 것은 인간의 발견과 개성 해방의 측면에서 엄복에 가장 빠르게 호응한 사람이 양계초가 아니라 담사동이었다는 사실이다. 물론 양계초 역시 무술변법 이전 변법의 절박한 필요성과 기본 내용에 대해 선전하였고, 동시에 변법의 추진을 위해 각종 방해물과 심리적 장애물을 제거하는 데에 주력하였다. 무술변법의 실패 이후 양계초는 해외에서 서구 문명에 대해 보다 깊은 이해에 도달하여, 『신민설新民說』 등의 서술에서 엄복이 시작한 사업을 지속하였다.

과거 사람들은 보통 담사동을 변법파의 좌익으로, 엄복을 우익 혹은 적어도 중도 우익으로 이해하였다. 그러나 이것은 단지 정치적 표현으로 나타나는 급진성과 점진성에 근거한 것이다. 만약 변법운동 전체를 통해 본다면, 특히 변법운동을 하나의 사상 해방 운동으로 본다면 아마 위와 같이 간단하게 구별하기 힘들 것이다. 실제 엄복은 사상적으로나 이론적으로 무술변법 시기의 강유위, 양계초 등과 비교될 수 없을 정도로 뛰어났다. 비록 우아함과 격렬함이라는 표현상의 차이는 있었지만 담사동은 엄복과 오히려 서로 통하는 부분이 많았다. 담사동은 그의 명저 『인학仁學』에서 "인仁은 통通을 으뜸으로 하며", "통의 구체적 형상이 평등"이라 하였다.[167] 전통적인 '인'을 근대적 관념으로 해석한 것이다. 따라서 그는 명교를 '난인亂仁' 즉 인의 대립물로 이해했다. "세속적 학문을 하고 천박하게 행동하는 자들은 걸핏하면 명교를 말하면서 천명과 같이 공경하여 감히 바꾸려 하지 않으며, 마치 국헌國憲처럼 두려워하여 의론하려 하지 않는다. 오호라! 명분[명名]으로써 가르침을 삼으면 그 가르침이 실제로는 빈賓이 되어 절대 실속이 없게 된다. 또한 하물며 명이라는 것은 인간이 창조한 것으로 위로써 아래를 제압하는 것이니 그에 따르지 않을 수 없었다. 수천 년 동안 삼강오륜이 미친 참화와 해독은 이로써 더욱 참혹할 따름이다. 군주는 명으로써 신하를 질곡하고, 관은 명으로써 민을 누르고, 아버지는 명으로써 아들을 억압하고, 지아비는 명으로써 부인을 곤란에 빠뜨리고, 형제 친구는 명 때문에 서로 싸우니 인仁이 조금이라도 존재할 수 있겠는가? 인이 명에 의해 어지러워지는 것은 자연스러운 추세이다. 중국은 위세와 형벌로 거듭 천하를 통제하였기 때문에 명을 널리 세워 통제의 수단으로 삼지 않을 수 없었다. 본래 '인' 이란 명을 함께 하는 것이다. 군주와 아버지가 신하와 아들을 책망하면, 신하와 아들 역시 군주와 아버지에 반발할 수 있게 되어 통제의 방법으로 불편하게 된다. 따라서 충효예절과 분별의 명을 만들어 내야만 했고 이로써 신하와 아들을 책망할 수 있었다. '너는 멋대로 충성하지 않는구나! 너는 멋대로 불효하는구나! 이에 마땅히 쫓겨나야 하고 주륙당해야 한다.' 충효는 신하와 아들만의 명으로 끝까지 반할 수 없게 되었다. 비록 그 반대가 근거가 있고 항의의 의지가 분명해도 충효라는 명교의 최고 명에는 대적할 수 없고 오히려 그 죄를 더하게 될 뿐이니, '원망스럽고', '불만스러우며', '화가 치밀어 오르고', '마음 속으로 욕하며', '비방하면서', '위아래가 없다' 거나, '대역무도하다' 고 욕한다. 당연히 쫓아내야 한다고 생각하면서 쫓아냈고, 죽여야 한다고 생각하면서 죽였다. 그들의 죽음은 돼지 새끼 한 마리가 묶여 도살당하는 것만도 못했다. 비통하고 또 처절하게 소리치며 하소연하지만 사람들은 책임지려 하지 않았다. 죽인 자는 태연하여 자신의 행위에 대해 의심하지 않았고 천하의 사람들 역시 추종하여 화답하기를 '명교에 위반하는 죄를 저질렀으니 이렇게 법에 의해 처벌받는 것은 당연하다' 하였다." 이것은 상술한 인권 자유와 개인 해방 사상에 대한 구체적 표현이라 할 수 있다. 왜냐하면 그는 어려서부터 봉건 예교를 중시하는 가정에서 생활했고 모친 사망 이후 부친의 학대를 받았기 때문이다. 따라서 그는 스스로 이렇게 말했다. "나는 어려서부터 장년이 될 때까지 강상 윤리의 멍에를 짊어지고 그 고통에 괴로워했는데 산 사람으로서는 거의 감내할 수 없는 정도였다."[168] 따라서 그는 명교에 대해 더욱 심각하게 폭로하고 더욱 강렬하게 증오하며 항의하였고 그 결과 남을 감동시키기에 충분했다.

풍부한 정치 경험을 지닌 옹동화는 담사동과의 만남 이후 그가 '명문 자제로서 포악하고 오만한 자'라고 생각했다. 소위 '포악하고 오만한 자'란 바로 반역자를 가리킨다. 그는 자신이 태어난 가정을 배반할 뿐만 아니라 자신이 속한 계급 사회까지도 배반할 것으로 비춰졌다. 그는 스스로 장비壯飛라는 호를 지었는데 그 뜻은 겹겹으로 쌓인 속박을 깨고 광활하고 자유스러운 우주로 비상하고 싶은 마음에 있었다. 삼강 가운데 그가 가장 통탄한 것은 군권에 관한 것이었다. 그는 "군신 사이에 지켜야 할 도리 때문에 부자, 부부 사이에도 명분과 도리를 내세워 제한하는 것을 당연하게 여긴다"고 보았다. 그는 외국인의 말을 빌어 군주제를 통렬히 비판하였다. "프랑스인은 민주 개혁을 추진하면서 '맹세코 천하의 군주 모두를 죽여 전 세계에 그 피를 뿌려 만민의 한을 갚겠다'고 하였다. 조선인 또한 이렇게 말했다. '지구상의 어떤 나라든 단지 송과 명의 썩은 유교 경전을 읽고 스스로 예의의 나라로 여긴다면 그 나라는 사실상 인간 지옥일 뿐이다.' 프랑스인의 학문은 세계에서 으뜸이며 민주주의를 제창할 수 있는 것도 이상한 일이 아니다. 하지만 조선은 세계에서 가장 우매한 국가인데 같은 주장을 하는 것을 보면, 군주의 화가 얼마나 지독하여 사람들이 받아들일 수 없는 지경에 이르렀는지 충분히 짐작된다. 그 화는 전대前代의 화로서 당시 사람들은 이미 순순히 받아들였겠지만, 현재의 상황은 더욱 심해 비교할 수 없을 정도다. 예컨대 외환이 심해 해군은 패했고 요충지는 포위되었다. 적들은 나라 한 가운데까지 쳐들어와 이권을 빼앗고 재원을 고갈시켰다. 이제 나라는 분할의 조짐이 있고 인민은 거꾸로 매달려 고통스러워 하고 있으며, 나라와 종교 그리고 인종 모두가 망할 지경에 있다. 이에 변법만이 이러한 고통에서 구해낼 수 있는데 사람들은 오로지 과거의 것을 고집한 채 변화하기를 거부하고 있다. 이럴 경우 인민을 우매하게 만들고 말테지만 변법을 하면 인민은 지혜롭게 될 것이다. 빈곤에 빠진 인민은 변법을 통해 부유하게 될 수 있다. 약해진 인민도 변법을 통해 강해질 수 있고, 사지로 내몰린 인민 역시 변법을 통해 살릴 수 있다. 한 개인의 지혜, 부강, 생존 등을 추구하면서 일반 인민의 우매함, 빈곤, 취약함, 죽음 등을 강요하고 있는데, 변법은 그 한 개인과 지혜, 부강, 생존 등을 다투기 때문에 개인은 불변을 고집한다. 생각하건대 지혜, 부강, 생존 등은 결코 독부獨夫가 도맡아 책임질 문제가 아니다."[169] 이것은 일반적인 군권에 대해 이론적으로 반대하는 것이 아니고, 청 제국 군주에 대한 실제적 반대를 의미하였다. 변법으로 단순히 군권을 제한하고 민권을 제고하려는 것이 아니고, 군주와 민중을 변법 요구와 반대의 양극단에 위치시켜 자신이 민중의 편에 서있음을 명확히 밝힌 것이다. 그는 민중의 대표자임을 분명히 자임하면서, 인민의 지혜, 부강, 생존 등을 가져오는 변법이 필연적으로 '독부獨夫' 통치에 수용될 수 없다고 단언하였다. 이것은 이미 현실 생활 가운데에서 유신 변법의 한계 범위를 훨씬 초월한 것이었다.

자유에 대하여 그는 자신만의 독특한 견해를 밝혔다. "오륜 가운데 인생에 가장 해가 되지 않고 유익하며, 조금의 고통이 없고, 은은한 즐거움이 있는 것은 단지 붕우와 관련된 부분이다. 어떻게 교제를 해야 하고 또 그 이유는 무엇인가? 첫째, '평등' 이고 둘째, '자유' 이며, 셋째 '자의에 의한 관계 설정' 이다. 그 뜻을 총괄하면 자주권을 잃지 않는 것이다. 형제 관계는 붕우의 도에 가까워 위의 기준에 따른다면 그 다음에 위치할 만하다. 나머지는 모두 삼강에 의해 폐해를 입어 지옥과 같다. 위로 천문을 보고 아래로는 지리를 살피며 멀리 있는 여러 사물을 살펴 가까이 자기 몸에 취하면서 자주할 수 있으면 흥할 것이요 그렇지 못하는 자는 패한다. 이치가 분명하니 여기에 따르지 않는 게 없다. 오륜 가운데 자주권을 온전히 갖춘 것이 하나 있는데 어찌 아끼고 중히 여기지 않을 수 있겠는가?... 단지 오륜 가운데 붕우 간의 윤리만이 홀로 추앙받게 된다면 이후 나머지 사륜은 없애려 하지 않아도 스스로 사라지게 될 것이다. 또한 사륜이 마땅히 폐기되어야 함을 분명히 한다면, 붕우 윤리의 힘이 비로소 커질 것이다. 현재 중외의 사람들 모두 변법을 강조하지만, 오륜이 변하지 않으면 아무리 당연하고 중요한 길이라도 그 출발점을 제대로 찾을 수 없다. 하물며 삼강의 경우는 이보다 더하다."[170] 자유란 사람들이 자주의 권리를 지니고 있는 것으로, 붕우 관계에서 이러한 평등적 인간 관계가 가장 잘 체현된다. 만약 군신, 부자, 부부, 형제 사이 모두에서 붕우 사이에서와 같이 서로 대한다면 사람들 모두는 자주권을 갖게 되는 것이고, 그렇다면 전통의 삼강오륜은 "없애려 하지 않아도 스스로 사라진다." 이와 같이 독립 인격과 자아 의식을 중시한다는 사실은 담사동의 자유관이 이미 비교적 높은 수준에까지 도달해 있음을 나타낸다.

천 수백 년 간 '독재자'의 폭학적 통치 아래에서 중국은 단지 노예만이 존재할 뿐 국민은 없었고, 인성뿐만 아니라 심지어 자태와 용모까지도 왜곡되었다. 담사동은 통렬하게 다음과 같이 지적하였다. "서양인은 재외在外의 기계로써 화물을 제조하고 중국인은 재내在內의 기계로써 겁운劫運을 만들었다. 현재 사람들 모두 간교한 마음을 숭상하는데 그 근본은 모두 시기심에서 온다... 정말 무서운 일이다! 다른 사람의 악행에 대해 말하는 것을 크게 즐거워하고, 사람들의 선행을 듣기 꺼려하며 또 들으면 분노한다. 헐뜯고 욕하는 것은 고절高節하다 여기고 기사奇事로 여기니 처음엔 점점 호오好惡을 상실하다 마침내는 세상사 모두 시비의 구분이 없게 된다. 따라서 현재 사람들에 대해 의론함에 있어 모두 진실됨이 없다." "중국인의 자태와 용모를 보면 재난에 찌든 모습이 있다. 서양인과 비교해 보면 활기가 없고 비열하며 저속하고 촌스러우며 수척하여 누렇게 뜬 모습이든가 피둥피둥 살 쪄 퍼져 있는 모습이고 병들어 구부정하다. 당당하고 위엄을 갖춘 자는 천만 명 가운데 한두 명에 불과하다."[171] 이것은 선진 문명 앞에서 자신의 추악한 모습을 스스로 부끄러워하는 것이지 맹목적으로 외국의 것을 숭상하고 함부로 스스로를 비하하는 것이 결코 아니며, 이와 같이 우매하고 낙후된 상황을 변화시켜야 한다는 절실함을 보여주는 것이다. 실제로 그는 이미 민족성 문제를 언급하면서 향후 국민성 개조 문제에까지 연결시켰다. 그러나 담사동은 너무 빠르게 변법운동 과정에서 희생당했기 때문에 이와 같은 진일보한 사고를 구체적으로 실천할 수 없었고 그 임무는 엄복과 양계초가 담당해야만 했다.

일찍이 1895년 3월 엄복은 『직보直報』에 발표한 「원강原强」이란 글을 통해 지난 30여년 간의 양무 사업에 대해 정리하였다. "대외 개방 이래 중국은 많은 분야에 걸쳐 서법西法을 모방하였다. 첫 째 총서總署, 둘 째 선정船政, 셋 째 초상국招商局, 넷 째 제조국, 다섯 째 해군, 여섯 째 해군아문, 일곱 째 광무礦務, 여덟 째 학당, 아홉 째 철로, 열 번 째 방직, 열한 번 째 전보, 열두 번 째 출사出使 등이 그것이다. 이 모두는 서양의 가장 훌륭한 제도들이고 부강의 기제인데 옮겨 실행된 이후 좋지 않아 유명무실하게 되니 귤이 회수를 건너면 탱자가 되는 것과 같다고 자주 지적받았다. 회사는 서양 부강을 이룩한 큰 힘이지만 중국에선 두 명이 합작할 경우 서로 속이는데 왜 그럴까? 민지民智가 부족하고 민력民力, 민덕民德 또한 부족하기 때문이다." 그는 "민지가 날로 트이고, 민력이 떨치며 민덕이 서로 화합하는 것"을 자강의 근본으로 삼았다. 삼자 가운데 민지의 확장이 가장 급한데 그 이유는 다음과 같다. 부강은 인민을 이롭게 하는 정치이고 그것은 "반드시 인민이 자기 이익을 추구할 수 있는 데에서부터 시작되고, 자기 이익 추구는 자유로울 수 있는 데에서 시작되며, 자유로움은 자치할 수 있는 데에서부터 비롯되고 자치할 수 있는 자는 반드시 남을 용서하고 자기 마음을 미루어 남의 마음을 헤아릴 수 있어야 한다." 이상은 반드시 인민 문화, 정치 소양의 제고를 전제로 하는 것이다. 이후 후관엄씨총각본侯官嚴氏叢刻本『원강原强』 수정고에서는 다시 민력, 민지, 민덕을 해석하여 '혈기체력血氣體力의 강强', '총명지려聰明智慮의 강强', '덕행인의德行仁義의 강强'이라 하였고, 당시 정치의 핵심을 삼단三端 즉 민력을 고무하고, 민지를 열며, 민덕을 새로이 하는 것으로 귀결시켰다.

엄복은 이 세 가지가 오랜 기간 동안 형성된 민족 성격을 근본적으로 개조하는 것이기 때문에 실천하기 매우 어려운 임무라고 생각하였다. "현재 중국 인민의 힘, 지혜, 덕 등은 전체적으로 보면 수천 년 동안 누적되어 온 것으로 자연 환경의 특수한 상황에 근거하고 형벌, 정치, 교화, 풍속 등의 잦은 변화에 조응하여 최종적으로 형성된 것이다. 현재 단기간의 노력으로 과거의 폐단을 깨끗이 씻는 개혁을 통해 세상 변화에 부합하고, 급박하고 부산하게 돌아가는 정세 가운데 자존自存할 수 있다고 하는데 제대로 되지 않을 건 분명하다." 그러나 엄복은 결코 비관하지 않았다. 그는 자기 조국의 미래에 대한 믿음을 갖고 있었다. "현재 서구 열강은 우리를 핍박하여 우리의 주권을 빼앗아 갔지만, 현재는 변화의 속도가 지극히 빠른 때이다. 지식인들이 그 힘과 권리를 조심스럽게 지켜 방관하지 않는다면 천하의 일이 잘 풀려나갈 것이다. 현재 서양이 성공을 거두었지만 그러한 변화를 보인지 길게는 200년 짧게는 50년의 세월에 불과하다. 그렇다면 우리가 왜 분발하지 않을 수 있겠는가?"

엄복이 제출한 '삼민설三民說'은 실제로 사람들을 과거 전통의 속박에서 해방시켜 건전한 신체와 정신 그리고 근대적 도덕 관념, 지식 체계를 갖춘 새로운 인간을 창출하고자 하였다. 이러한 주장은 담사동의 「인학계설仁學界說」에 반영되지 않은 것은 아니지만 거기에서는 추상적인 철학 용어로 표현되었을 뿐이었다. 담사동은 영혼을 강조하여 그것이 "정신에 속한다"고 여겼다. 즉 고급의 정신 범주에 속한다는 것이다. 『인학仁學』 가운데에는 매우 복잡 미묘한 명제가 등장한다. 즉 "통한다면 반드시 영혼을 존중해야 하고", "통한 모습이 평등이 된다." 이것은 실제적으로 중외 통상 이후 상품 경제 관념이 철학, 윤리학에 투영된 모습이다. 왜냐하면 상품은 자연스럽게 평등 관념의 교사이고 담사동은 자기가 상품으로부터 확실하게 계발되었음을 솔직히 인정하고 있기 때문이다. 담사동은 위와 같은 명제에서 출발하여 사통四通 즉 '중국과 외국과의 소통', '위와 아래와의 소통', '남녀 내외 사이의 소통', '타인과 자기와의 소통' 등으로 확대하였다. 이를 통해 그는 중외, 상하, 남녀 내외, 자타 사이의 평등 왕래를 가로막는 전통적 속박을 깨고 개성의 해방, 자유, 평등, 박애 등을 표방하는 자산 계급의 국민 정신을 수립하고자 하였다.

그러나 국민성 개조라는 변법파의 중대한 과제에 대해 보다 분명하고 상세하게 밝히고 또 더 큰 영향력을 행사한 것은 1902년 『신민총보新民叢報』에 발표된 양계초(필명은 '중국의 신민新民') 「신민설新民說」이었다. 그는 엄복으로부터 '삼민설'을 받아들이고 공덕公德, 권리 사상과 자유, 진보의 여러 측면을 중시하면서 새로운 국민 정신을 구체적으로 논증하였다. 그에 따르면 "무릇 일국이 세계에서 독립을 유지하려면 그 국민의 독특한 특질이 있어야만 한다. 위로는 도덕, 법률로부터 아래로는 풍속, 습관, 문학, 미술 등에 이르기까지 모두 일종의 독립 정신이 있어 조부에서 자손으로 이어져 이후 집단이 결성되고 나라가 이루어지니 이것이 민족주의의 근거 원천인 것이다." 이러한 고유의 '특질'을 소유해야 하고 동시에 끊임없이 벼리고 단련하며 연마하고 배양하여 해마다 새로운 싹이 돋아나도록 애쓰고 그 하나하나를 위해 샘물을 파 물을 대야 한다. 또한 "우리에게 부족한 바를 보충하여 우리 국민의 도를 새롭게 해야 한다." 즉 "각 민족이 자립할 수 있는 요인을 널리 고찰하여 그 장점을 취하여 우리가 미치지 못하는 부분을 보충한다." 단지 "재질에 따라 충실하고" 동시에 "기질을 변화시켜야" 20세기에 자립할 수 있는 신 국민을 배양할 수 있다.

양계초는 국민의 권리 및 권리 사상을 매우 강조하면서 세계에서 중국인의 권리 사상이 가장 취약하다고 하면서 그 비참함이 마치 맹자가 말하는 "편하게 살면서 교육받지 않으면 금수에 가깝다"는 상황과 같다고 하였다. 그는 호소하였다. "정치가는 권리 사상을 억압하지 않는 것을 제일로 삼아야 한다. 교육가는 권리 사상을 배양하는 것을 제일로 삼아야 한다. 개인은 그가 선비, 농민, 노동자, 상인, 남성, 여성 그 누구이든지 각자 스스로 권리 사상을 견지하는 것을 제일로 삼아야 한다. 국민이 정부에 대해 권리를 향유할 수 없다면 그와 투쟁하고, 정부는 국민이 권리를 위한 투쟁을 하고 있는 것을 보면 양보해야 한다. 우리 나라의 국권과 타국의 국권을 동등하게 하고자 하려면 반드시 먼저 우리 나라의 국민 고유의 권리를 모두 평등하게 만들어야 하며, 우리 나라 국민이 우리 나라에서 향유하는 권리와 타국의 국민이 그 나라에서 향유하는 권리를 서로 동등하게 만들어야 한다. 이렇게 된다면 국가의 병은 거의 나을 것이다."

양계초는 자유 문제도 상당히 중시하였다. 그는 14-15세기 이후의 인류사를 자유 쟁취를 위한 투쟁사로 요약하였다. 「신민설」에 따르면 서양의 중세는 종교, 정치 전제의 암흑 시대였지만, "14-15세기에 이르러 마틴 루터가 구교의 진영을 파괴하자 사상 자유의 문이 열리고 신천지가 출현하였다. 이후 2-300년 동안 각국은 내전을 하든가 외부로 원정 전쟁을 벌여 들판에는 시체가 널리고 계곡엔 피가 흐르는 등 천지가 참담하고 혼란스럽게 되었는데 이 모두는 종교 때문이었다. 따라서 이 시기는 종교 자유를 획득하기 위해 투쟁하는 시기였다. 17세기 크롬웰이 영국에서 홍기하고 18세기 워싱턴이 미국에서 일어났으며 바로 이어 프랑스 대혁명이 발생하자, 광풍노도가 전 유럽을 진동하였다. 각 국은 연이어 구름이 피어오르고 샘물이 용솟음치듯 들고 일어나 지중해 서쪽에서 태평양 동쪽까지 입헌제를 채택하지 않은 나라가 없게 되었고, 캐나다, 호주 등도 모두 자치제를 채택하여 오늘날에 이르고 있다. 이 시기는 정치 자유 획득을 위해 투쟁하는 시기였다. 16세기 네덜란드가 스페인의 속박에서 벗어나기 위해 40여년 동안 분투했고, 그 후 여러 나라가 잇따라 홍기하여 19세기까지 민족주의가 대지에 충만했다. 이탈리아, 헝가리가 오스트리아에게 대항하였고, 아일랜드가 영국에, 폴란드가 러시아, 프러시아, 오스트리아 삼국에, 발칸반도 제국이 터어키와 투쟁하였으며 근대에 이르러 필리핀이 미국과 투쟁하였다. 죽임을 당해도 계속해서 일어나 투쟁에 나서기를 후회하지 않는 것은 모두 우리 민족이 아니면 우리 주권을 확보할 수 없다고 여기기 때문이었다. 비록 그 추구하는 목적이 달성될 수도 있고 그렇지 않을 수도 있지만 정신은 하나였던 것이다. 따라서 이 시기는 민족 자유 쟁취의 시기라 할 수 있다... 19세기 이래 미국은 노예 해방령을 선포했고, 러시아는 농노제를 폐지하여 인민의 생존

권에 많은 영향을 끼쳤다. 20－30년 동안 동맹 파업이 도처에서 발생하고 공장 조례가 속속 반포되었다. 지금부터 이 문제는 전 세계에서 가장 중요한 문제로 등장하게 될 것이다. 이 시기는 생계 자유 쟁취의 시기이다. 이상의 여러 단계는 400년 동안 계속된 서양의 개혁 진보의 과정이다. 욕망을 억제하고 힘들게 앞으로 전진한 경우가 대부분이었다. 아! 왜 이렇게 되었을까? 그것은 '자유가 아니면 차라리 죽음을 달라!' 라는 말에 잘 요약되어 있다. 이 같은 신념으로 충동되고 또 고무받으며 생사를 초월하여 투쟁에 나섰던 것이다. 아, 찬란한 자유의 꽃이여! 아, 장엄한 자유의 정신이여!"

사람들은 노예의 상태에서 벗어나기 위해서는 먼저 스스로의 마음속에 있는 노예 사상을 벗어던져야만 한다. "만약 진정한 자유를 추구한다면 반드시 마음속의 노예 근성부터 제거하는 데에서부터 출발해야 한다." 양계초는 장자莊子의 말을 인용해 말하기를 "슬프기로는 마음이 죽은 것이 가장 으뜸이고 몸이 죽는 것은 그 다음이다"라 하였다. 또 이어 변화를 주어 말하기를 "마음의 노예 근성이 가장 치욕적인 것이고 신체의 예속은 그 다음이다." 마음 속의 노예 근성을 없애기 위해 그는 고인의 노예, 세속의 노예, 경우의 노예, 정욕의 노예가 되지 말 것을 주장했다. 그의 이상적인 '신민新民'은 마땅히 다음과 같아야 했다. "나에게는 눈과 귀가 있어 격물格物에 이를 수 있고 심사心思가 있어 이치를 궁구할 수 있으며 높이 산 정상에 설 수도, 깊이 바다 바닥을 갈 수도 있다. 고인에 대해 나는 때로는 스승으로 삼고 친구로 삼으며 또 적으로 대하여 받아들이지 않을 수도 있다. 이 모두는 공리를 기준으로 판단하는 것으로 자유인 것이다."

그러나 자유에 대한 양계초의 선전은 매우 제한적이어서, 선명하고 단호한 담사동의 그것에 크게 미치지 못하였다. 양계초는 자유 정신에 의해 조성된 결과를 6개 문제로 정리하였다. ①사민 평등 문제, ②참정권 문제, ③식민지 자치 문제, ④신앙 문제, ⑤민족 국가 건립 문제, ⑥노동자 문제 등이었다. 그에 따르면 ①, ③, ④ 문제는 중국에 존재하지 않고, ⑥문제 즉 노동자 문제는 중국에서는 장래에 출현할 것으로 아직 존재하지 않았다. 당시 중국이 가장 급하게 해결해야 할 것은 ②, ⑤ 두 문제 즉 참정권 문제와 민족 국가 건립 문제였다. 양계초가 이 두 문제를 강조하는 것은 당연히 진보적 의의를 지닌 것이었다. 그는 전국시대 이후 세경제世卿制가 폐지되었기 때문에, "계급의 적폐는 이미 소멸되어" 중국에 사민 평등이 존재하지 않는다는 것은 도리어 역사 사실에 부합하지 않는다고 보았다. 하지만 이와 같은 양계초의 인식은 계급 갈등이나 혁명적 열기에 대한 자신의 내적 공포심을 반영한 것이었다. 즉 그는 인민이 최소한의 권리와 자유를 획득하기도 전에 이미 과도한 자유를 보장받는 것의 위험성에 대해 걱정하였고 여기저기에 그 방비책을 마련하고 자유를 제한하였다. 이는 그가 극히 제한적인 민권만을 추구하고 있었음을 나타내고 있다.

따라서 변법파 가운데 영향력이 가장 크고 가장 많은 독자층을 소유하고 있던 문장가 양계초는 1903년 이후 점점 이전의 탁월한 안목을 상실했고, 새로운 선구적 사상가들이 이미 빠르게 그를 따라잡아 마침내 그를 크게 추월하고 말았다. 시대가 전진하고 사회도 변화하면서 인간의 사상 역시 끊임없이 신진대사가 이루어진다. "사람의 일에는 신진대사가 있고, 오고 가면서 고금古今을 이룬다." 후발자는 선발자의 족적을 타고 넘고 선발자가 이루지 못한 사업을 새롭게 추진하였다. 당시 선진 인사들은 이미 제1차 중영전쟁 이후 60여년 동안의 고통의 역정을 진지하게 돌이켜 보면서, 청말의 정국과 사회 사상의 발전 과정에 대해 비교적 분명하게 분석하였다. "외부와 내부의 끊임없는 자극을 받으면서 우리 나라의 정계 역시 여러 번의 변화의 바람이 휘몰아쳤다. 처음엔 외국과의 통상을 주장하다 제대로 안 되자 직접 제조에 나서자는 주장이 나오고, 제조를 주장하다 제대로 안 되자 유학에 나서게 되었다. 유학으로 안 되자 변법으로, 변법에서 다시 보황保皇으로, 보황에서 다시 입헌으로, 입헌에서 다시 혁명으로 나아갔다. 혁명에까지 이르게 되면 그것은 현상으로 헤아려 보건대 결코 더 이상 나아갈 곳이 없다."[172] 대체로 새롭고 선진적이며 혁명적인 사물은 이 같이 어떠한 시련에도 굴하지 않고, 진부하고 낙후된 반동적 사물의 방해를 부단하게 극복하는 과정에서 다시 거스를 수 없는 역사적 조류를 형성하는데 이는 세계 어디에나 존재하는 역사 변증법이다.

비록 양계초가 다소간의 걱정스런 마음으로 "자유스럽되 난폭하지 말고", "파괴하되 위험스럽지 않으며", "독립적이되 서로 알력을 일으키지 말아야 한다"고 권고하였지만, 혁명 사상은 고삐 풀린 준마같이 갈기를 날리고 말발굽을 드높이 올리며 전진하였다. 「신민설新民說」이 발표된 지 2년째에 횡강건학橫江健鶴이라는 필명의 작자가 『강소江蘇』에 「신중국전기新中國傳奇」라는 글을 발표하였다. 거기에서는 담사동의 혼백이 상해 자유희원自由戲院에서 「신중국전기」를 보는 장면을 설자楔子[173]로 나타내었다. 이 극작가는 담사동의 형상을 핏물 속에서 깨어난 영혼으로 묘사하였다. 담사동의 혼백은 등장하자마자 스스로 "인민을 위해 피흘린 첫 번째 사람이다"라고 하였고, 당재상唐才常 등 자립군自立軍의 무한기의武漢起義를 '두 번째의 희생'이라 하였다. 주의할 만한 것은 긴 장문으로 된 그의 독백이었다. "하하! 혁명, 혁명! 자유, 자유! 현재 풍조가 다시 일어나 장태염章太炎, 추용鄒容 두 동지는 『혁명군革命軍』을 지어(원문이 이와 같다—저자 주) 기필코 원수를 갚고자 하는 뜻을 널리 알리고 장기 혈전을 계획하였다. 여기저기에서 호응하는데 상해 지역에서 특히 심했다. 책이 출판되고 얼마 되지 않아 전국이 혁명의 열기에 가득 차게 되니 둘의 공헌이 진실로 적지 않다." "이승과 저승의 길이 다르고, 오늘은 옳지만 어제는 틀리다 해도, 혁명, 자유의 주장은 만고불변의 진리이다. 그런데 과거 나의 이상은 유치하여 마귀가 설치한 불도佛道 방해물인 마장魔障으로 타락하였으니 살아서는 보황당의 우두머리였고 죽어서는 혁명의 큰 귀신이 되었다... 과거 보황당이 아직까지 숨이 붙어 남아 있다면 왜 하필 우리같이 죽고 나서야 비로소 이치를 깨달으려 하는지 묻고 싶다." 변법의 과정에서 희생당한 담사동은 당시 혁명 인사 사이에서 계속해서 동정과 존중을 받아왔기 때문에 「신중국전기」 내의 설자楔子는 결코 경박한 풍자가 아니고 진실된 권고였다. 시대의 흐름에 따라 사상이 변화하고 역사 무대에는 '세 번째 희생자'가 주연으로 등장하기에 이르렀다.

'세 번째 희생자'의 걸출한 대표이자 급진적 선봉은 젊은 추용鄒容(1885—1905)이었다. 그는 사천四川 파현巴縣 상인 집안 출신으로, 소년 때에 이미 전통 교육과 과거 시험에 대해 극히 반감을 품었다. 일찍이 "요순을 비난하고 주공을 경박하게 여기며", "정주학과 청대의 유학이 특히 제대로 된 데가 없다고 비판하였기" 때문에 중경경학서원重慶經學書院에서 제적당했다. 1898년(13세) 일본인으로부터 영어와 일어를 학습하였고 신학문 관련 서적을 읽었다. 그는 무술변법을 동정하여 담사동의 유지를 계승하기 위해 스스로 노력하였다. 1901년 상해 강남제조국 부설 광방언관廣方言館에서 일어를 수학하였다. 다음 해 일본으로 자비 유학을 떠나 동경동문서원東京同文書院에 입학하여 중국 유학생의 애국 혁명 활동에 적극적으로 참가하였다. 1903년 봄에 귀국하여, 상해에서 애국학사에 참가하면서 거아운동拒俄運動에 투신하였다. 저명한 『혁명군』은 바로 이 즈음에 씌여진 책이다. 그의 나이, 경력, 지식 체계 및 개인의 기질 등 때문에 그의 저작은 무술변법 때와는 전혀 다른 시대적인 모습을 띄게 되었다.

『혁명군』 전체는 호탕하고 자유분방한 청춘의 풍모를 잘 드러낸다. 저자는 「서론緖論」에서 다음과 같이 시작하고 있다. "나는 만리장성을 따라 걷고, 곤륜산崑崙山을 오르며, 양자강揚子江 상하류를 오르내리고, 황하黃河를 거슬러 오르며, 독립의 깃발을 세우고 자유의 종을 울리며 천지에 호소하고 목이 터져라 우리 동포 앞에 이렇게 외쳤다. 오호라! 금일 우리 중국은 혁명해야 한다. 금일 우리 중국이 만주인의 속박에서 벗어나려거든 반드시 혁명해야 한다. 우리가 독립하려면 혁명해야 한다. 우리가 세계 열강과 자웅을 겨루려면 혁명해야 한다. 우리가 20세기의 신세계에 오랫동안 생존하려거든 혁명해야 한다. 우리가 지구상의 명국名國이 되고 지구상의 주인공이 되려거든 혁명해야 한다. 혁명이여! 혁명이여! 우리 동포 가운데 노년, 중년, 장년 소년 유년 남녀 등을 막론하고 혁명을 말하면서 그것을 실천하는자 있는가? 우리 동포는 혁명을 통해 서로 생존하고 서로 도움을 주고 생활해 나갈 수 있다. 이에 나는 지금 큰 소리로 혁명의 뜻을 천하에 선포하노라." 양계초가 글을 쓸 때마다 감정적 표현으로 '신민체新民體' 를 만들어냈던 것과 동일하게, 추용은 "울부짖으며 속에 있는 말을 마음껏 터뜨리고 부끄러움과 원망을 드러내는" 위와 같은 격정적 표현을 이용하여 일종의 혁명 문체를 창조하였다. 많은 지식인들이 시비를 따지기 전에 반드시 곤륜산에 오르고, 양자강을 유람하고, 황하를 거슬러 오르고, 독립의 깃발을 세우고, 자유의 종을 울리면서 자신의 최대 희망을 드러내려 하는 것은 추용의 희생 이후 천지 간에 하나의 거대한 동상이 우뚝 세워졌기 때문이다. 이것들은 오늘날의 시각으로 볼 때 어느 정도 공식화된 표어 구호 등의 모습을 하고 있지만, 당시로는 실제 혁명가의 가득찬 피눈물과 격정적 심성을 반영한 것으로 수많은 독자의 강렬한 공명을 끌어낼 수 있었다. 그것과 팔고문八股文, 동성파桐城派의 고문 등과는 사상, 내용의 측면에서 판이하게 구별될 뿐만 아니라 문체상으로도 다르다. 그것은 한 차례의 큰 해방이었고 혁명 시기에 필요한 명확한 통찰, 풍부한 열정, 빠른 율동감 등에 걸맞는 것이었다.

추용 시대의 사람들은 혁명 이론을 모두 서양으로부터 도입하면서 그들은 전통 문화와 더욱 분명하게 선을 긋게 되었다. 『혁명군』에 의하면 "나는 우리 동포가 금세기의 열강과 조우하게 되어 다행스럽게 생각한다. 나는 우리 동포가 문명적인 정체, 문명적인 혁명에 대해 들을 수 있게 되어 다행스럽게 생각한다. 나는 우리 동포가 루소의 『민약론』, 몽테스키외의 『만법정리萬法精理』, 밀의 『자유지리自由之理』, 『법국혁명사法國革命史』, 『미국독립격문美國獨立檄文』 등의 번역서를 읽을 수 있게 되어 다행스럽게 생각한다. 이것들이 어찌 우리 동포의 큰 행복이 아니겠는가? 이것들이 어찌 우리 동포의 큰 행복이 아니겠는가?" "루소 등 대 철학가의 미언대의微言大義는 죽은 사람도 살려내는 영약이고 혼백을 돌려 부르는 비방이다. 그들의 금단金丹, 의술 등이 주효하며 프랑스와 미국의 문명은 모두 그들로부터 배태하였다. 우리 조국은 현재 병이 들어 다 죽게 되었다. 그런데 어찌 영약을 먹고 비방을 처방하지 않고서 살 수 있겠는가? 단지 살려거든 내가 청하건대 루소 등의 대철학가의 지혜를 빌어다 중국에 적용해야 할 것이다. 비단 이 뿐만 아니라 크게는 워싱턴이 앞에 있고, 작게는 나폴레옹이 뒤에 있어 우리 동포 혁명의 지침이 되고 있다. 아! 아! 혁명이여! 혁명이여! 혁명하면 살 것이요, 못하면 죽는다. 퇴보할 수 없고 중립에 있어도 안 되며 배회해서도 안 된다. 지금이 바로 그 때이다! 지금이 바로 그 때인 것이다!" 이전 곽숭도 등은 동양 철학과 서양 철학을 같은 수준에 위치시켰기 때문에 한간漢奸[매국노]으로 규탄받았고, 강유위가 공자개제孔子改制의 뜻을 빌어 변법을 실행할 때 역시 황당무계한 패역이라 배척당했다. 그런데 추용과 같은 신식 교육을 받은 젊은 학생들은 아예 서양 철학으로 동양 철학을 대체하고 심지어 서양 철학으로 동양 철학을 타도하자고 하였다. 이는 사회 사조가 얼마나 심각하게 변화했는지, 그리고 그 변화란 실질적으로 전통 문화에서 이탈하여 서구 문화로 접근하고 있음을 나타낸다. 같은 해 강소江蘇 시인 금송잠金松岑은 진거병陳去病이 일본에서 귀국하는 것을 환영하여 장편의 시를 지었는데 그 가운데에는 다음과 같은 구절이 있다. "처를 얻으려면 마땅히 웨루삐를 택해야 하고, 애는 마찌니를 낳아야 한다. 웅계삼창효雄鷄三唱曉를 들어야 하며 나나 너는 프랑스에 있어야 할 것이다." 또한 장성재蔣性才는 일본에서 애국학사愛國學社에 대해 칭찬하기를 "이 학당에서는 나폴레옹, 워싱톤, 까보르, 마찌니, 가리발디, 사이고 다카모리 등에 필적할 수많은 인재를 배출할 수 있다. 하지만 저 완고한 관리들은 이 학당을 매우 이상하게 보면서 계속된다면 반드시 수많은 반란자, 예컨대 송강宋江, 이자성李自成, 장헌충張獻忠, 홍수전, 손문, 강유위 등과 같은 인물을 만들어 낼 것이라 하였다."[174] 유학생들은 해외의 현인, 영웅 등에 대해 훤히 꿰뚫고 있었지만 완고한 관리들은 이를 제대로 이해하지 못하였고, 그 때문에 단지 국내의 반역자들만을 예로 들고 있는데 이 또한 분명한 대조를 이루고 있다.

『소보蘇報』 사건이 발생하여 추용, 장태염章太炎 등이 차례로 체포되자 혁명 승려 겸 시인 오목산승烏目山僧(황종앙黃宗仰)은 「『혁명군』격절擊

節」이란 시를 지어 청조에 대한 분노와 항의를 표시하였다. 그 가운데에 "혁명, 혁명 참된 영웅이여! 한 권의 책으로 서양 문화 제대로 해석되어 동서양을 훤히 밝히니 중국에도 호걸 있음을 모두 알리라"라는 구절이 있다. 여기서 "한 권의 책으로 서양 문화 제대로 해석되었다"는 표현은 추용의 『혁명군』 서언 가운데 등장하는 독백을 가리킨다. "사람들 가운데 일부는 내가 대역무도하다고 책망하고 다른 일부는 내가 광명정대하다고 신뢰하는데 나는 개의치 않는다. 나는 단지 루소, 워싱톤, 웨이만 등 위인들의 혼령이 지하에 살아있다면 반드시 미소 지으며 말하기를 '아이가 깨달은 바가 있으니 나의 도가 동방에 있다' 고 할 것이다." 신해혁명 시기의 혁명가들은 주저 없이 혁명에 나섰고 서구 문명에 대한 흠모의 태도를 숨김없이 드러내면서, 자신들이 서구 위인의 학생이며 서구 근대 문명의 전파자임을 천명하였다. 이는 정통 문화에 대한 분명한 반역이었다.

장태염은 추용이 『혁명군』이라는 서명을 정한 이유에 대해 "그 계획한 바에 따라 이민족을 구축하려 할 뿐만 아니라, 정교政教, 학술學術, 예속禮俗, 성격 등 모든 방면에 있어 변혁이 있어야 하기 때문에 크게 혁명이라 하였다"[175]는 사실을 지적했다. 그러나 당시 저자는 젊었고 또 지면의 한계도 있었기 때문에, 『혁명군』의 주요 공적은 청조 반대와 민주 공화 사상의 선전에 있었고, 정교, 학술, 예속, 성격 등 방면의 혁신에는 한계가 있었다. 따라서 더 많은 선진 인사들이 더 넓게 또 더 깊이 혁명 여론 및 이론 작업을 진행시켜야 했다.

그 가운데 중요한 내용은 국혼國魂 문제에 관한 탐색과 고취였다. 20세기 초 혁명파가 말하는 국혼 문제는 실제로 변법파가 19세기 말 제출한 국민성 개조 문제를 계승 발전시킨 것이었다.

1903년 가을 『강소』 잡지에 「국민신영혼國民新靈魂」이라는 글이 발표

되었다. 그 저자에 따르면 군주 전제주의의 장기 폭압 통치 특히 철저히 부패한 청조의 잔혹한 통치 아래에서 입국 정신이 될 고귀한 국혼은 이미 소진되어 사라져 버렸고, 중국 대지에 충만한 것은 이런저런 우매하고 나약한 구 영혼뿐이었다. 당시 사람들의 눈앞에 전개되고 있는 참담한 모습은 이러했다. "꿈에서도 관원이 되기 바라고 잠꼬대로도 재물을 탐하며 아편과 여색에 찌들려 있다. 귀신에 두려워 벌벌 떨지만 도박에 열광하고 노는 데에 집착하며 또 전쟁에 몰두하니 이런 영혼들은 정말 이해되지 않는다. 이 때문에 국력은 위축되고 민기가 떨쳐 일어나지 못하며 갈라진 틈새를 이용해 외족이 침입해 들어온다. 철 채찍으로 때려도 감히 저항할줄 모르니 이것이 바로 노예혼, 복첩혼僕妾魂, 죄수혼, 광대혼이며 굶주린 자의 혼 , 걸식자의 혼인 것이다. 그 혼이 전국을 배회하니 상인의 얼굴색이 검어지고 노동자의 용모가 초췌해지며 농민들은 거친 호흡을 헐떡거리고 지식인 역시 기를 펴지 못한다. 비풍悲風이 불어오자 사방의 낙엽이 떨어지며 스산한 풍경이 사람의 마음을 더욱 처량케 한다. 등불은 빛을 잃고 무기력함과 침울함만이 침상과 방안에 가득하다. 모두 소진되었으니 슬프구나! 중국혼이여! 중국혼이여!" 이 부분은 분명히 공자진龔自珍의 「존은尊隱」의 변형이지만 '쇠퇴 시기' 왕조에 대해 보다 심각하게 표현하고 있으며 묘사된 각종 구혼舊魂 또한 담사동이 『인학仁學』에서 그린 낙후된 중국인의 형상보다 더 추악하고 더 초라하다. 작자의 의도 또한 매우 분명하다. 즉 이와 같이 곤궁하고 낙후된 상황에서 만약 진정으로 전통 문화를 씻어내고 새로운 정신 문명을 받아들이지 않는다면, 중국은 다시 소생할 가능성이 없다는 것이었다. 따라서 혁명파는 새로운 국혼의 연마 주조를 자신의 임무로 자임하면서 다음을 자신 있게 선언하였다. "그러므로 이 세계 각국 국민성의 정수를 통해 우리의 과거 정신을 분해하고 새로운 정신을 주조해야 한다. 우리는 공자에게 화로를 맡기고 묵자墨子에게 탄炭을 맡기며 노자老子에게는 풀무를 맡겨 바람으로 대혁大革을 일으키고 북돋우며 진작시켜 황제黃帝에게 그 성취를 보게 할 것이다. 연기는 바로 위로 뒤섞여 구불구불 퍼져올라가 하늘의 꽃이 하강하고 흰 학이 노니는 듯 한다. 이제 국민이 소생하게 되어 이전과는 분명 달라져 분연히 떨쳐 일어나 황기黃旗를 들고 다른 민족과 전투를 벌이게 될 것이다. 국기가 휘날리고 황용黃龍이 춤추어 경천동지의 일이 벌어지며 새로운 영혼이 출현하여 중국은 강성해질 것이다." 이것은 상당히 개방적이고 또 자신감에 넘치는 심리를 보여주고 있다. 감히 고대인을 멸시하고 서학을 포용하여 하나로 용해시켜 과거의 정신을 분해하여 새로운 정신을 주조함으로써 민족성과 문화 심리 구조를 근본적으로 변모하고자 하였다. 20세기 초 중국의 선진 지식인들은 분명 웅대하면서도 순진한 매력을 갖고 있었다.

혁명파가 고취한 국혼의 내용은 상당히 방대하고 복잡하여 그에 대한 해석 또한 일치하지 않지만 대체로 다음의 것들을 포함하고 있다. ①산해혼山海魂 혹은 모험혼, 이는 탐색에 적극 나서고 위험을 무릅쓰고 앞으로 전진하는 진취 정신을 가리킨다. ②군인혼 혹은 무사혼, 이는 군국민軍國民 정신으로 무장하여 기율을 엄수하고 강인한 의지로써 적과 싸워나가는 것을 가리킨다. ③유협혼游俠魂은 약속을 중히 여기고 목숨바쳐 국난을 극복하고 국권을 지켜나가고, 또한 유학자의 공언과 나약함 그리고 과거를 답습하고 개인적 이해만을 추구하는 폐단 등에 반대하게 한다. ④종교혼은 신앙에 충실하고, 일신의 희생으로 대중을 위하며 인고의 노력으로 모든 고난을 이겨나가게 한다. ⑤마귀혼은 비밀 운동을 제창하여 기밀을 엄수함으로써 혁명의 잠재력이 중국 전체로 퍼져나가게 한다. ⑥평민혼 혹 사회혼은 자유, 평등 등을 제창한다. 혁명은 반드시 평민을 중시하는데 "미국의 독립, 프랑스의 혁명, 영국의 개혁, 19세기에 연출된 각종 연극 등 모두는 이 혼의 산물이다."

여러 혼들 가운데 그들은 평민혼을 가장 중시하였다. 진정한 국민이 없다는 사실이 20세기 중국의 '큰 문제' 라고 생각했다. 그들에 따르면 "중국에 국민이 있다면 20세기의 중국은 장차 유럽을 능가하여 전 세계를 장악할 수 있을것이다. 하지만 중국에 국민이 없다면 20세기의 중국은 소나 말, 노예와 같은 존재로 전락하여 아무리 오랜 세월이 지나도 그 상황이 타파되지 않을 것이었다."[176] 따라서 그들은 폭정에 신복하고 있는 노예 상태와 노예 심리를 가장 통탄하였다. 그들은 분노하여 이렇게 공격하였다. "금일의 중국에서는 언론, 출판, 결사 등의 자유가 없다. 공리의 제창이 사설邪說의 유포로 간주되고 민지의 계몽도 사람들을 미혹시키는 것으로 매도당한다. 씨앗은 뿌려졌지만 중국 국민의 종자는 끊겨 중국인이 국민이 되고자 하는 마음은 사라져 버렸다. 따라서 아버지가 아들에게 훈계할 때, 스승이 제자를 이끌 때, 형이 동생을 가르쳐 지도할 때 그리고 부부와 친구가 서로에 대해 기대할 때, 현실에 만족하고 재능을 감추며 유순함과 복종만을 드러내고 관리가 되어 재물을 얻으라고 말하지 않는 경우가 없었다. 따라서 일국의 사람 가운데 노예 아닌 자 없고 국민이라 할 만한 자는 한 명도 없는 것이다."[177] 그들은 이와 같이 우매하고 낙후된 상황을 개변하기 위해서 반드시 조국을 '국민의 땅' 으로 하고, 몽테스키외, 볼테르, 루소 등의 학자를 '국민의 농부' 로 삼으며, 자유평등의 학설을 '국민의 종자' 로 삼아야 했다. 그리고 이러한 주장에 많은 사람이 호응하여 열심히 경작하여야 비로소 풍부한 '국민의 과실' 을 수확할 수 있다고 보았다.

20세기 초 혁명파와 개량파 사이에 비록 반만反滿의 정체政體와 투쟁 방식 등의 문제를 둘러싸고 차이와 그에 따른 양자 사이의 격렬한 논쟁이 있었지만, 구 문화의 개조와 신 문화 건설이란 문제에 있어서는 많은 공통된 인식과 그에 근거한 합작이 존재하였다. 1907년 이후 혁명파의 주요 인물(이론 분야 포함)이 빈번한 무장 기의 추진 쪽으로 전환했기 때문에 개량파는 문화 혁신 방면에서 보다 많은 실질적인 일을 담당했다. 아마도 그들은 정치 전선에서는 혁명파의 적수였지만 문화 전선에서는 도리어 우군이었다고 할 수 있었다.

신해혁명이 발발하기 10년 전 중국은 강제로 개방되어 그 문호가 날로 확대되고 외국과의 교섭이 더욱 증가하였다. 민족 자본주의의 초보적 발전이 보였고, 과거가 폐지되었으며 도처에 신식 학당이 설립되었다. 그리고 유학 풍조의 유행과 신식 지식인의 신속한 성장 등에 따라 전통 문화에 대한 비판과 충격은 새로운 단계로 접어들게 되었다.

신진 세력들은 더 많은 용기를 갖고 모든 전통의 신성함에 감히 도전하였다. 군권에 대한 도전은 이미 저지할 수 없는 시대적 조류가 되어 버렸다. 장태염은 황제는 콩과 보리도 제대로 구분하지 못하는 어릿광대라고 직접적으로 공격하였다. 진보적 인사들은 진정한 대역무도란 민의를 거스르는 조정이라고 공개적으로 지적하였는데, 이것은 이미 모든 사람이 아는 사실이었다. 주의해야 할 것은 그들이 비판의 초점을 황제와 황제 배후에서 절대시되어 온 신성 관념에 맞추고 있다는 사실이었다.

예컨대 하늘은 지고무상의 신성한 것이고 황제는 천자이며 그 무엇과도 비교할 수 없는 군권은 하늘로부터 부여받은 것으로 오랫동안 간주되어 왔다. 중국에는 통일된 하나의 종교가 없지만 오히려 모든 사람이 하늘을 숭배하는 오래된 전통이 있었다. 한대 유학자가 천天과 경經을 결합하고 송대의 유학자가 천天과 도道를 결합한 것은 모두 이와 같은 전통을 체현한 것이었다. 그러나 『천연론天演論』이 번역 출간됨에 따라 그리고 천문학과 기타 자연과학, 인문과학이 전파됨에 따라, 사람들은 감히 다음과 같은 문제를 제기하기에 이르렀다. “하늘에 순응하면 흥하고 그에 거스르면 망한다고 했는데 무엇이 순응하는 것이고 또 무엇이 거스르는 것인가? 흥하건 망하건 모두 어지럽고 혼란스러워 변함없이 일관된 것은 없다. 일정의 궤도가 있어 그를 따라 움직였기에 그렇게 된 것이다. 적합한 추세가 있다면 그 또한 이치이다.” 천도天道는 알 수 없지만 과학의 이치는 알 수 있다. 인류가 금수를 이기고 문명이 야만을 이기므로, 천연天演은 실은 인연人演인 것이다. 옛말에 “운명은 인력으로 극복할 수 있다”고 했는데, 그들은 이것으로 의미가 충분히 전달되지 않는다고 하면서 “인간이 노력하면 하늘을 대신하다”로 바꾸어 버렸다. “하늘을 대신한다는 것은 자신의 권리로써 자신의 뜻을 펼치는 것이기 때문에 소위 천이라는 것은 이제 없게 되었다.” 진보 인사들에 따르면 알 수 없는 천도를 숭상하고 눈앞에 있는 인도를 해쳤기 때문에, 중국은 수천 년 동안 암흑 시대의 낙후성을 면치 못했다. 따라서 반드시 천명을 변혁해야 하는데 “천혁天革이 이루어져야 다른 변혁도 가능할 수 있었다.”

도통 또한 황제와 황제 배후에 존재하는 신성한 것으로 사람들(황제도 포함) 모두는 반드시 존경하고 지켜야 하는 절대 권위로써 천 수백년 동안 의심할 수 없는 진리로 간주해 왔다. 그러나 신진 세력은 이 거대한 존재에 대해 도전하였다. 그들은 고대에는 본래 도통의 주장이 존재하지 않았다고 폭로하였다. “당, 송의 유학자는 천이 변하지 않으며 도 역시 변하지 않는다고 여겼고, 따라서 도를 전하는 사람이 존재할 수 있었다. 또한 유학자의 도는 이단과는 구별된다고 생각했기 때문에 도통 주장이 존재하게 되었다. 이 주장은 한 개인이 시작했지만 백 사람이 열렬히 호응하여 지금에 이르기까지 계속되었다."[178] 세속의 유학자들은 도통을 표방하였지만 인민에 대한 전제 군주의 우민화 정책이나 통제 정책에 도움을 주었을 뿐이고, "사악함을 없애고 정통을 숭상한다"는 것을 명분으로 신민의 사상을 속박하여 그 총명함과 재능을 소멸시켜 굴종하게 만들었다. 당시 도통과 종법 제도 사이의 관련성을 이미 간파한 몇몇은 나라의 정통, 도의 종전宗傳, 가家의 위계 등은 삼위일체라 인식하였다. "정통의 주장은 군주 전제의 발전에 기여할 뿐이고 가의 위계는 가족 억압의 빌미를 제공할 뿐이었다." 그러나 더 큰 위험과 해악은 사상, 언론, 신앙 등의 자유를 억압하고 중학을 정통으로 서학을 이단으로 보아, 외래 선진 문명을 흡수하지 못하게 하는 데에 있었다. 하지만 신진 세력은 도통을 부정하고 도통에 반대하면서 다음을 강조하였다. "우리 중국 국민은 본래 보수적 특질이 많은 데다 도통 학설에 선동되어 서학의 장점을 하나도 취하지 않는다. 그런데 사대부들은 서교西教를 공격하면서 다시 의지할 만한 핑계를 찾으려 할테니 사상, 언론, 신앙 등의 자유라는 공리에서 보면 얼마나 크게 배치되겠는가?"

신진 인사들은 감히 천하의 극악한 짓이라는 비난을 감수하며 공공연히 '조종혁명祖宗革命'을 제창하였다. 전통 관념에서 본다면 조종이란 자손을 보호하고 영원히 혈통을 잇는 신이었다. 자손은 그 은덕을 받고 종족은 그 신령을 경외하여 제사를 올리고 기원을 하니 죽어도 산 것과 같은 존재였다. 그러나 신진 인사들이 보기에 "과학적 입장에 따르면 조종은 단지 종種을 전파하는 이전의 생물일 따름이다. 죽으면 그 효용을 다하는 것이니 다시 무슨 신령이 있겠는가?" 그들에 따르면 "과학 내지 공리에 반대되는 것은 미신이며 강권이다. 종교에서는 화복, 비난, 칭찬

등의 미신을 이용하여 사상의 강권을 행하고, 정치에서는 거짓 도덕의 미신을 이용하여 윗사람으로서 군림한다고 강권하며, 가정에서는 이상 두 종류의 미신을 이용하여 두 종류의 강권을 행한다. 따라서 가정에 끼친 해독이 지극히 심하고 인류가 받은 피해 역시 심하다. 가정에서 가장 우매한 것은 조종에 대한 숭배이기 때문에 조종혁명을 해야 한다."[179]

조종을 공경하지 않고 도통에 배반하며 천명을 거역하고 전통 문화와 결별하는 것이 이 단계에 이르면 이미 분명해졌다. 혁명 운동이 급속한 발전을 보이게 됨에 따라 진보 지식인들은 각 방면에서 구 사상, 구 도덕을 비판하고 신 사상, 신 도덕을 제창하면서, 군주 전제와 종법 제도를 옹호하는 강상명교綱常名教를 맹렬히 공격했다. 그리고 혁명 사상을 문학, 사학, 철학, 윤리, 경제, 법률 등 각 학술 영역에 끌어들였다. 동시에 그들은 풍속, 관습의 개혁을 매우 중시하여 아편, 전족, 축첩, 도박 등의 퇴폐적 악습에 반대하였고 문명, 위생, 변발 제거, 복식 개량 등의 새로운 풍조를 제창하였다. 그들의 포부는 다음과 같았다. "세차게 몰아치는 태평양의 파도로 낡아빠진 머리 속을 깨끗이 씻어 버리고, 곤륜산 꼭대기에 깃대를 세워 아득하여 멀리 흩어져 있는 국혼을 불러 모은다. 그러면 훗날 민덕民德이 새로워지고 모든 일이 크게 일어나 안으로는 나라의 기초를 공고히 하고 밖으로는 강적에 대항할 수 있을 것이다." 이로써 건전한 수 억 국민으로 만들어진 신 중국이 웅장한 모습으로 세계 민족들 사이에 자립하게 될 것이었다.

만약 이와 같은 전통 문화와의 결연한 결별이 없다면, 또 이와 같은 상당한 규모와 기세 그리고 깊이를 갖춘 사상 해방 운동이 없었다면, 신해혁명을 통해 청조를 전복시킬 수도 없었고, 중국 최초의 민주 공화국도 건립하지 못했을 것이다.

제9장

회귀에 관한 각자의 견해

"무수히 피를 뿌리며 희생했지만 애석하게도 얻은 것은 가짜 공화일 뿐이다." 중국 인민은 신해혁명의 승리와 남경 임시정부의 수립을 통해 커다란 흥분과 즐거움을 느끼고 많은 기대를 걸었다. 이는 중국의 독립, 민주, 부강이 가능해졌다고 생각했기 때문이었다. 그러나 얼마 되지 않아 원세개袁世凱가 정권을 장악하여 하늘과 공자에 제사를 지내고, 독재정치에서 더 나아가 스스로 황제가 됨으로써 혁명의 과실은 물론 혁명지사까지도 피바다에 빠뜨렸다. 이로써 구 세력은 세력을 회복하였고, 사회의 암울함은 청말에서보다 심했다. 손문을 중심으로 하는 민주 세력은 계속하여 항거하였지만 차례로 실패하였고 사람들은 비관하며 실망하지 않을 수 없었다. "이리를 막으려다 호랑이를 불러 들였으니 황망하기 그지없네, 분주히 10년을 투쟁하다 이렇게 물러나게 되다니! 어찌 상전벽해桑田碧海의 변화만 있겠는가, 애석하게도 나 또한 흐트러진 머리에 서리가 내리고 말았구나. 죽어서도 악을 징벌함에 응당 엄격히 할 것이나 살아 때를 만나지 못하니 달게 일찍 죽으리라. 문득 창에 기대 살짝 밖을 내다보니 물빛, 산색山色 모두 너무나 처량하구나."[181] 이것은 혁명 열사 영조원寧調元이 체포되어 투옥된 후 울분에 차 지은 글로서, 당시 혁명가들의 공통된 심리를 대체로 잘 반영하고 있다.

신해혁명의 실패 원인에 대해 학자들은 수많은 연구를 진행하여 10가지 혹은 100가지를 들 수 있을 정도이다. 그러나 문화사의 각도에서 고찰해보면 주로 구 전통 세력이 너무 큰 반면 이탈의 힘은 너무 적어 결국 회귀의 힘이 크게 작용했기 때문인 것으로 보인다.

전통은 무형의 거대 역량이다. 언제 어디에서나 그의 영향에서 벗어날 수 없다. 오랫동안 해외에서 떠돌아 다니면서 또 다른 문화 분위기 속에서 생활하고 학습하며 사고했던 혁명가들도 일단 고국에 돌아오면 바로 전통 문화의 매력에 빨려 들어가고, 동시에 전통 문화의 관성이라는 무거운 부담을 느끼게 된다. 그 매력과 관성력이 서로 교차되어 있기 때문에, 어떤 매력은 관성력 가운데에 존재했다. 따라서 용맹 강인했던 황흥이 200명의 용사를 이끌고 죽음을 무릅쓰고 수많은 적군과 대적했지만, 귀국한 이후 "갑자기 입헌파와 만나보고 스스로 부족함을 느꼈고, 눈을 돌려 자신의 무리를 보니 폭악스러워 파괴만 알지 더불어 건설하기 어렵다는 사실을 깨닫게 되었다." 따라서 그는 깊이 있는 전통 문화 소양을 갖춘 입헌파 인물에 대해서는 친근한 태도와 겸양의 자세를 취해, "장건, 탕수잠湯壽潛 등 신사의 기대를 모았을 뿐만 아니라" 양도楊度, 탕화룡湯化龍, 임장민林長民 등을 우군으로 끌어들여 많은 도움을 얻었다.[182] 호한민胡漢民은 일찍이 이에 근거하여 황흥의 정치적 입장이 "날로 우경화한다"고 비판하였다. 그러나 이것은 단지 황흥 개인의 전향이라 절대 볼 수 없고, 강력한 전통의 힘이 모든 혁명파에게 잠재적이고도 심각한 영향을 끼치고 있었음을 보여주는 것이다. 1912년 10월 북경北京, 산서山西, 산동山東 등을 여행하고 상해로 돌아온 이후 손문은 그 느낌에 대해 다음과 같이 말했다. "혁명이 남방에서 일어나 북방에 대한 영향은 아직 크지 않기 때문에 구 사상은 아직 깨끗이 제거되지 않았다. 따라서 북방에서는 음력을 사용하고 남방에서는 양력을 사용하듯 신구를 병용해야 하지, 오로지 어느 하나만 택하는 것은 모두 잘못된 것이다."[183] 그는 중국 남북 경제, 문화 발전의 불균형을 간파했을 뿐만 아니라 구 전통세력의 강대함을 심각하게 느꼈다. 양력과 음력의 병용을 주장한 것은 모든 혁신을 위해선 사회 심리상의 포용력이 고려되어야 한다는 사실을 설명해주고 있다. 따라서 그는 정권을 원세개에게 넘기는 중요 원인 가운데 하나를 다음과 같이 설명하였다."민국을 통치하고자 한다면 신 사상, 구 경험, 구 수단을 갖추지 않으면 안 되는데, 원세개 총통總統은 이 과제를 충분히 감당할 만하다."[184] 체계적인 서구 교육과 장기간의 해외 망명 활동을 한 손문의 경우에서 보면 조국으로의 귀환은 큰 폭으로 전통 문화로 회귀하기 시작하였음을 의미하였다.

회귀하려는 힘은 이와 같이 커다란 힘을 갖추고 있었고, 각종 형식으로 표현되었기 때문에 진지하게 연구해야 할 필요가 있다.

세계의 수많은 일과 사물은 모두 천차만별이지만, 종종 많은 유사성 내지는 공통점이 존재하며 적어도 서로 검증될 수 있는 이치를 포함하고 있다. 예컨대 어떤 금속들에는 '회귀성' 이 있어 어떤 압력에 의한 변형이 이루어져도 잠시 후에는 천천히 원래의 상태로 회복될 수 있다. 생물 유전 과정에는 격세유전 현상이 있다. 예컨대 파리의 번식 과정에서 몇 대 이후에 전대와 유사한 유전 현상이 출현할 수 있다. 고양이, 개와 같은 동물들의 회귀 능력은 매우 강하다. 이 과정에서 그들이 이용하는 방식은 조류가 장거리 이동 중에 태양각이나 천체 분포 등을 이용하는 방법과 같다. 사람들은 이를 회귀성Homing이라 칭한다. 회귀성이 가장 강한 부류는 조류로서 비둘기, 제비, 제비갈매기, 신천옹信天翁, 군함조 등이 있다.

인류 또한 '회귀 심리'가 있다. 의사들의 주장에 따르면 이와 같이 과거사에 대해 지나치게 집착하고 그리워하는 심리 현상은 정치상, 심리상의 병적 상태에 속한다. 통계 자료에 따르면 노년 여성 그리고 문화 수준이 낮고 속이 좁거나 내향적 성격의 소유자가 노년 남성이나 문화 수준이 높고 개방적 사상과 성격의 소유자보다 '회귀 심리' 현상을 더 많이 드러낸다.

더 넓게 본다면 늙고 폐쇄적이며 낙후된 문명이 젊고 개방적이며 선진적인 문명보다 이 '회귀 심리' 현상을 더 잘 드러낸다. 낙후되어 경쟁 가운데 좌절과 실패를 경험한 문명일수록 진부한 기억 가운데 과거의 영광을 습관적으로 찾아 심리적 보상을 삼으려 하는 경향이 강하다.

물론 상황이 완전히 이와 같은 것만은 아니다. 현재 선진 국가에서도 역시 문화 회귀 현상이 발생하는데 이는 '복고풍'이라 불리워진다. 1988년 초 『파려경새화보巴黎競賽畫報』에 「1987년은 복고의 일년이다1987年是懷舊的一年」이란 글이 실렸다. 대체적인 내용은 다음과 같다. 과거의 것들이 다시 유행하고 있다. 사람들은 60년대의 철 지난 춤을 추고 영화관에서 과거 영화를 상영할 경우 좌석이 모두 매진되며, 여인들은 구식 모자를 쓰고, 구형 자동차가 고가의 소장품이 되었으며 구식 가구 역시 창고에서 나와 새롭게 사용되었다. 가장 사람들의 주목을 끄는 부분은 다음과 같은 내용이다. "이와 같은 복고풍은 이전의 것과 다르다. 현대의 복고는 회한에 어리고 감상적이며 침울한 복고가 아니고, 긍정적이고 도전적이며 약간의 도발성을 지니거나 온정으로 충만한 복고이다. 이와 같은 복고가 일종의 복제라면 사람들이 하나의 시대를 선택하는 것은 하나의 복제품을 선택하는 것과 같다." "현대의 복고는 일종의 새로운 청춘이다. 그러나 과거의 복고는 일종의 쇠락을 보여준다. 오늘날의 복고는 일종은 부흥과 부활 즉 청춘 회복의 방법이다." 이 글의 저자는 지나치게 낙관적으로 오늘날 서방의 '복고풍'를 묘사하는 것 같다. 사실 거기에는 현대 문명에 대한 사람들의 혐오가 포함되어 있는데, 과거 내지 자연으로 돌아가 지나치게 긴장된 현실 생활의 압박감을 완화하고자는 의도가 있다. 그리고 동양의 신유학으로 회귀하자는 주장도 분명 중국 전통 문화 가운데의 일부분을 차용하여 서양 정신 세계의 빈곤과 공허함을 채우려는 것이다.

문화 회귀 현상은 확실히 천차만별하지만, 본서에서는 연구의 범위를 19세기 말과 20세기 초의 중국으로 정하고자 한다.

회귀는 대체로 이탈 이후에 발생한다. 이탈이 없으면 회귀도 없으며 혹은 회귀는 그 존재의 전제를 갖게 될 수 없다고도 할 수 있다. 1860년대 이전 중국에는 기본적으로 문화 회귀의 현상이 없었다. 단지 서구 근대 문명에 대한 대대적인 배척만이 있었다. 그리고 이탈 현상도 미미하거나 대중의 주의를 끌기 어려웠다. 1860년대 이후 변법 사상의 발전과 양무 사업의 등장에 따라 전통 문화로부터 비교적 분명하게 이탈하기 시작하였다. 비록 시작에 불과했지만 구 세력의 강렬한 반응을 야기했고, 동문관同文館과 철로 부설을 둘러싼 논쟁은 이탈이 회귀를 촉발하고 회귀가 이탈을 저지하는 구체적 표현이었다. 그러나 진정 상당한 규모로 진행된 더 강렬한 회귀 현상은 청일전쟁 이후, 특히 무술변법이 전면적으로 시작된 이후에 나타났다. 주의해야 할 것은 변법운동에 반대하는 선봉이 바로 예부禮部의 관원들이고 그 공격의 논리 가운데 하나가 "서구의 주장을 답습하면서 중국의 전장제도典章制度를 경시한다"라는 데에 있다. 지방에 있어 신구 투쟁이 가장 격렬했던 곳은 호남湖南이었다. 이것은 또한 이탈하고자 하는 힘이 크면 클수록 회귀의 반작용도 그만큼 크다는 사실을 설명한다. 악록서원岳麓書院은 시무학당時務學堂, 남학회南學會, 『상학보湘學報』 등 변법 세력을 포위 공격하는 구파의 소굴이었다. 서원의 원장 왕선겸王先謙, 섭덕휘葉德輝 등 완고한 신사는 양계초 등이 "스스로 서학에 통달했다고 자처하지만 실은 모두 강유위 문하의 잘못된 종자일 뿐이다"라고 공격하였다. 그리고 시무학당의 학생에 대해서는 "훗날 나이가 들고 학문에 성취가 있어도 충효절의忠孝節義가 무엇인지 알지 못하게 될테니, 이는 호남인의 불행, 아니 비단 호남인의 불행만은 아니다"[185]라고 비난하였다. 완고 세력은 스스로 "사람들이 굳건하게 이교異教를 신봉하면 할수록, 사람들은 더욱 힘차게 성교聖教를 옹호하게 된다"[186]고 하였다. 남학회 회장 피석서皮錫瑞는 그의 아들 가우嘉祐의 저작 『성세지가醒世之歌』 가운데 "지도로써 참고해 보면 중국은 결코 세계의 중앙에 있지 않다. 지구본은 구형이기 때문에 어느 곳이 중앙이고 어느 곳이 주변인지 알 수 없다"는 구절이 있었기 때문에, 구 세력의 공격을 받아 강서江西로 도망가야 했다. 위원의 고향 소양邵陽에서는 수구 신사들이 '난민亂民'이란 죄목으로 해당 지역 남학회 분회장 번추樊錐를 외지로 구축하였다. 또한 각지에 죄목을 열거한 방을 붙였고, 그가 "사설을 처음 제창하고 성교聖教를 배반하며 윤상倫常을 멸하고 혹세무민하면서 지역 인사 모두 금수로 변하게 하는 것을 즐기고 있다"[187]고 비난하였다. 변법에 대항하여 서태후가 발동한 정변은 바로 변법운동에 대한 많은 수구 세력의 전면적 반동을 집중적으로 반영하는 것이었다.

정변 이후 수구 세력은 모두 복귀하여 '무술 6군자'를 살해하고 강유위, 양계초, 엄복 등에 대한 체포령을 내렸으며 강유위의 모든 저작을 훼손하였다. 청조는 조칙을 통해 다음과 같이 전국에 호소하였다. "현재 사설과 폭행이 극성하니 명교, 윤상 수호를 스스로의 임무로 여김으로써 학술을 정돈하고 인심을 바로 잡으려 한다." 이와 같은 반동적 조류는 점점 거세어져 결국 청조가 의화단義和團을 이용하여 전면적으로 열강을 배척하는 상황에까지 발전하기에 이르렀다. 예컨대 변법에 가장 극렬하게 반대했던 강의剛毅 또한 의화단운동 시기 배외 활동에 주력했던 대표적 인물이었다. 그는 녹영綠營의 축소와 서구식 군사 훈련에 반대하면서 "등나무로 만든 방패와 병영이 잘 갖추어진다면 서양의 총과 대포를 두려워할 필요가 없다. 우리가 육박전을 잘 할 수 있다면 서양인의 발놀림은 뻣뻣하고 굳어 있어 유연하고 섬세하지 못하기 때문에 우리의 적수가 되지 못한다."[188] 서동徐桐 역시 변법 반대에서 배외 활동에 주력하게 된 완고 대신 가운데 한 명이었다. 그는 일관되게 양무를 반대한 왜인倭仁의 문하생이었다. 그는 "외국인을 심하게 싫어하고 특히 외무에 대해 악담하였다." 문인 가운데 신정新政을 말하는 자에 대해서는 만나주지 않았고 심지어 "제자의 적籍에서 삭제하였다." 의화단전쟁이 일어나자 그는 "서양이 곧 멸망할 것이다"라고 생각하여 득의양양하였다. 그러나 결과는 도리어 8개국 연합군에 의해 북경이 함락되자 그는 분개하여 자살함으로써 썩어빠진 도통의 순장품이 되고 말았다.

의화단운동은 본래 제국주의와 중국 '과분瓜分'에 반대하는 정의로운 투쟁이었지만, 통치 계급 가운데의 완고 세력에 의해 이용당하여 전면적인 수구적 배외라는 잘못된 길로 나아갔고, 이 때문에 소생산자의 우매하고 낙후된 모습이 남김없이 폭로되었으며, 전체 운동은 왜곡되어 매우 이상한 형식으로 전개되고 말았다. 당시 일부 혁명가들은 이미 이러한 문제를 간파하여 다음과 같이 말했다. “그들의 무의식적인 배외 사상은 비록 극렬하지만 그것은 즉자적인 경험의 소산에 불과한 것이지 애국심의 발로라 할 수는 없다. 따라서 서동과 같이 전통 학문에 대해 조예가 깊은 사람도 대만의 할양이나 교주만膠州灣, 여순旅順의 조차租借 그리고 광주만廣州灣에서 무슨 일이 일어났는지에 대해 모르면서, 단지 북경의 공사관 지역에서 자신의 저택에 대한 약간의 침탈 행위가 이루어지기만 해도 흥분하여 평정을 유지할 수 없었다. 마침 권민拳民 역시 선교사 세력의 횡행을 질시하였기에 두 장님과 귀머거리는 서로 동의하고 힘을 합하여 마침내 동교민항東交民巷의 공사관를 공격하고 사패루四牌樓의 예배당을 파괴하기로 하였다. 그리고 이렇게 한다면 더 이상 외국인은 중국에 해악을 끼치지 않을 것으로 보았다. 오호라! 이것이 과연 민족주의에 바탕을 둔 국민적 행동이라 할 수 있는가? 부청扶淸이란 위기에 처한 동교민항 및 사패루만을 도울 뿐이고, 멸양滅洋이란 단지 공사관 및 예배당만을 멸할 뿐이니 이렇게 한다면 그들이 어떻게 국가와 국민을 알 수 있겠는가?”[189] 소위 “두 장님과 귀머거리가 서로 동의하고 힘을 합한다”는 부분은 비록 계급 구별을 모호하게 하고 노동 인민을 경시하는 편견을 포함하고 있지만, 완고파가 어떻게 농민의 낙후 사상을 이용하여 의화단을 실패의 길로 끌고 가 마침내 역사의 대 비극을 만들어 내었는지에 대해 아주 분명하게 설명해 주고 있다.

만약 서태후의 무술정변과 그로부터 촉발된 의화단운동이 무술변법에 대한 전면적 반동이라 한다면 민국 초년의 제제帝制와 복벽復辟 등 시대의 역류는 신해혁명에 대한 전면적 반동이었다.

민국 건립 이후 전국 각지에서는 확실히 많은 신 사물, 신 기상 등이 출현하고, 민족의 생기 또한 다시 진작되었다. 그러나 완고 수구 세력의 입장에서 본다면 이것은 전래없는 기변奇變이며 재난이었다. 그들은 통탄하기를 "사설이 유행하고 전통을 보호하는 제방이 모두 터져버렸다", "삼강오륜과 구법九法이 무너지고 수천 년 동안 전래되어 온 가르침이 파괴되어 사라져 다시 회복될 희망이 없다."[190] 그들은 변발辮髮을 없애려 하지 않고 여전히 공자 등을 존경하여 그들의 경전을 읽으면서 계속 복고의 풍조를 선동하였다. 그들은 정치적으로 공화에 대해 공개적으로 반대했고, 민주 체제가 중국에 적당하지 않다고 보면서, 민국 이후의 모든 재난과 혼란의 근원을 군주제의 폐지에서 찾았다. 그들은 공개적으로 선포하였다. "중국의 군주제는 이미 수천 년 동안 지속되어 갑자기 변경할 수 없다. 청조는 가장 올바르게 나라를 세워 통치하고 역대 조정은 백성들에게 은혜와 덕을 베풀었다. 군주제를 존속시킴으로써 오족五族을 통합할 수 있는데, 내란과 분쟁을 이완 종식시키는 데에 있어 이보다 더 순리적일 수는 없다."[191] 이와 같은 진부한 논조를 밝힌 자는 다른 사람이 아니라 무술변법의 지도자였던 강유위였다. 또 다른 변법 사상가 엄복은 1913년 공개적으로 경전 학습을 제안하면서 "경전 학습을 게을리하고 과거를 멸시하는" 데에 반대하였다. 그에 따르면 "비단 도덕 교화를 위해서뿐만 아니라 인간이 중국인이 될 수 있는 까닭은 경전을 근원으로 삼기 때문이다. 현재 세계가 변하여 크게 달라지고 묵은 것을 버리고 새것을 창조하는 시기이기 때문에, 마치 과거의 것 모두를 뒤집을 수 있는 것처럼 보인다. 하지만 그 종지와 대의가 반드시 경전과 합치되는지 살핀 연후에 인심에 거슬리는지 살펴보아야 한다. 그래야 비로소 천하에 대해 호소력을 지닐 수 있다. 예컨대 신해년辛亥年 이래의 일들이 『역전易傳』에 보인 탕왕湯王, 무왕武王 등의 순천응인順天應人, 『예기禮記 · 예운禮

運』의 대동세계大同世界, 『맹자孟子』의 군중민경君重民輕 등의 대의에 의거하지 않았는데 어찌 민국이 발현될 수 있겠는가? 이로써 크게 본다면 민생의 일상 생활 가운데 반드시 지켜야 할 교훈과 격언이 특히 중요하다 할 것이다. 세계의 종교를 살펴보면 그들 모두는 하늘의 뜻을 내세워 철학에 대해 훈계하고 역사에서 증거를 찾으며 이해의 절충을 따진다. 우리는 이것을 육경六經에서 찾을 수 있는데 대개 우리의 성인들이 이미 발견한 것들이기 때문이다... 오늘날의 과학은 만물의 기초이므로 우리 나라가 진보하고자 한다면 포기할 수 없다. 하지만 사람이 사람이 될 수 있고, 나라가 나라가 될 수 있으며 천하가 천하가 될 수 있는 까닭은 여러 경전을 버려두고는 그 합당함을 찾을 수 없다. 저 서양인의 건국은 반드시 우리의 과거에 따른 것도 아니고 우리보다 앞섰다고 하지만, 그 배후의 사상은 우리의 경전의 그것과 반드시 일치한다. 따라서 후에 경전을 이용할 수 있다면 오랫 동안 장대할 수 있을 것이다. 경전의 도가 이렇듯 크고 정치한 것이다."[192] 1921년 10월, 이 재야의 노인은 유언을 통해 진지하게 자녀들에게 훈계하였다. "중국은 멸망하지 않을 것임을 반드시 알아야 한다. 구법에 대해 덜거나 보탤 수 있지만 결코 배반해서는 안된다." "나는 옛 현인들의 아름다운 언행을 따랐는데 그것들은 전적典籍에 실려 있어 너희 스스로 택할 수 있으니 내가 일일이 다 설명할 필요가 없다." 결국 그는 서양의 철학을 흠모하는 데에서부터 출발하여 경전을 존경하고 옛 것을 숭상하게 되었다. 언제 어디에서나 항상 중국의 성현, 경전 등에 의지하여 그 뜻에 부합하면 실천하고 그렇지 않으면 행하지 않아야 한다고 했으니, 이는 전통 문화로의 회귀력이 얼마나 강한지를 잘 보여준다.

이 같은 사상상의 퇴보와 함께 민국 초년에는 계속해서 정치적 역류

현상이 발생하여 마침내 원세개의 홍헌洪憲 제제帝制와 장훈張勛의 복벽復辟이 이루어짐에 따라 신해혁명의 제한적 성과마저 점차 사라지게 되었다.

이상 서술한 바와 같은 회귀는 역사상의 반동에 속하며 사회 진보에 대한 커다란 장애로 작용한다. 그러나 인류의 사회 현상은 매우 복잡하여 전통 문화에 대한 회귀에는 이밖에도 진보적 내용의 회귀도 포함하며 심지어 사회 진보를 표현하는 형식의 회귀도 있다. 후자는 당연히 전자의 회귀와 커다란 차이를 보인다.

1868년 마르크스는 엥겔스에게 다음과 같은 내용의 편지를 보냈다. "인류의 역사에는 고생물학에서와 같은 동일한 현상이 존재한다. 어떤 맹목적 판단 때문에 심지어 걸출한 인물조차도 눈앞의 사물을 제대로 보지 못한다. 하지만 일정한 시간이 흐른 후에 사람들은 이전에 보지 못했던 것들이 도처에 그 흔적을 남겼음을 발견하고는 놀란다. 프랑스혁명과 그와 관련된 계몽운동의 첫 번째 반작용은 자연스럽게 모든 것을 중세기적이고 낭만주의적인 것으로 간주하는 데에 있다. 심지어 그린Robert Greene(1558?－1592)조차도 이와 같은 사고 방식에서 벗어날 수 없었다. 두 번째의 반작용은 중세기를 뛰어 넘어 각 민족의 원시 시대를 바라보는 것이었다. 비록 이들 학자들이 사회주의적 경향성과의 관련성을 생각해 보지 못했지만, 이와 같은 반작용은 사회주의 경향과 관계되어 있었다. 따라서 그들은 가장 오래된 것에서 신기하게도 가장 새로운 것을 발견하였는데, 심지어 프루동Pierre-Joseph Proudhon(1809－1865)도 놀라 두려워할 만한 평등파를 발견해 내었다."[193]

위에서 마르크스는 보편적인 상황을 거론한 것이지만, 이것은 언급한 반동적 회귀와 구별되는 진보적 회귀라 규정될 수 있다. 역사적 환상을 지어내기 좋아하는 토인비 역시 이 현상의 이중성에 대해 주의하였다. 그는 전자를 가리켜 '과거 회귀적 반동'이라 하였고, 후자(그는 희화적으로 '후진하는 차'라고 불렀다)의 노력이 경주된 까닭을 '특수 표현과 문화 독립을 쟁취하고자 하는 민족주의적 요구'로부터 찾았다. 그는 "일본인이 그들의 원시 우상 숭배인 신도神道를 극력 부활하려는 것은 또 하나의 종교적 복고주의"라고 특별히 강조하면서 그 동기를 "반半서구화된' '대사회大社會' 가운데 자신의 지위를 유지하기 위해 서구 민족주의 노선에 따라 애써 혁신"하려는 데에서 찾았다.[194] 일본은 신도를 국교로 정했을 뿐만 아니라 메이지유신을 왕정복고王政復古라 하였다. 메이지유신 초기 '탈아입구론脫亞入歐論'이 성행할 때 정부는 "아시아에 서구 문명과 친밀한 형제의 나라를 만들겠다"고 결심하였다. 외무경外務卿 이노우에 가오루井上馨(1835-1915) 등은 심지어 거액을 들여 '녹명관鹿鳴館'을 건립하고, 서양식 무도회를 거행하여 외국인의 환심을 샀는데 이는 '녹명관鹿鳴館' 외교로 알려졌다. 그러나 심지어 '동양의 루소'라는 영예를 받은 나카에 쵸민中江兆民(1847-1901)조차 이와 같이 '외국을 숭상하고 스스로는 비하하는 사고방식'의 유행에 대해 우려를 표시하면서[195] 일체의 것에 대해 서양을 모방할 수 없다고 하였다. 서구 근대 문명의 강력한 충격을 받아 고유의 민족 정신이 상실될 것이라 우려하는 사람들이 계속해서 증가하게 되자 "화혼양재和魂洋才"와 같은 주장이 여전히 영향력을 행사하였다. 국학파國學派의 미야케 유시로三宅雄次朗, 시가 시게타가志賀重昂(1863-1927) 등은 '일본주의日本主義'를 적극적으로 주장하며 국수國粹 보존을 제창하였다. 심지어 1890년 메이지천황이 반포한 『교육칙어敎育勅語』에는 다음과 같은 규정이 있다. "국가, 천황 그리고 도덕의 근원은 이미 하나가 되었으니, 마땅히 천황에 대한 충성과 부모에 대한 효도가 도덕의 근본이 되어야 한다." 이로써 일본이 효과적으로 서구 문명을 학습한다고 해도 전통 문화로의 회귀 현상 역시 드물지 않게 드러내고 있음을 알 수 있다.

이제 근대 문명을 창시한 서양으로 관심을 돌려 그들 민족이 어떻게 암흑의 중세 야만 시기를 벗어나 어떻게 "가장 오래된 것으로부터 가장 새로운 것을 신기하게 발견해 내었는지"에 대해 살펴보도록 하자. 문예부흥의 발상지 이탈리아의 새로운 사회 세력인 지식계의 대표들은 중세기의 구 제도 구 관념에서 이탈하기 위해 고대 그리스, 로마 문명의 정신력을 흡수해야만 했다. 그들은 세계의 발견을 통해 인간의 발견에 도달했을 뿐만 아니라, 양피지를 이용해 쓴 오래된 고대 그리스 라틴어 경전에서, 아름다운 예술 진품에서, 그리고 고대 유적의 무너진 담벽에서 신사회 건설의 사상과 열정을 탐구하였다. 그들 근대 문명의 선구자들이 고전 문화를 모방하는 것은 일종의 유행이 되었다. 그들은 키케로Marcus Tullius Cicero(B.C. 106–43), 플리니우스Gaius Plinius Secundus(61?–113?) 등을 모범으로 삼아 열심히 라틴어 편지를 학습했고, 심지어 연설 때에는 고대 로마 원로원 웅변가의 심원한 목소리를 방불케 했다. 사람들은 자녀의 이름을 그리스어, 라틴어 등으로 바꾸어 고대 세계에 대한 열정을 표명함으로써 종교도의 경건함과 정성을 압도하였는데, 이것은 고전의 목소리에 새로운 의미를 혼합한 것이었다. 마르크스가 말한 바와 일치하는데 "죽은 사람을 되살리는 것은 새로운 투쟁을 찬미하기 위함이지 과거의 투쟁을 열심히 모방하기 위함이 아니었다."[196] 새로운 사회 구조의 변화 과정 중에 나타난 고전 문화로의 회귀 풍조는 반대로 지중해 연안이 자본가 계급 문명을 육성하는 요람이 되도록 촉진하였다.

이제 다시 눈을 돌려 중국과 이웃한 짜르 체제 하의 러시아에 주목해

보자. 피터 대제는 적극적이고 엄격한 방법으로 서방 세계를 배우고자 하였다. 심지어 수염을 깎도록 하고 러시아의 구식 긴 옷 착용을 금지시키는 명령까지 내렸다(이와 같은 '복장 혁명'은 1851－1875년 일본에서도 실시되었다). 이후 러시아 전통 문화에 대한 이탈과 회귀라는 두 종류의 경향성은 두 파벌 간의 차이로 드러났다. 서구주의자들은 피터 이래의 혁신적 조류를 대표하여 러시아가 야만과 낙후된 상태에서 벗어나기 위해서는 반드시 전면적 서화를 이루어야 하며 특히 군주 입헌제를 시행하고 있는 영국을 진정으로 모방해야 한다고 여겼다. 구 전통과의 결별을 표명하기 위해 그들은 상당히 극단적인 용어를 사용하였는데, 심지어 러시아가 인류 문명의 진보를 위해 이제껏 오점만 남겨왔지 그 어떤 공헌도 없었다고 주장했다. 이것은 물론 많은 러시아인의 민족 감정을 상하게 하였고, 서구주의자와 대립적인 슬라브주의 일파를 만들어 내었다. 슬라브주의자는 스스로 러시아 역사 유산에 대한 보호자임을 자처하면서, 민족 고유의 미덕을 열심히 발굴하여 인민의 애국 사상을 격발시키고 서구의 영향 때문에 러시아 문화가 타락하는 것을 막고자 하였다. 그러나 슬라브주의자는 결코 하향식의 개혁에 대해 반대하지 않았고, 이 점에서는 그들과 서방주의자들 사이에는 차이점이 없었다.

우리는 다시 20세기 초의 중국으로 눈을 돌려보자. 1905년 이후 출현한 국수주의國粹主義 사조는 러시아의 슬라브주의자, 일본의 국학파와 상당히 유사하다. 그들은 서구 근대 문명에 대한 학습의 필요성에 대해 완전히 반대하지 않는다. 단 서양의 충격 하에서 중국 민족 문화의 독자적인 특질이 사라질 것을 두려워하였다. 1906년 출옥한 후 일본으로 건너간 장태염章太炎은 이점에 대해 분명하게 지적하였다. "국수를 강하게 주창하는 것은 사람들에게 공교孔教를 존숭케 하기 위함이 아니라, 단지 우리 한족漢族의 역사를 사랑하고 소중히 여기게 하기 위함이다. 이 역사는 광의적 의미의 역사인데, 언어 문자, 전장 제도, 인물 사적 등 셋으로 구분될 수 있다. 근래 일부 서구주의자들은 중국인이 서양인에 비해 그 자질이 현격히 떨어지기 때문에 자포자기한다고 하면서, 중국은 반드시 망하고 황인종은 반드시 멸종될 것이라고 한다. 그들은 중국의 장점을 깨닫지 못하고 사랑할 만한 것이 없다고 여기기 때문에, 나라와 종족을 사랑하는 마음이 날로 쇠약해진다. 만약 그들이 이상의 것을 깨닫게 된다면 패기 없는 사람이라 할지라도 나라와 종족을 사랑하는 마음이 용솟음쳐올라 주체할 수 없을 정도가 될 것이다."[197] 장태염은 스스로 윗글의 종지에 대해 "국수를 이용하여 종족성을 강조하여 애국의 열정을 증진시키는 것"이라 설명하였다. 소위 '종족성'이란 민족주의를 의미하는데 당시 혁명파들은 전국 인민의 단결과 공동 투쟁을 가능케 하는 정신적 유대감으로 이해하였다.

국수주의자는 자신의 국학 진흥을 서양의 문예 부흥과 비교하면서 그들 역시 커다란 열정으로 "신기하게도 가장 오래된 것에서 새로운 것을 발견하려"하였다. 그들은 침식을 잊고 온갖 정성을 다하여 수천 년 동안 민족을 응집 결합 고무 진흥시켜 왔던 경제, 정치, 문화 및 심리 요소를 발굴하고 선양하려고 노력하였다. 그리고 이를 통하여 '우리 동포인 국민'이라는 민족 각성과 애국심을 불러일으키고자 하였다.

그들은 오래된 전설 가운데 황제의 형상을 빌리고 화하華夏의 후손, 황염黃炎의 자손임을 표방하여 민족 감정을 격발시키고 그 내부의 응집력을 증진시켰다. 1903년 여름 유사배劉師培는 「황제기원설黃帝紀元說」이란 글을 통해 청조가 황제黃帝 기년紀年을 택해야 한다고 힘써 주장하였다. 그에 따르면 "모든 민족은 그 기원을 추구해야 한다. 우리 수 억 한족의 시조는 누구인가? 그는 황제黃帝 헌원軒轅이다. 즉 황제는 문명을 창제한 첫 번째 인물이며 이후 4천 년의 문화를 열었다. 따라서 황제의 위업을 계승하고자 한다면 당연히 황제 탄생 시점을 기년으로 삼아야 한다." 그는 거리낌 없이 이와 같은 자신의 주장이 일본이 신무神武 천황을 기년으로 삼아 민족 자각을 불러 일으켰던 사실로부터 학습한 것임을 인정했다. 이와 동시에 『강소江蘇』 잡지 제3기에 실린 「중국민족시조황제상中國民族始祖黃帝像」에는 공개적으로 황제 기년을 사용하였다. 바로 이어 『황제혼黃帝魂』이 간행되었고 『중국백화보中國白話報』에는 「황제전黃帝傳」이 연재되었다. 널리 알려진 진천화陳天華의 『맹회두猛回頭』, 『경세종警世鐘』 등에서도 황제를 '시조始祖 할아버지'라고 추앙하면서 비교적 빠르게 황제 초상을 실었다. 1905년 송교인宋教仁은 황제 초상을 잡지 『이십세기지지나二十世紀之支那』에 실었고, 「기년지의의紀年之意義」, 「중국신기년中國新紀年」 등의 글을 썼다. 황절黃節 역시 『국수학보國粹學報』에 「황사黃史」를 연재하여 '황제제일갑자기년黃帝第一甲子紀年' 설을 주장하였다. 송교인은 황제상黃帝像에 덧붙이는 글을 통해 "곤륜산의 정상에서 일어나 황제의 주위에서 번성하였다. 큰 칼과 도끼로 구주九州의 기초를 닦아 우리 자손이 먹고 살게 하였으니 이 모두는 황제가 갖은 고생을 다한 결과이다. 그런데 슬프게도 4억의 동포들은 그 근원을 망각하고 있다"고 하였다. 이는 당시인들이 공동의 시조를 얼마나 추앙하고 기리고 있었는지를 잘 나타낸다.

이밖에 일군의 진보적 지식인들은 면밀하고 체계적인 역사 서술, 국학 정리, 언어 연구, 제도 탐색, 인물 품평 등을 추진했는데, 그 목적은 모두 서양의 것에 미혹되어 나타나는 외국 숭배 사상에 반대하고 '우리 동포인 국민'이라는 민족 자신감과 긍지를 촉발시키는 데에 있었다. 그들은 "15세기가 유럽 고학古學의 부흥 시대라면 20세기는 아시아 고학의 부흥 시대이다"라고 소리 높여 호소하였다. 그러나 종종 전통 문화로의 회귀가 너무 지나쳐 어떤 사람들은 옛 고서 더미에 빠져 헤어나지 못하는 경우도 있다. 예컨대 "국수라는 것은 정신의 학이고, 서화는 물질의 학이다", "국수는 도덕의 원천이며 기타 공훈과 업적은 모두 소용없다"고 주장하는 사람도 있었고, 또 다른 사람은 아예 국학을 '황제黃帝, 요堯, 순舜, 우왕禹王, 탕왕湯王, 문왕文王, 무왕武王, 주공周公, 공자孔子 등에 관한 학문'과 동일시하여 고학 부흥은 곧 공학孔學 부흥이라 하였다. 이들 논조는 "중체서용"의 수준을 거의 회복하고, 신학과 구학 사이의 경계를 순화 또는 혼합하였다. 따라서 어떤 구파 인사는 국수주의자들이 만든 『국수학보』에 동조하여 다음과 같은 찬양의 시를 지었다. "중국은 날로 암울해져만 가고 도의道義는 쇠락한 지 오래다. 진정한 영웅호걸이 없다면 어찌 고금을 감당할 수 있겠나? 새로운 조류가 대륙에 가득하니 사람들의 애끓는 신음소리 가득 찬다. 예악과 선왕의 치적을 바라는 건 유생의 공통의 마음이로다."[198] 20세기 중국 문예 부흥을 제창하고자 하는 데에 뜻을 두고 있는 혁명파에게 있어서 이것은 정말 대단한 역사적 아이러니였다.

토인비는 매우 심각한 문제를 제기하였다. "복고주의자가 비난받는 이유는 그의 목표가 과거와 현재 사이를 영원히 조정하려는 데에 있기 때문이다. 그러나 이 둘은 서로 충돌하여 병립할 수 없기 때문에 복고주의는 그 자체의 내적 약점을 포함하고 있다. 복고주의자는 틀림없이 진퇴양난의 곤경에 빠져있다고 할 수 있다. 그가 어느 방향으로 가도 출로를 찾을 수 없는 것이다. 만약 그가 단지 현재를 고려하지 않고 과거로 돌아가려고만 한다면, 영원히 앞으로 전진하는 생명의 격류 속에 그 취약한 기제는 분쇄되고 말 것이다. 반대로 만약 현재를 개조하는 사업에 옛것에 대한 애틋한 감정을 종속시켜 버린다면, 복고주의는 일종의 속임수에 불과하다는 사실을 스스로 증명하는 것이다."[199] 국수주의파 역시 '진퇴양난의 곤경'에 빠져 있었다. 그들은 주관적으로 자신들의 민족과 함께 20세기로 진입하기 바랬지만, 전통의 유령이 생떼를 쓰며 그들을 오래된 과거로 잡아당겼다. 더욱 비극적인 것은 혁명 풍조를 고취한 "만주족을 배척하자!"란 구호는 본래 전통적인 '화華와 이夷의 구분'에서 기원한 것인데, 이 구호가 일시에 풍미하게 되자 국수주의자들은 자만하여 자신의 처지를 망각하고는 스스로 극복하기 힘든 내재적 약점을 자각하지 못하게 되었다는 점에 있다. 신해혁명의 실패 이후 이러한 회귀 경향은 더욱 발전하였는데, 특히 도덕적 관념 방면에서 더욱 그러했다.

도덕은 전통 문화의 핵심 부분이며 민족 문화의 심리 구조 가운데 가장 안정적인 층차 가운데 하나이다. 그것은 사회 생활의 각 방면에 침투하여 민족과 국가를 위한 강력한 응집력이 되었다. 서세동점西勢東漸에 따라 전통 문화는 강한 충격을 받았지만, 그 가운데 사람들에게 가장 큰 걱정을 끼친 분야는 도덕 관념과 관련된 부분이었다. 왜냐하면 그것은 전통이란 정신적 지주를 심각하게 약화시켜 모든 사회에 혼란을 일으킬 수 있기 때문이었다. 이 방면의 문제에 관해서는 민국 초년의 사회 상황을 고찰하기 전에 메이지유신 초기의 상황에 대해 먼저 이해할 필요가 있다. 나카에 쵸민은 『일년유반一年有半』에서 다음과 같이 서술하고 있다. "일본이 구미 각국과 교제하면서 그들의 물품, 제도, 문화, 관습, 풍속, 복장 등을 도입하자, 일본의 고유 문화는 빠르게 사라져 버리고 국가 전체는 새로운 세계로 일제히 진입하였다." 그 결과 자신의 이익만을 추구하여 남에게 손해를 끼치고, 교만, 사치, 음탕하며, 도덕이 붕괴하여

"교육가, 사회 사업가, 정치가 등은 입만 열면 부패, 타락의 문제를 이야기하였다." 따라서 신도를 회복하자고 주장하는 자도 있었고, 유학을 드높여야 한다고도 하였으며, 불교를 널리 보급하자고 주장하는 자도 있었다. 다양한 주장이 있어 그 차이도 많았지만 고유 도덕을 회복하자는 데에는 일치하였고, 전통 문화로의 회귀에도 입장을 같이 하였다. 또 다른 유신 사상가 후쿠자와 유키치는 『문명론개략』에서 유사한 입장을 표명하였다. "일부 사람들은 이 문제에 주의하여 현대인의 행위를 경박하다고 여기면서 '망고忘古' 두 자에 책임을 돌리고 새롭게 대의명분을 제창하여 과거로 돌아가자고 주장한다. 이를 위해 그들은 이 분야에 관한 학문 연구를 시작하고 과거 신화 시대로부터 증거를 찾아, '국체론國體論'을 제출하여 인심을 구원하고자 하였는데 이것이 소위 '황학파皇學派'이다." 이밖에 "서학자들은 기독교의 확대를, 한학자들은 요순堯舜의 도의 실행을 각각 주장하여 인심과 사상을 하나로 통일하여 일본의 독립을 보위하고자 하였다. 그러나 이들 주장은 지금 현재까지 달성되지 않았고 동시에 이후에도 그럴 가능성이 없으니 어찌 개탄스럽지 않겠는가?"

민국 초년의 사회 상황은 후쿠자와 유키치, 나카에 죠민 등이 서술한 메이지유신 후의 일본과 닮은 점이 매우 많았다. 과거의 도덕 관념은 맹렬하게 공격받았고, 새로운 도덕 관념은 아직 확립되어 보급되지 않았다. 남경 임시정부 성립 후 혁명파의 정치적 지위에는 변화가 발생하여 동맹회同盟會의 지도층과 기타 군정 관료의 부패는 점차 증가하였고, 도덕에 대한 사회적 요구 내지는 고유 도덕 회복에 대한 요청 역시 점차 커져갔다. 호한민胡漢民은 이와 관련하여 다음과 같이 회고하였다. "당시 각 성의 군인들은 소주, 상해 등을 오가며 주색에 탐닉하면서 영웅본색英雄本色이라 여겼다. 변발을 자르고 호복胡服을 포기한 이후 사회적 분위기는 점차 사치스러워 지고 정객들의 매관매직 현상이 성행하였다. 따라서 왕정위汪精衛는 오치휘吳稚暉, 채원배蔡元培, 이석증李石曾 등과 함께 교정에 힘썼고, '진덕회進德會', '육불회六不會' 등은 모두 이 때 만들어졌다."[200] 호북湖北 혁명가 반강시潘康時는 더욱 침통하게 다음과 같이 말했다. "국민당國民黨의 가면을 쓰기 위해 아침에 입당하고 저녁에 탈당하여 한 사람이 하루에도 여러 번 정치적 입장을 바꾸어도 이상하게 여기지 않았다. 당덕黨德, 정덕政德 등이 모두 없어져 남은 게 없었기 때문에, 의회 내의 표값이나 탈당, 불출석 등의 대가에 대해서는 모두 정해진 가격이 있었다. 교활하고 음험하여 그 방법이 또한 교묘했다. 의회 내에서 정치적 의견 교환 기능은 실제로 거의 찾아 볼 수 없었고, 사람들을 크게 웃기기도 또 애절하게 울리기도 해 마침내 이러지도 저러지도 못하게 만들었다."[201] 이러한 한탄과 호소에 손문도 어쩔 수 없이 영향을 받았고 커다란 사명감을 지닌 혁명 지도자로서 그는 이러한 상황을 타개하기 위해 노력하지 않을 수 없었다.

1917년에서 1919년 사이 『건국방략建國方略』을 쓸 당시, 손문은 심리상의 건설 방면에 있어서 "알기는 어렵지만 실천하기는 쉽다"라는 입장을 중시하였지만, 이미 윤리 도덕의 중요성에 대해 고찰하였다. 그는 "사회, 국가는 호조互助의 체體이며, 도덕, 인의는 호조의 용用이다. 인류가 이 원칙에 따르면 흥하고 그렇지 않으면 망한다"고 하였다. 그러면서 그는 중국이 빈약한 이유를 "탐관오리와 정치 부패 등의 폐해 때문이라 하면서, 만약 이를 제거한다면 중국이 부강해질 것이며 말이나 행동이 모두 이치에 들어맞게 될 것이었다." 1919년 10월 10일 손문은 신해혁명 8주년을 기념하여 상해 『신보申報』에 「팔년금일八年今日」을 발표하여 침통하게 다음과 같이 지적하였다. "오늘의 상황은 어떠한가? 관료는 자기하고픈 대로 다하고 무인은 전횡을 일삼고, 정객은 난리를 치니 인민이 어떻게 제대로 살아갈 수 있을까? 화의 근원을 추구해 보면 정객이 모든 악의 수괴임을 알 수 있다… 정객은 오로지 자신의 이익만을 추구하며 음모와 사기에만 몰두하고 염치 도덕은 조금도 없으니 사람이라 할 수도 없다." 만약 위에서 말한 것이 단지 정치 도덕에 국한된 것이라면 1923년 말에서 1924년 초까지 그는 몇 차례의 연설을 통해 전체 사회 도덕과 윤리, 문화에까지 확대하였다. 예컨대 그는 다음과 같이 말하였다. "사람들 모두는 공자가 중국에서 가장 유명한 인물임을 알고 있다. 그는 왜 열국을 주유했는가? 이는 당시 요, 순, 우, 탕, 문, 무, 주공 등의 도를 선전하는 데에 치중하였기 때문이다. 또한 그는 왜 『시경詩經』, 『서경書經』, 『춘추春秋』 등을 찬술하였는가? 이는 요, 순, 우, 탕, 문, 무, 주공 등의 도를 후세에 선전하기 위해서였다. 그 결과 그들이 전국으로 퍼져나가 현재에 이르러 하나의 문화로 정착된 것이다. 금일 중국의 전통 문화가 서구의 문화와 어깨를 나란히 할 수 있는 까닭은 모두 2000년 전에 공자가 기울인 노력 덕분이다."[202] 또 말하기를 "대개 하나의 국가가 강성하게 될 수 있는 까닭은 초기에는 무력 때문이지만, 민족과 국가의 장기적 지위를 유지하기 위해서는 도덕 문제에 주목해야 한다. 매우 좋은 도덕이 있다면 국가는 비로소 장기적 안정을 유지할 수 있을 것이다." "그러므로 근본을 추구해보면 우리들이 현재 민족의 지위를 회복하기 위해서는 모두 연합하여 하나의 국족國族 단체를 만드는 것 이외에 고유 도덕을 먼저 회복해야 한다. 고유 도덕이 있은 연후에야 고유한 민족 지위가 비로소 회복될 수 있다."[203] 손문이 말하는 국족이란 전통적 가족 종족의 연합체이다. 소위 '고유도덕'은 충, 효, 인, 애, 신, 의, 평화 등을 가리키는 것으로 본래 윤리 범주에 속하였지만 이미 일련의 정치 철학 즉 "격물格物, 치지

致知, 성의誠意, 정심正心, 수신修身, 제가齊家, 치국治國, 평천하平天下”로 발전하였다. 비록 손문이 위에 서술한 도덕 범주에 대해 일부 새롭게 해석하였지만, 기본적으로 농업 종법 사회의 전통 도덕 체계를 초월할 수 없었다. 이는 전통 문화로의 전면적인 회귀임을 나타내고 있는데, 전통 문화에 대한 보다 철저한 이탈은 오사운동 이후가 되어야 나타나게 될 것이다.

이탈로부터 시작해서 회귀로 끝을 맺고 그리고 이탈의 과정에 항상 회귀가 있으며 회귀의 과정에 계속해서 이탈이 나타난다. 이것으로써 손문과 중국 전통 문화와의 관계에 대한 대략적 설명이 가능하고, 중국 근대화 과정에 나타난 문화 역정에 대한 개략적 소결로 삼을 수 있다. 그 우여곡절이 많은 길을 걸을 때는 비틀비틀 힘들게 나가야 하고, 게다가 전통의 인습이라는 무거운 부담을 질 수밖에 없다. 그러나 중국 민족은 부단히 전진했고 시대, 세계, 자신 등으로부터 끊임없이 새로운 생명력을 이끌어 내었다. 신해혁명 시기에 다 이루지 못한 임무는 오사운동에 이어졌고, 오사 시기의 운동가 역시 생기가 넘치고 용기와 자신감이 충만했다. 이 같은 역사의 신 기원이 도래하자 이대조李大釗는 환호하며 다음과 같이 맞이하였다. “하루에는 하루의 여명이 있고, 일년에는 일년의 여명이 있듯이 개인에게는 개인의 청춘이, 국가에는 국가의 청춘이 있다. 오늘날, 백발의 중화는 망하고 청춘의 중화는 아직 잉태되지 않았다. 과거의 황혼은 이미 지나가고 새로운 여명이 밝아올 것이다. 이제 한편으로는 죽고 무너지고 파괴되고 퇴락하면서 또 한편으로 태어나고 이루어지고 건설되고 일어나고 있다. 우리들은 이 때에 ‘신종晨鐘’을 내세워 우리의 비장하고 격정적인 그리고 생기발랄한 청년들과 함께 여명의 기운을 함께 맞이하기를 기대한다. 그리고 20세기 여명기의 노력을 다하고 청춘의 원기를 드높이 드러내어 신 중화의 서광을 밝혀야 한다. 하나하나 두드려 하나하나 소리 내고, 하나하나 소리 내어 하나하나 꿈에서 깨어나게 하여 중국 민족 자아가 자각에 이르게 한다. 민족 자아의 자각이 하나하나 철저해지고 빠르게 일어나, 용맹 정진하며 자유 정신 앞으로 나아감으로써, 우리 이상의 중화, 청춘의 중화를 모색해야 한다."[204] 귀머거리의 귀청도 울릴 정도의 이 같은 큰 소리는 지금까지 우리의 심금을 강렬하게 울리고 있다.

제10장

끝맺지 못한 사고

전통 문화와 근대화의 관계 문제는 위원이 "오랑캐의 장기를 배우자"를 주장한 이래 이미 백여 년 동안 논쟁이 지속되어 왔지만 현재에도 계속되고 있다. 체와 용의 논쟁, 전반서화全般西化와 중국본위中國本位 논쟁, 전통에 대한 철저한 부정과 유학의 새로운 진흥에 관계된 논쟁 등은 모두 서로 다른 역사 조건과 서로 다른 수준에서 반복적으로 전통 문화에 대한 이탈과 회귀라는 두 가지 어려운 선택의 문제를 재현시켰다. 이 때문에 이전 사람들이 곤혹스러워 했지만, 현재와 그리고 가까운 장래에도 중국 민족은 계속해서 이 문제 때문에 힘들어 할 것이다.

곤혹감은 차이 즉 중국과 선진 국가와의 격차 특히 경제상의 커다란 차이에서 비롯된다. 이와 같은 커다란 격차 때문에 사람들은 자신의 전통 문화를 부단히 새롭게 살펴보고 개조하지만, 동시에 민족의 고유 문화를 무시하거나 완전히 부정하는 극단적 심리 또한 쉽게 생겨난다. 이와 관련하여 일본 역사에 대한 비교 고찰을 통해 좀 더 객관적인 결론을 얻을 수 있을 것이다. 일본의 개항 이후 '외국을 경멸하는 병'이 '외국을 두려워하는 병'으로 발전할 때, 나카에 쵸민은 비교적 평이하면서도 의미 깊은 주장을 다음과 같이 했다. "그러나 단지 물질과 도덕의 구별을 천명하는 것만으로는 아직 충분치 못하다. 물질의 아름다움은 애국심을 촉진하는데 커다란 힘이 있고, 애국심의 제고 또한 외국에 대한 공포심을 자연스럽게 치료할 수 있다. 따라서 조선과 중국에 간 일본인이 자연스럽게 그들을 동정하는 마음을 품게 되고, 일본에 온 조선인과 중국인이 또 자연스럽게 일본을 존숭하는 마음을 갖게 된다. 여기에는 별다른 이유가 없다. 그것은 그들 모두가 일본의 완비된 것들을 따라잡을 수 없기 때문이다. 구미 각국에 대해 말하면, 그들은 일본이 조선과 중국보다 우월한 것 이상으로 일본보다 우월하다. 그들 나라에서 일본에 수입된 상품은 일본 국내의 상품과 비교하여 질량면에서 비교가 되지 않는다. 따라서 일본 상인은 서양 물품이 정말 좋다고 분명히 말한다. 모두가 일본의 것보다 우월하게 되자 일본인은 자연스럽게 스스로를 비하하기에 이른다. 이것은 일반인이 피할 수 없는 것이다. 따라서 중류 이하의 사람들에 대해서는 도덕과 물질의 구별을 천명해야 할 뿐만 아니라 동시에 물질의 아름다움을 직접적으로 접촉하여 보게 함으로써 애국심을 격발시켜야 한다(전쟁이 발생할 경우는 물론 다른 문제이다). 따라서 교육과 문화의 발전, 과학의 번영 이 둘은 서로 공존해야지 어느 하나라도 없어서는 안 된다."[205] 메이지유신 이후 일본은 비교적 유리한 역사 환경을 이용할 수 있었기 때문에 국가는 적극적인 경제 정책을 채택하여 공업과 국민 경제는 비교적 신속한 발전을 이룰 수 있었다. 특히 중국과 러시아라는 인접 대국을 상대로 한 전쟁에서 승리한 이후 일본인의 민족 자신감은 매우 증가되었고, 외국인 역시 일본을 크게 발전한 나라로 바라보았다. 이렇게 되자 과연 외국을 숭상하고 자신을 비하하는 태도는 점차 사라지고 대신 대화민족大和民族의 우월감 내지는 동양의 영웅으로 세계를 제패하려는 군국주의적 야심이 발생하였다.

당연히 이것은 나카에 쵸민이 원래 소망했던 결과는 결코 아니었다. 왜냐하면 그는 물질적 미와 도덕적 선이 서로 구별되면서도 반드시 협조발전해야 한다고 일관되게 강조하였기 때문이다. 그는 일찍이 국민들에게 다음과 같이 각성을 촉구하였다. "과학 기술이 아무리 발전해도 권력과 기세가 아무리 강대해도 명예와 명성이 아무리 높다 해도, 가령 자식이 되어 부모를 학대하고, 장부가 되어 처를 학대하며, 그리고 친구를 기만하는 등 각종 못된 짓을 골라한다면 결과는 어떻겠는가? 우리 국가가 아무리 강성하고 인접 국가가 아무리 유약해도, 우리가 아무 이유 없이 이웃 나라에 군대를 파견한다면 결과는 어떻겠는가? 가장 중요한 것과 그 다음으로 중요한 것과는 차이가 있기 때문에 외피적 사실은 결국 내면적 의리를 이길 수는 없는 것이다."[206] 매우 애석하게도 일본인은 이 병든 지식인의 유언을 잊고 군국주의의 길로 점점 달려가 마침내 일본민족 자신뿐만 아니라 아시아에서 전 세계에 이르는 대 재난을 야기하고 말았다. 동시에 많은 문화사 연구자들은 나카에 쵸민의 이 같은 진지한 주장에 크게 주목하지 않고, 단순히 물질적 미 즉 경제 발전 정도로부터 일본 근대화를 평가하면서, 전통 문화와 근대화 사이의 관계 문제에 관한 일본의 경험을 완전무결한 전범인 양 생각해 왔다. 진정 일본은 외래문화에 대한 학습에도 능하면서 또한 자신의 문화 전통도 중시하였다. 일본 메이지유신의 성공은 경제적 발전에서 뿐만 아니라 문화 교육과 정치 체제 등 일련의 혁신에서 잘 나타난다. 만약 이와 같은 전체 개혁의 배합이 없었다면 자본주의 경제의 신속한 발전은 실현되기 곤란했을 것이다. 그러나 일본이 전통 문화가 현대 생활에 어떻게 적응될 것인가의 문제에 대해 적절하게 해결했다고 결코 생각할 수 없다. 예컨대 미국학자 베네딕트는 『국화와 칼』에서 다음과 같이 설명했다. 일본인의 거의 대부분은 '충' 을 도덕의 최고 위치에 그리고 기타의 덕행을 '충' 의 범주 아래에 두면서 의무 관계를 간략하게 하였다. 그 목적은 천황을 최고의 지위에 올리고 장군과 제후의 세력을 전 일본을 천황 아래 통일시키기 위해서일 뿐만 아니라, 기타 각종 도덕 관념이 일으킬 수 있는 이탈 작용을 약화시켜 일반인이 단지 '충' 을 이행하면 다른 모든 의무를 이행한 것과 같다고 믿게 만들기 위함이었다. 메이지천황이 반포한 『군인칙유軍人勅諭』와 『교육칙어教育勅語』는 모두 일본인에게 진정한 『성경』이었다. "매번 봉독할 때마다 신단神壇에서 그것을 꺼내고, 후에 청중이 흩어지면 다시 공손하게 신단에 모신다. 『군인칙유』와 『교육칙어』를 읽는 사람이 만약 한 구절이라도 잘못 읽으면 스스로 잘못을 인정하여 자살하였다." 이와 같이 장기간에 걸친 엄격한 군국주의 교육 때문에 1,100만의 일본인이 스스로 통치자를 위한 충성스런 침략 도구 내지 총알받이가 되어 버렸다. 심지어 1980년대에 이르기까지 일본 군국주의의 잠재적 영향력은 여전히 계속되고 있는데, 우리는 이와 같이 소위 현대화와 "병행하며 서로 모순되지 않는" 전통 문화를 건전한 것으로 볼 수 있겠는가?

일본의 역사와 현실을 거울로 삼아 하나의 이치를 깨달을 수 있는데 그것은 사회의 전체 구조를 떠나 문화를 독립적으로 논의할 수 없다는 것이다. 일본 경제 구조의 변화에 의해 전통 문화의 개혁과 발전이 이루어졌고, 또 높은 평가를 얻었다. 그러나 일본 전통 문화의 부정적 측면 역시 독점 자본주의 발전의 수요에 적응하여 기형적으로 발전한 결과 인류 역사에 거대한 재난을 가져왔다. 문화는 경제 발전을 촉진시킬 수도 또 늦출 수도 있다. 그러나 경제 구조가 문화의 발전 태세와 방향을 결정짓는다. 생산력의 발전 및 그에 따른 경제 구조의 변화는 모든 사회 개혁의 거대한 추동력이다. 이러한 추동력에 대하여 전통 문화의 관성은 어느 정도 저지 작용을 할 수 있지만, 결국에는 그것을 막기 어려운데 이와 관련하여 토인비는 다음과 쓰고 있다. "어떤 경우를 막론하고 복고주의자는 자신의 노력의 결과 때문에 의식하지 못한 상태에서 이미 스스로 미래주의자가 되었음을 발견하게 된다. 그가 일종의 시대착오적인 생각에 강하게 얽매여 있을 때는, 사실상 문을 활짝 열고 개방하고서는 일체의 개혁을 받아들이는 것과 같다. 이러한 개혁은 시시각각 몰래 기회를 엿보다가 가능성이 있다면 즉각 문을 밀치고 들어가기 때문이다."[207]

경제 발전에는 스스로의 법칙이 있다. 국가의 경제 발전에는 국내외 시장이나 자원 등의 조건이 관련되고, 또한 사회 구조와 기제가 경제 발전에 잘 적응하는가의 조절 문제도 고려되어야 한다. 하지만 더 중요한 것은 세계 정세와 국가 정세에 잘 적응하는가 그리고 기회를 제 때에 이용할 수 있는 경제 정책이 이루어질 수 있는가 등의 문제이다. 만약 현실의 경제 발전 수준의 저하 그리고 심지어 경제 정책 결정에서의 중대한 실책까지도 모두 전통 문화 때문이라 책임을 돌린다면 그것은 지나치게 편파적인 것이며 자신이 못났으면서도 조상 탓을 하는 것과 같다(물론 전통 문화와 아무 관계도 없다고는 할 수 없다). 한 미술 학자의 견해는 우리에게 많은 시사점을 제공해 주는데 그에 따르면 전통은 본체를 체현하고 본체는 영원히 정正과 반反이라는 두 모순의 통일을 포함한다. 따라서 어떤 민족 집단의 전통 가운데에도 퇴보와 전진의 양 요소가 내포되어 있다. 선택자의 조건이 다르기 때문에 선택하는 자는 혹 전진의 측면을 받아들일 수도 있고, 혹 퇴보의 측면을 선택할 수도 있다. 또 그 조건의 근본 원인이 다르기 때문에 전진 방면 역시 쇠퇴를 가져올 수 있고 쇠퇴 방면이 반대로 진전을 이끌 수도 있다. 따라서 전통에 대해 두루 뭉실하게 긍정하거나 부정할 수 없다. 전통은 영원히 발전 변화하는 것으로 물物 자체가 되는 경우 소위 우열이라는 것이 없다. 그 우열이라는 것은 주로 선택자인 주체 자신의 조건에 따라 결정된다. 따라서 전통은 우월한 부분에 대해서 말하면 우월하고 졸렬한 부분은 졸렬하다.[208] 이 사람의 말이 얼마나 훌륭한가! 마땅히 강자(우월자)의 자세로 전통 문화를 상대해야지 전통이란 부담을 짊어져서는 안 된다. 그리고 전통을 초월하고 현실 생활의 수요에 근거하여 전통 가운데의 유용한 부분을 선택해야 하며, 그 소극적 혹은 유해한 부분은 버려야 한다. 여영시余英時의 말을 빌면 "전통 문화와 현대 생활을 서로 화합할 수 없는 대립체로 뭉뚱그려 파악해서는" 안 되는 것이며, 장기적으로 걸러져 지속되어 온 중국 문화의 가치 체제 가운데에서 생명력을 발굴하여 현대 생활에 적응시켜 당대 문명의 발전에 기여하도록 노력해야 하는 것이다.[209]

문제가 전통을 받아들이는 주체 자신의 조건에까지 연결되어 버렸다면 이것은 또한 필연적으로 주체 조건의 개선 즉 어떻게 자기 자신을 강자(우월자)로 만들 것인가 라는 문제와 관련된다. 이 문제와 관련하여 앞서 소개한 미술 학자는 심각한 또 하나의 문제를 다음과 같이 제기하였다. 전통은 본체의 작용에 따라 인류 집단 정신의 연속적 큰 물줄기를 이루어 역사의 수직적 흐름에 맡겨진다. 그것은 역사상의 이런 저런 지류地流에서 특히 역사적 '지형地形'(필자 같으면 차라리 '역사 사회 토양'이라 하겠다)에 의해 조성된다. 전통은 우리 시대의 사람들과 함께 흘러가고 또 자연스럽게 우리 시대의 지형地形에서 선택된다. 우리들은 그것이 과거에 '잘못되게' 흘러갔다고 실망할 필요도 없고 또 '좋게' 진행되었다고 자만해서도 안 된다. 중요한 것은 우리가 전통의 흐름을 위해 어떤 '지형地形' 심지어는 새로운 '원천源泉' 을 개척해야 한다는 점이다. 우리 삶 속에 전통은 스며들어 흘러가고 그것은 우리 정신의 '지형' 에 의해 선택되기 때문에 전통에 관해 토론할 때는 동시에 우리 자신의 정신 사유 방식에 대한 심각한 반성이 반드시 이루어져야 한다.

사실 외래 문화 사조는 비록 전통 문화와 다르고 역사의 수평면으로 흐르지만 거기에도 접수자 주체 자신의 '정신 사유 방식' 문제가 존재한다. 강자(우월자)의 개방적 심태로써 외래 문화에 대응한다면 비록 둘의 대결에서 실패한다고 해도, '실패자의 이점' 을 잘 이용하여, "10년 내에 인구를 늘리고 물자를 모으고 백성을 가르치고 군사를 훈련시켜 나라를 부강하게 만드는" 강자로 전환될 수 있다. 따라서 외래 문화의 선진 부분을 철저히 흡수하고 자신의 전통 문화를 개조 혁신하여, 양자를 융합 관통하는 기초 위에서 민족의 신 문화를 통합 발전시켜야 한다. 이 점과 관련하여 일본 민족은 나름의 장점을 지니고 있다. 일본은 1850-60년대 서구 열강의 침략을 받은 이후 비교적 적극적이며 주동적으로 반응하였기 때문에 신속하게 약국에서 강국으로 전환할 수 있었다. 또한 제2차 세계대전에서 철저하게 실패한 이후 실패했음을 솔직히 인정하면서, 믿음을 잃지 않고 처음부터 다시 시작하였다. 일본이 투항한 5일 이후 미군이 아직 일본에 진주하기 이전에 동경 『매일신문每日新聞』은 사설을 통해 모든 사람은 일본이 이미 철저하게 실패했음을 한시도 잊어서는 안된다고 강조하였다. 무력에 기반을 둔 일본의 노력이 이미 완전히 파산되었기 때문에, 이후는 반드시 평화 국가의 길을 걸어야만 했다. 따라서 그들은 미군의 진주를 환영하였고 전쟁을 포기하는 평화 헌법을 주동적으로 기초하였으며, 정식으로 투항한 10일 이후 또 다른 신문사는 사설을 통해 다음과 같이 강조하였다. "우리들의 마음속에는 군사적 실패와 일국의 문화 가치 사이에는 관계가 없다는 고정 관념이 틀림없이 존재한다. 군사적 실패는 마땅히 하나의 전기가 되어 적극적 작용을 해야 하는데... 일본 국민이 제대로 세계를 바라보고 또 객관적으로 사물의 진면목을 보려면 국가의 실패와 같은 거대한 희생이 있을 필요가 있다. 현재까지 일본인의 사고를 왜곡한 불합리한 일체의 것들을 솔직한 분석을 통해 배제하고... 이번 패전을 엄혹한 현실로 직시하는 용기가 반드시 필요하다(단 우리는 반드시 내일의 일본 문화를 신뢰해야 한다)." 다른 신문의 사설도 같은 논조를 반복하였다. "일본은 세계 민족 가운데 존경받아야 한다." 그리고 일본 국민의 책임은 새로운 기초 위에서 이와 같은 존경을 얻는 것이다. 주목해야 할 점은 신문 여론이 이와 같이 빠르게 180도 전환했을 뿐만 아니라 동경 시내에서 궁벽진 농촌의 보통 인민까지도 신속히 생각을 바꾸었다는 것이다. 그들의 우호적인 태도(아마 어느 정도는 허위적이겠지만)에 대해 미국 점령군은 믿을 수 없었다. 왜냐하면 얼마 전까지 죽창으로 결사 항전을 맹세했던 국민들이었기 때문이다. 따라서 일본 문화를 전문적으로 연구한 베네딕트는 일본인의 윤리를 일종의 "취사선택을 허락하는" 윤리로 이해하였다. 지금까지 받은 훈련을 통해 그들은 충분히 "형편을 보아 일을 처리할 수 있는"(임기응변에 능하다는 의미로 해석될 수도 있다)사람으로 만들어질 수 있었다. 그들은 주관적으로 신봉하는 정의를 견지하지 않을 수 있었고 또 죄를 짓고도 후회하지 않을 수도 있었다.[210] 전후 일본은 이와 같은 국민 정신 상태로 가장 어려운 고난의 세월을 보냈고, 도탄에 빠진 국토에 고도로 발달된 경제를 다시 건설했으며 많은 전통을 포함한 민족 문화에 미국 및 기타 서방 국가의 많은 문명을 흡수 융합하였다. 당연하지만 우리는 결코 일본 문화가 완전무결하다고 할 수 없다. 거기에는 전통의 부정적인 요소도 있고, 현재 문명에 대한 잠재적인 우환 요소도 존재한다. 그러나 이렇게 실패를 인정하고 받아들이며 착실히 노력해 새롭게 일어나는 민족 정신은 매우 소중한 것으로 반드시 본받을 만한 것이다.

근대화는 서구화와 같지 않다. 왜냐하면 서구 문명 가운데에도 민족 문화의 건강한 발전에 저해되는 폐단이 많기 때문이다. 이 점은 많은 학자들이 공통으로 지적하는 바이다. 거칠게 말하면 서구 문명이 17–8세기 이후 동양 문명을 앞서 나갔기 때문에, 중국의 근대화는 매우 긴 세월 동안 서구 학습과 분명히 관련되어 있었다. 심지어 마르크스주의조차 서구에서 유입되었지 중국에서 생겨나 성장한 고유 문화에 속하지 않는다. 서구 문화는 유가 문화와 확연히 구별되는 기독교 문명에 기원을 두고 있고 제국주의 침략 폭행과 함께 중국에 밀려들어 왔기 때문에, 오랜 시간동안 상호 간에 평등적 정상적인 교류를 이룰 수 없었다. 중국 전통 문화는 비교적 내향적이고 폐쇄적인 대륙 문화의 일종이다. 유구한 문명 역사와 '화와 이의 구별' 의식의 심각한 영향 때문에 중국인은 서구 문명을 받아들일 때 큰 일을 위해 일시적으로 치욕을 참는다라는 민족 감정을 지녔고 진정한 개방의 심태를 만들어 내기 어려웠다. 더욱이 제국주의의 군사 침략과 경제, 문화 침략이 계속되었기 때문에 중국의 상층부 내지 민간인은 외래 문명에 대해 거부 심리를 갖게 되었다. 따라서 구망救亡은 계몽啓蒙과 서로 분리되기 어려운 한 쌍을 이루어 서구 진보 문명 학습의 폭과 심도를 제한하였고, 특히 인권과 자유 관념의 전파를 방해하였다. 사람들은 애국주의를 선전할 때 종종 응집력을 강조하는데, 이들 응집력 가운데에는 전통 내의 많은 부정적 요소가 내포되어 있다. 예컨대 맹목적 자부심, 대한족주의大漢族主義 내지는 종법宗法 지역 관념 등등이 그것들이다. 현재 중국의 애국주의 선전 가운데에도 이와 같은 부정적 요소가 모두 제거되었다고 할 수는 없다.

중국인은 이미 체體와 용用의 논쟁, 서화론西化論과 본위논쟁本位論爭 등을 위해 너무도 오랜 시간을 낭비하였다. 따라서 현재 중국인은 서구 문화와 전통 문화 모두를 초월하고, 현실 생활과 미래 발전의 수요에 근거하여 새로운 가치 체계를 만들어야 한다. 이와 같이 새로운 가치 체계는 당연히 그 근원으로 삼거나 의거할 바가 없지 않지만, 그러나 그것은 전통 문화 가치 체계의 단순한 계승도 아니고 서구 문화 체계의 맹목적 답습은 더욱 아니다. 그것은 좋은 것을 택해 그대로 따르고 포용적이며 더욱이 스스로의 개척과 창조가 있어야 하는데, 이를 위해서는 먼저 개방, 민주, 자유 등의 넉넉한 환경이 보장되어야 한다. 중국은 현재 이미 독립된 사회주의 대국을 건립하였기 때문에, 반식민지 농업 종법 사회에서 장기간에 걸쳐 형성된 왜곡된 심태를 더 이상 유지해서는 안 된다. 더 큰 자신감과 더 웅대한 기백으로 외래 문화와 전통 문화를 대해야 한다. 좋은 것과 나쁜 것이 함께 뒤섞여 있지 않을까 두려워할 필요가 없고, 민족 문화의 독특한 특질이 상실될 것을 걱정할 필요가 없다. 용감하게 세계로 달려가고 동시에 용감하게 세계를 받아들여야 한다. 중국과 같이 오래된 문화 전통을 갖춘 대국은 강국이 즐비한 세계라는 큰 경기장에서 용맹하게 싸워야만, 비로소 오래되어 낡은 규칙과 관습을 씻어낼 수 있고 또 새롭게 청춘의 활력을 일으키고 잠재 능력을 발휘할 수 있다.

중국은 과거 이미 세계에 대하여 위대한 공헌을 하였고 이후 세계를 위해 더욱 위대한 공헌을 할 것이다. 중국은 세계 문화 가운데의 정수를 모두 널리 채택하여야 하고 새롭고 화려한 중화 문화를 세계에 소개해야 한다. 중국인은 자만할 이유도 없지만 반대로 스스로 비하할 이유도 없다. 외부와 내부 그리고 행위적 심리적 장애 모두를 배제하고 용감하고 그리고 안정되게 21세기를 향해 전진해야 한다.

"과도過渡 시대에는 곤鯤과 붕鵬이 남쪽을 향해 갈 때 9만 리를 지나 한 번 쉬듯, 양자강과 한수漢水가 바다로 흘러 들어갈 때 수백 수천을 굽이쳐 목적지에 도달하듯, 바람 세차게 일고 전도 당당하며 생기 왕성하여 품는 꿈 또한 웅대하다. 그 힘은 화살로 7겹의 갑옷 비늘을 뚫는 듯 하고, 그 기개는 만 마리의 소를 삼킬 듯한데 과연 누가 그것을 막아낼 수 있을까? 장래의 목적지, 황금 세계를 누가 제한할 수 있겠는가? 따라서 과도 시대란 영웅호걸의 영원한 큰 무대이며 많은 민족이 죽음에서 소생하고, 착취의 상태에서 회복되며 노예에서 주인으로 바뀌고, 수척한 모습에서 살찌기 위해서 반드시 거쳐야 할 단계이다. 아름답구나 과도시대여!"[211] 이는 양계초가 1901년 신 세기를 전망하면서 감탄조로 호기스럽게 쓴 것인데, 격정적인 이 문장으로 나는 아직 끝맺지 못한 사고의 일시적 결론으로 잠시 삼고자 한다.

주 | 註

1) 單士厘, 『癸卯旅行記 · 歸潛記』, 湖南人民出版社, p. 22.

2) 單士厘, 위의 책, p. 34.

3) 單士厘, 위의 책, p. 40.

4) 青柳篤恒, 「중국의 자제는 왜 일본으로 꼭 유학하려 하는가?」, 『早稻田學報』 141號, 1906. 11.

5) 單士厘, 앞의 책, p. 31, p. 27, p. 49.

6) 湯因比(토인비)著, 曹未風等譯, 『歷史研究』(中譯本), 上海人民出版社, 1964, 第 2部, 「文明的起源」.

7) 列寧(레닌), 『列寧選集』(中譯本), 第2卷, 人民出版社, 1960, p. 584.

8) 黃遵憲, 「近世愛國志士歌」, 『人境廬詩草』 卷3.

9) 福澤諭吉, 北京編譯社譯, 『文明論槪略』(中譯本), 常務印書館, 1959, p. 18.

10) 福澤諭吉, 위의 책, pp. 10－13.

11) 中江兆民, 吳藻溪譯, 『一年有半 · 續一年有半』(中譯本), 商務印書館, 1979, pp. 42－43.

12) 中江兆民, 위의 책, p. 62.

13) 「李鴻章與森有禮問答節略」, 中國史學會編, 『中日戰爭』(中國近代史資料叢刊)(一), 新知識出版社, 1950, pp. 299－300.

14) 中江兆民, 앞의 책, p. 16.

15) 托馬斯 · 合定(토마스 하딘), 『文化與進化』(中譯本), p. 80에서 재인용.

16) 康有爲, 「進呈俄羅斯大彼得變政記序」, 「進呈日本明治變政考序」, 湯志均, 『康有爲政論集』, 上海, 中華書局, 1981, pp. 222－223, p. 226.

17) 湯志均, 위의 책, 1981, p. 223, p. 226.

18)『顔習齋先生言行錄 · 學問篇』.

19) 梁啓超,『飮冰室合集』七, 中華書局, 1989, pp. 96−97.

20)『梁啓超論淸學史二種』, 復旦大學出版社, 1985, p. 61.

21) 馬克思(마르크스), 恩客斯(엥겔스), 成仿吾譯,『共産黨宣言』(中譯本), 人民出版社, 1978, p. 23.

22) 陳旭麓,「論龔自珍思想」,『近代思想辨錄』, p. 197.

23) 恩格斯(엥겔스),「編者序」, 馬克思, 郭大力譯,『資本論』第3卷, 人民出版社, 1956, p. 24.

24) J · 布克哈特(야코프 브르크하르트),『意大利文藝復興詩期的文化(이탈리아 르네상스 시기의 문화)』(中譯本), 商務印書館, 1979, p. 307.

25) 劉逸生注,『龔自珍己亥雜詩注』, 中華書局, 1980, p. 14.

26) 林則徐,「致郭運堂書」, 楊國楨,『林則徐傳』, 人民出版社, 1981, p. 24.

27) 劉逸生注,『龔自珍己亥雜詩注』, 中華書局, 1980, p. 5.

28) 위의 책, p. 19.

29) 龔自珍,「咏史」,『精刊龔定盦全集 · 定盦文集補』, 古今詩體 上卷, p. 9.

30) 龔自珍,「乙丙之際著議第七」, 위의 책, p. 6.

31) 龔自珍,『己亥雜詩』.

32) 龔自珍,「釋言」,『精刊龔定盦全集 · 定盦文集補』, 古今詩體 下卷, p. 4.

33) 龔自珍,「西域置行省議」,『精刊龔定盦全集 · 定盦文集』中卷, pp. 4−5.

34) 馬克思(마르크스), 恩格斯(엥겔스),『馬克思恩格斯選集』第1卷(中譯本), 人民出版社, 1966, p. 244.

35) 馬克思(마르크스),「中國革命和歐洲革命」,『馬克思恩格斯選集』第2卷(中譯本), 人民出版社, 1966, p. 114.

36) 湯恩比(토인비)著, 曹未風等譯,『歷史硏究』(中譯本), 下册, 上海人民出版社, 1964, p. 288.

37) 魏源,「皇朝經世文編敍」,『魏源集』, 中華書局, 1976, p. 156.

38) 魏源,「淮南鹽法輕本敵私議自序」, 위의 책, p. 443.

39) 吳澤 · 黃麗鏞,「魏源『海國圖志』硏究」,『歷史硏究』, 1963－4.

40)「盡忠報國全粤義民申諭英夷告示」.

41) 魏源,『海國圖志』卷37,「大西洋歐羅巴洲各國總叙」.

42) 魏源,『默觚』下,「治篇一」,『魏源集』上册, 中華書局, 1976, p. 26.

43) 魏源,「都中吟」,『魏源集』下册, pp. 676－677.

44) 杭廷頓(헌팅턴),『傳統政體的政治變遷』.

45) 福澤諭吉著, 北京編譯社譯,『文明論槪略』(中譯本), 商務印書館, 1959, p. 101.

46) 王韜,「瀛環志略跋」,『韜園文錄外編』卷9.

47) 魏源,「高郵州署秋日偶題」,『魏源集』下册, 中華書局, 1976, p. 835.

48) 魏源,「悼鶴」, 위의 책, p. 838.

49) 王曉秋,『近代中日啓示錄』, p. 35에서 재인용.

50) 王曉秋, 위의 책, p. 35에서 재인용.

51) 梁啓超,「論中國學術思想變遷之大勢」,『飮冰室合集』7卷, p. 97.

52) 黃仁宇,「我對'資本主義'的認識」,『中國傳統文化的再認識』, p. 430.

53) 大谷敏夫,「『海國圖志』對幕末日本的影響」,『魏源思想硏究』, p. 363.

54) 杭廷頓(헌팅헌), 위의 책.

55) 魏源,『默觚下 · 治篇六』,『魏源集』上册, p. 51.

56) 梁廷楠,『夷氛記聞』券五, p. 116, 近代中國史料叢刊 第52輯, 臺灣文海出版社, 1966.

57) 魏源,『海國圖志』卷二,「籌海篇」三, p. 11.

58) 梁廷楠,『夷氛聞記』卷五, p. 116.

59) 馮桂芬,「收貧民議」,『校邠廬抗議』下卷, p. 29 光緖丁酉韜園志民校印.

60) 馮桂芬,「採西學議」, 위의 책, pp. 10－11.

61) 馮桂芬,「制洋器議」, 위의 책, p. 3.

62) 孫文,「上李鴻章書」, 廣東省社會科學院歷史硏究室, 中國社會科學院近代史硏究所民國史硏究室, 中山大學歷史系孫中山硏究室合編,『孫中山全集』第1卷, 中華書局, 1981, p. 8.

63) 王曉秋, 앞의 책, pp. 42－43에서 재인용.

64) 魏源, 「籌海篇三」, p. 4, 光緒二年平慶涇固道署重刊.

65) 湯彝, 「盾墨·節英吉利互市論」.

66) 沈衍慶, 「淸罷英夷和議書」, 『鴉片戰爭文學集』, p. 1005.

67) 信夫淸三郞著, 周啓乾譯, 『日本政治史』 第1卷(中譯本), 上海譯文出版社, 1982, p. 331.

68) 薛福成, 『籌洋芻議·變法』, 光緖甲申雕版, p. 48.

69) 馬克思(마르크스), 恩格斯(엥겔스),『馬克思恩格斯選集』 第1卷(中譯本), 人民出版社, 1966, p. 51.

70) 李侃, 「戊戌變法時期對『校邠廬抗議』的一次評論」, 『中國近代史散論』, 人民出版社, 1982, pp. 126－127에서 재인용.

71) 單士厘, 『癸卯旅行記·歸潛記』, p. 31, p. 36.

72) 王韜, 『韜園尺牘』, p. 31.

73) 王韜, 『扶桑游記』, 岳麓書社, 1985, p. 413.

74) 王韜, 『漫游隨錄·自序』, 岳麓書社, 1985, pp. 42－43.

75) 王韜, 『漫游隨錄·黃埔帆檣』, p. 58.

76) 王韜, 『漫游隨錄·香海羈踪』, p. 65.

77) 王韜, 『韜園文錄外編·香港略論』.

78) 王韜, 『漫游隨錄·物外淸游』, p. 69.

79) 王韜, 『韜園文錄外編·香港略論』.

80) 王韜, 『韜園文錄外編』 卷5.

81) 王韜, 『韜園文錄外編·原道』.

82) Paul A Cohen, *Between Tradition And Modernity: Wang T´ao And Reform In Late Ch´ing China*, Harvard University Press, 1974, p. 62.

83) 鍾叔河의 『走向世界』를 위해 쓴 錢鍾書의 서문 참고.

84) 王韜, 『漫游隨錄·道經法境』, p. 82.

85) 王韜, 『漫游隨錄·巴黎勝槪』, p. 83.

86) 王韜, 『漫游隨錄 · 博物大觀』, pp. 89－90.

87) 王韜, 『漫游隨錄 · 巴黎勝概』, p. 85.

88) 王韜, 『漫游隨錄 · 倫敦小憩』, pp. 97－98.

89) 王韜, 『漫游隨錄 · 製造精奇』, p. 116.

90) 默頓(머튼), 范岱年等譯, 『十七世紀英國的科學,技術與社會(17세기 영국의 과학, 기술 그리고 사회)』(中譯本), 四川人民出版社, 1986, p. 340.

91) 王韜, 『漫游隨錄 · 游博物院』, p. 127.

92) 顧長聲, 『從瑪禮遜到司徒雷登－來華新教傳教士評傳』, 上海人民出版社, 1985, pp. 96－98에서 재인용.

93) 容閎, 『西學東漸記』, 湖南人民出版社, 1981, p. 15.

94) 容閎, 위의 책, p. 19.

95) 容閎, 위의 책, p. 20.

96) 容閎, 위의 책, p. 21.

97) 容閎, 위의 책, p. 22.

98) 唐德剛 編校譯注, 『胡適的自傳』 第3章.

99) 容閎, 앞의 책.

100) 容閎, 앞의 책.

101) 1981년 봄 중미우호관계전국위원회中美友好關係全國委員會의 지원을 받아, 필자는 뉴욕 교외의 WASP계급(당덕강唐德剛의 표현)에 속하는 한 가정으로부터 열렬한 환영을 받은 적이 있다. 이 때문에 필자는 용굉에서 호적, 당덕강에 이르는 3대 유학생의 체험에 대해 다소간 이해할 수 있었다. 나는 이것이 미국식의 '제한 여행' 인지 잘 모르지만, 적어도 나는 이미 독실한 신자였던 한 여대생의 '감화' 대상이 되어버렸다. 매년 성탄절에 그녀는 독실한 몇몇 교도들과 함께 반드시 깊은 산 속에 들어가 '간증' 하였으며, 매번 하나님이 나와 함께 하기를 기도했고 바다 건너 멀리서 온 나에게 아름답고 정교한 수공예품을 주었다. 나는 그가 매우 단순하고 순진한 여자이며 다른 뜻이 전혀 없다고 생각하며, 그녀 역시 나 또한 '좋은 사람' 이며 '좋은 사람' 은 하나님을 만나지 못할 이유가 없다고 생각하고 있었다.

102) 容閎, 『西學東漸記 · 自序』, 湖南人民出版社, 1981, p. 1.

103) 容閎, 위의 책, p. 28.

104) 容閎, 위의 책, p. 39.

105) 容閎, 위의 책, p. 50.

106) 容閎, 위의 책, pp. 56—58.

107) 容閎, 위의 책, pp. 88—90.

108) 容閎, 위의 책, p. 91.

109) 그 가운데 광동인은 84명 향산香山 40명, 강소江蘇 21명, 절강浙江 8명, 안휘安徽 4명, 복건福建 2명, 산동山東 1명 등이었다.

110) 李圭, 『環游地球新錄 · 書幼童觀會事』, 岳麓書社, 1985, pp. 298—299.

111) 容閎, 앞의 책, pp. 102—103.

112) 『傳記文學』 36—2에서 재인용.

113) 鍾叔河, 『爲使西學東漸而奮鬪的一生—容閎和他的『西學東漸記』』에서 재인용.

114) 馬克思(마르크스), 「在『人民報』創刊紀念會上的演說」(「『人民報』 창간 기념회에서의 연설」), 馬克思(마르크스), 恩格斯(엥겔스), 『馬克思恩客斯選集』 第2卷(中譯本), 人民出版社, 1966, p. 191.

115) 鄧文濱, 『醒睡錄』初集, 卷3.

116) 馬士(모오스), 張江文等譯, 『中華帝國對外關係史』 第1卷(中譯本), 上海書店出版社, 2000, p. 696.

117) 鄭觀應, 『盛世危言』卷三 商戰, 光緒二十四年春三月, 圖書集成局鑄鉛代印, pp. 11—12.

118) 杭廷頓(헌팅헌), 앞의 책.

119) 「籌議製造輪船未可裁撤摺」, 『李文忠公全集』, 奏疏 第19卷, p. 49.

120) 馬克思(마르크스), 恩格斯(엥겔스), 『馬克思恩格斯選集』 第1卷(中譯本), 人民出版社, 1966, p. 255.

121) 邵作舟, 『邵氏危言 · 譯書』.

122) 傅蘭雅(프라이어), 『江南製造總局飜譯西書史略』.

123) 「復陳購買外洋船炮摺」, 『曾文正公全集』奏稿, 卷14, p. 10.

124) 「置辦外國鐵廠機器摺」, 『李文忠公全集』奏稿, 卷9, p. 34.

125) 容閎, 『西學東漸記』, p. 74.

126) 『郭嵩燾日記 · 倫敦與巴黎』, p. 7.

127) 「罪言存略小引」, 『養知書屋文集』 卷3, p. 19.

128) 『郭嵩燾日記 · 倫敦與巴黎』, p. 385.

129) 『郭嵩燾日記 · 倫敦與巴黎』, p. 407.

130) 고대 천자의 권위와 덕에 의해 복종한 지역을 가리켜 복服이라 하였다. 예컨대 『상서尙書』에서는 오복五服에 대해 『주례周禮』에는 육복六服, 구복九服에 대해 설명하고 있다.

131) 『郭嵩燾日記 · 倫敦與巴黎』, p. 491.

132) 「郭嵩燾來咨附粘片」, 『駐美使館檔案 · 陳蘭彬任』, 光緒4年11月6日.

133) 『郭嵩燾日記 · 倫敦與巴黎』, pp. 964, 966.

134) 徐健人, 『歐游雜錄』, 湖南人民出版社, 1980, p. 54.

135) 성강盛康이 편찬한 『황조경세문편皇朝經世文續編』은 총 120권으로 구성되었으며 1897년 사보루思補樓에서 간행되었다. 체제는 『황조경세문편』과 동일하며 도광道光, 함풍咸豊, 동치同治, 광서光緒 시기 주고奏稿 논문을 포함하였다.

136) 張謇, 『張季子九錄 · 實業錄』卷八, 中華書局, 1937, p. 34.

137) 『籌辦夷務始末』同治朝, 第47卷, 中華書局, 1979, p. 24.

138) 泰勒 · 丹涅特, 『美國人在東亞(동아시아에서의 미국인)』(中譯本), p. 503.

139) 潘鍾瑞, 『香禪精舍集』 卷12, p. 3.

140) 實藤惠秀, 『中國人留學日本史』(中譯本), 三聯書店, 1983, p. 8.

141) 『周禮 · 考工記』.

142) 『晏子春秋 · 內篇』.

143) 井上清, 『日本現代史ー明治維新』(中譯本), p. 49.

144) 呂萬和, 『簡明日本近代史』, 天津人民出版社, 1984, p. 28.

145) 『籌辦夷務始末』 咸豊朝, 第71卷, 中華書局, 1979, p. 18.

146) 杜士珍, 「論德育與中國前途之關系」, 『新世界學報』第14號.

147) 張樹聲, 「遺摺」, 『張靖達公奏議』 卷8.

148) 蔡尙思, 方行 編, 『譚嗣同全集』上册, 中華書局, 1981, p. 197.

149) 蔡尙思, 위의 책, p. 225.

150) 蔡尙思, 위의 책, p. 228.

151) 瘉壄堂, 「論教育書」, 『外交報』第11期.

152) 위의 책.

153) 위의 책.

154) 위의 책.

155) 康有溥, 「致易一書」, 『戊戌六君子集』.

156) 『郭嵩燾日記 · 倫敦與巴黎』, 岳麓書社, 1984, pp. 739－740.

157) 『翁文恭日記』28册, 1925年影印, p. 91.

158) 康有爲, 「進呈俄羅斯大彼得變政記序」, 湯志均, 『康有爲政論集』上册, 中華書局, 1981, p. 226.

159) 章開沅, 『開拓者的足跡－張謇傳稿』, 中華書局, 1986, pp. 179－180.

160) 譚嗣同, 「報貝元徵書」, 蔡尙思, 方行 編, 『譚嗣同全集』上册, 中華書局, 1981, pp. 2-3.

161) 杭廷頓(헌팅턴), 앞의 책.

162) 梁啓超, 「過渡時代論」, 『淸議報』第82期.

163) 梁啓超, 「過渡的時代」, 『飮冰室文集』第2册, 臺灣中華書局, 1970, pp. 27-32.

164) 梁啓超, 「淸代學術槪論」, 『梁啓超論淸學史二種』, 復旦大學出版社, 1985.

165) 梁啓超, 위의 책, p. 64.

166) 『飮冰室全集』文集之十一, pp. 16-17.

167) 譚嗣同, 「仁學界說」, 『譚嗣同全集』下册, p. 291.

168) 譚嗣同, 「仁學 · 自敍」, 『譚嗣同全集」下册, p. 289.

169) 譚嗣同, 위의 책, pp. 342-343.

170) 譚嗣同, 위의 책, pp. 349-350.

171) 譚嗣同, 위의 책, p. 356.

172) 「中國政界最近之現象」, 『國民日日報滙編』第1集.

173) 원곡元曲에서 이야기의 본 줄거리인 네 개의 '접折'(연극의 1막)의 앞 또는 중간에 넣는 간단한 막을 가리킨다(역자 주).

174) 「教育會會員蔣君性才由日本寄來演說稿」, 『蘇報』 1903. 5. 12.

175) 『革命軍 · 序章』, 湯志鈞, 『章太炎年譜長編』上册, 中華書局, 1979, p. 164.

176) 「說國民」, 『國民報』 第2期.

177) 위의 책.

178) 「道統辨」, 『國民日日報滙編』 第3集.

179) 「祖宗革命」, 『新世紀』 第2, 3期.

180) 『雲南雜誌』 發刊詞.

181) 寧調元, 「武昌獄中書感」, 『太一遺書 · 太一詩存』 卷4, 1915年鉛印本, p. 2.

182) 『胡漢民自傳』, 臺北 1978年 影印版, p. 239.

183) 「在上海國民黨歡迎會的演說」, 『孫中山全集』 第2卷, 中華書局, 1982, p. 485.

184) 위의 책.

185) 「湘紳公呈」, 『翼敎叢編』 卷5, 近代中國史料叢刊 第65輯, 文海出版社, 1966, p. 364.

186) 「葉煥彬吏部名敎」, 『翼敎叢編』 卷3, 近代中國史料叢刊 第65輯, 文海出版社, 1966, p. 165.

187) 「邵陽士民公逐亂民樊錐告白」, 『翼敎叢編』 卷5, 近代中國史料叢刊 第65輯, 文海出版社, 1966, p. 341.

188) 費行簡, 『慈禧傳信錄』.

189) 「箴國民」, 『蘇報』, 1903. 5. 8.

190) 勞乃宣, 「續共和正解」, 『桐鄉勞先生遺稿』 卷1.

191) 康有爲, 「共和救國論」.

192) 嚴復, 「讀經當積極提倡」, 『嚴復集』, 第2册, p. 331.

193) 馬克思(마르크스), 恩格斯(엥겔스), 『馬克思恩格斯選集』 第4卷(中譯本), 人民出版社, 1966, p. 366-367.

194) 湯恩比(토인비), 『歷史硏究』 中册(中譯本), pp. 334, 336, 344.

195) 후쿠자와 유키치福澤諭吉 역시 비슷한 우려를 하였다. 그는 서양이 일본에서 오만방

자하고 함부로 무력을 일삼는 행위 이외에 거류지居留地, 내지 여행內地旅行, 관세 등의 문제에 있어 일본보다 우월한 관계에 있다고 하면서, 이 같은 불평등한 상황을 변화시키지 않는다면 "일본 인민의 품격은 반드시 비굴해져 갈 것"이라고 여겼다.

196) 馬克思(마르크스), 「路易 · 波拿巴的霧月十八日」(루이 보나파르트의 브뤼메르 18일), 『馬克思恩客斯選集』 第2卷(中譯本), 人民出版社, 1966, p. 8.

197) 章太炎, 「演說錄」, 『民報』 第6號.

198) 潘復, 「寄題「國粹學報」第三周年祝典兼呈秋枚, 晦聞諸君子」, 『國粹學報』 第38期.

199) 湯因比(토인비), 『歷史研究』 中册(中譯本), 上海人民出版社, 1962, p. 345.

200) 『胡漢民自傳』.

201) 『潘恰如自傳』.

202) 「革命成功全賴宣傳主義」, 『孫中山選集』, p. 492.

203) 「三民主義 · 民族主義」, 『孫中山選集』 下卷, p. 653.

204) 李大釗, 「"晨鐘" 之使命(青春中華之創造)」, 『李大釗選集』.

205) 中江兆民, 『一年有半 · 續一年有半』, p. 60.

206) 中江兆民, 위의 책, p. 59.

207) 湯因比(토인비), 『歷史研究』 中册(中譯本), 上海人民出版社, 1962, p. 345.

208) 李德紅, 「文化傳統-本體作用下的精神流體」, 『美術』, 1987-12.

209) 余英時, 「從價値系看中國文化的現代意義」. 그러나 그는 "전통적 자아 관념은 약간의 조정만 거치면 중국인에게 적용할 수 있다"고 판단하였다. 즉 국민성 개조의 어려움에 대해 그렇게 심각하게 생각하지 않은 것 같다.

210) 本尼迪克特(베네딕트), 『菊花與刀-日本文化的諸模式』(中譯本), 浙江人民出版社, 1987, pp. 255-257.

211) 梁啓超, 「過渡時代論」, 『陰冰室文集之六』, 臺灣中華書局印行, 1970, p. 28.

역자후기

본서는 중국 華中師範大學 章開沅 교수의 『離異與回歸-傳統文化與近代化關係施析』, 湖南人民出版社, 1988 가운데 저자의 요청으로 「總序」 부분만을 제외한 나머지를 완역한 것이다. 책 제목이 시사하듯 본서는 서구 문화의 충격에 직면한 중국 지식인들의 전통 문화에 대한 고민과 회의, 이탈 그리고 회귀의 과정을 추적하고 있다. 그렇다면 본서는 충격/반응, 전통/근대, 제국주의 패러다임(이에 대해서는 폴 A. 코헨 지음 이남희 옮김, 『학문의 제국주의-오리엔탈리즘과 중국사』, 산해, 2003 참조)이라는 중국 근대사에 대한 미국학계의 기존 연구와 유사한 경향성을 보이는 것 같다. 게다가 폐쇄적 민족주의와 함께 서구 근대성의 한계까지를 뛰어 넘으려는 역사학의 새로운 시도들이 강하게 대두되고 있는 오늘날의 시점에서 보면 중국의 전통과 근대의 문제를 다룬 본서는 약간은 진부해 보이기까지 하다.

그러나 역자가 본서를 번역하기로 결정한 데에는 몇 가지의 이유가 있다. 먼저 저자 章開沅 교수의 명성을 확인하고 싶었다. 중국사 연구자들 사이에서는 잘 알려진 사실이지만, 그는 현재 중국의 근현대사 연구를 대표할 만한 학자라 할 수 있다. 馬敏, 朱英 등과 함께 하나의 '학파'

를 이루며 최근까지 30여 편의 저서와 100여 편에 달하는 논문을 중국 내외에 발표하였다.(자세한 그의 연구 목록에 대해서는 『華中師範大學歷史研究所同人著述目錄』, 武漢, 1997 참조) 특히 辛亥革命과 관련하여 『辛亥革命史』(전3권), 『辛亥革命與近代社會』, 『辛亥前後史事論叢(續編)』 등 다수의 저서가 있고, 전통 문화와 서구 문화의 관계 문제에 초점을 맞춘 것으로는 본서 이외에도 『中外近代化比較硏究叢書』, 『對外經濟關系與中國近代化』, 『中西文化與敎會大學』, 『文化傳播與敎會大學』, 『比較中的審視-中國早期現代化硏究』 등이 있다. 제목만 보더라도 그의 중심적 주제는 중국 근대화 문제였음을 알 수 있다. 이 가운데 필자 스스로 자신의 업적을 대표할 만한 저작으로 꼽은 것이 바로 본서이다. 따라서 중국을 대표하며 대내외적으로 왕성한 학문 활동을 전개한 章開沅 교수의 학문 세계를 국내에 소개하는 데에는 이보다 적당한 저작은 없을 것 같다.

둘째 이유로는 본서가 채택한 서술 체계와 내용이 지니는 독특한 매력을 들 수 있다. 본서에는 중국 근대 전환기의 수많은 인물이 등장한다. 單士厘, 龔自珍, 魏源, 馮桂芬, 王韜, 容宏, 陳蘭彬, 郭嵩燾, 徐建寅, 盛宣懷, 鄭觀應, 洪秀全, 洪仁玕, 嚴復, 張樹聲, 潭嗣同, 梁啓超, 康有爲, 鄒容, 譚嗣同, 孫文, 黃興, 章太炎, 倭仁, 楊廷熙, 王先謙, 徐桐, 剛毅 등 대표적인 인물만도 수십 명에 이른다. 여기에는 이미 잘 알려진 인물도 있지만 그렇지 않은 인물도 포함되어 있다. 洋務派, 變法派, 革命派 이외에도 保守派까지를 포함하여 서구 문화에 충격을 받고 고민하고 그 극복을 위해 실천했던 지식인 모두가 포함되어 있다. 이렇듯 매우 다양한 성격의 사상가들을 저자는 '(전통 문화로부터의)이탈과 회귀'라는 일관된 기준으로 재배치하여 상호 비교함으로써 각각의 특징을 보다 명확히 드러내고 있다. 뿐만 아니라 본서는 동일한 기준으로 중국과 일본의 근대 사상가들을 비교하여 각각의 사상사적 위치를 분명하게 자리매김하고 있다. 이 때문에 본서는 일반의 사상사 개설서와 달리 논리적 일관성과 집중성을 장점으로 갖고 있고 또 그 때문에 쉽게 청말 사상계를 이해할 수 있도록 도와준다.

셋째, 본서의 강점은 또한 풍부한 1차 사료에 근거한 착실한 논증에서 찾을 수 있다. 중국 근대 전환기의 전통과 근대의 문제를 다룸에 있어 막연한 추론과 가정에 입각한 논의는 그동안 많이 이루어져 왔다. 하지만 본서는 근대 사상사 연구에 있어 고전이라 할 만한 저작인 『癸卯旅行記』, 『已亥雜詩』, 『海國圖志』, 『校邠廬抗議』, 『漫游隨錄』, 『韜園文錄外編』, 『西學東漸記』, 『盛世危言』, 『郭嵩燾日記』, 『譚嗣同全集』, 『革命軍』 등을 구체적으로 이용하여 논지를 전개하고 있다. 이 과정에서 필자는 번역상의 문제와 내용의 난해함 때문에 일반인이 쉽게 접근할 수 없었던 이들 원전의 핵심적 내용을 요령 있게 정리함으로써, 청말 사상가들의 본의에 좀 더 정확히 그리고 좀 더 쉽게 접근할 수 있도록 도움을 준다.

마지막으로 개혁 개방 이후 현 중국 사상계의 동향과 관련하여 많은 시사점을 얻을 수 있다. 본서의 핵심 주제인 전통 문화와 근대화의 관계 문제는 백여 년 넘게 진행된 논쟁이다. 필자도 지적하듯이 體와 用의 논쟁, 全般西化와 中國本位 논쟁, 전통에 대한 철저한 부정과 유학의 새로운 진흥에 관계된 논쟁 등은 조건에 따라 차이는 있지만 지속적으로 전통 문화에 대한 이탈과 회귀라는 어려운 선택의 문제를 재현시켜 왔다. 따라서 중국은 청말 때와 마찬가지로 현재 그리고 가까운 미래에도 여전히 이 문제에 고심할 것이며, 더 나아가 정도의 차이는 있겠지만 西勢東漸을 경험한 동양의 계속되는 고민으로 남아 있을 것이다.

결국 본서는 이탈과 회귀의 시각 속에서 청말 인물로 본 실증적 사상사 연구서라 할 수 있다. 물론 본서가 지니는 시각의 시의성 내지는 타당성 여부에 대해서는 좀 더 생각해볼 필요가 있고, 필자가 내리는 각 사상가의 평가에 대해서도 논란의 여지가 있을 수 있으며, 필자가 지나치게 '근대화론' 으로 경사된 것이 아닌가라는 의문도 제기될 수 있다. 하지만 그렇다고 본서가 원전의 폭넓은 활용, 사상가들의 통시적 공시적 비교 그리고 이탈과 회귀라는 일관된 연구 시각 유지 등을 통해, 자칫 지루하고 무미건조하기 쉬운 사상사를 생동감 넘치고 흥미롭게 기술하고 있다는 장점이 사라지는 것은 아닐 것이다.

이렇듯 의미 있는 저작이지만 번역의 과정은 그리 순탄한 것만은 아니었다. 역자가 번역을 시작한 것은 벌써 4년 전의 일이었다. 그다지 많은 분량도 아님에도 이만큼 늦어진 이유는 역자가 천성적으로 게으른 탓도 있겠지만, 그보다는 본문에 등장하는 수많은 사상가들의 지적 편력을 따라가지 못하는 이상 그들의 정제된 논리와 표현을 우리말로 담아낸다는 것이 정말 어려운 작업이었기 때문이었다. 게다가 번역을 홀시하는 학계의 풍토와 어우러져 중도에 포기하고픈 마음도 많았다. 이 정도 번역에 들인 공력과 시간이면 더 많은 '세속적' 성과를 낼 수 있다는 자신도 있었다. 하지만 그럴 때마다 역자가 떠올린 것은 박사 논문 지도 교수이신 李成珪 선생님의 말씀이었다. 그것은 역자가 막 박사 논문을 마쳤을 때 학계에 대한 의무감으로 좋은 책을 택해 번역해보라는 주문이었다. 당시 역자는 속으로 학계로부터 무슨 대단한 도움을 받았다고 의무감으로 번역해야 하나 그리고 또 번역이 뭐 대단한 것이라고 의무감으로 해야 하나하고 의아야 했던 기억이 있다. 그 후 어찌하다 막상 본서의 번역을 시작하고 나니 회의감은 더 커져 갔다. "내가 정말 이 책을 왜 번역해야 하나?", "명예?", "금전?", "취업?" 하지만 그 때마다 떠오른 것은 일종의 의무감이었다. 지금의 역자를 있게 한 학계에 조금이라도 기여할 수 있는 길을 극소수만이 관심을 갖고 있는 역자의 학술 논문만으로 찾을 수 없다면, 좋은 번역이 더 낳은 방법이지 않을까? 이런 저런 생각에 이미 1년이란 세월이 훌쩍 지나가 버리고 말았다. 이후 좀 더 안정된 상황에서 번역은 계속되었지만 연구와 봉사 그리고 교육이라는 소위 '삼중의 압박' 속에서 생각만큼 빠르게 진척되지 않았고, 만 4년이 되는 오늘에 이르러서야 마음의 부담을 떨쳐버리게 되니 나름의 소회가 없을 수 없다.

그러나 지금 돌이켜 생각해 보면 지난 세월의 과정이 의무감 때문에 이뤄진 부담의 날들만은 아니었던 것 같다. 오히려 다른 한편으로 이 난산의 과정은 역자에게 하나의 즐거움이기도 했다. 서로 아무 관계도 없는 것 같은 한 글자 한 글자가 그리고 한 문단 한 문단이 서로 논리적으로 연결되어 모호하던 의미가 뚜렷해지고 전체적인 논지까지 시야에 들어오는 데에 이르면 큰 깨달음을 얻은 것 같이 즐거웠다.

이렇듯 부담감과 즐거움을 동시에 지닌 채 지루하게 끌어왔던 번역이 마무리 되는 지금 출판에 대한 불안감 역시 갖지 않을 수 없다. 비록 최대한 유려하고 매끄러운 번역을 하기보다는 오역을 줄이려 하였고, 불필요한 해석을 가하기보다는 역자의 인식 범위 내에서 저자나 청말 사상가들의 본의 전달에 충실하려고 노력하였지만, 그래도 오역과 오해는 불가피할 것 같다. 전적으로 역자의 역량 부족이 주요한 요인이겠지만, 이 밖에도 본문에 등장하는 많은 인용 부분은 출전이 명확히 밝혀지지 않은 상태로 서술되어 있기 때문에 원문의 문맥 속에서 해석할 수 없었다. 이와 관련해서 華中師範大學 歷史研究所의 田彤은 역자와 저자의 부탁에 따라 본래 저서에는 없었던 인용 부분에 대한 출전의 구체적 서지 사항을 찾아 출판에 큰 도움을 주었다. 하지만 여전히 많은 부분은 정확한 출전을 확인할 수 없었다. 이는 중국 출판물의 관행으로서 저자의 학문적 엄밀성 내지는 성실성 여부와는 큰 관계가 없을 것이라는 사실에 대해 독자들의 양해를 구한다.

이 번역서가 나오는 데에는 많은 분들의 도움이 있었다. 먼저 책의 번역을 처음부터 기획하고 주선하였으며 출판에 관련된 자질구레한 문제에까지 역자를 대신해 신경써주신 裵京漢 선생님께 감사드린다. 그리고 단순한 영리 목적만으로 대학 출판사는 존립할 가치가 없다는 역자의 강변에 선뜻 출판에 응해준 영남대학교 출판부에도 감사드린다. 마지막으로 일일이 다 거론할 수는 없지만 오늘의 역자가 있도록 도와준 모든 이들에게 진심으로 감사드린다.

2008년 2월

영남대 연구실에서

역자 손승회

찾아보기

용어

ㄱ

ㅅ

ㅎ

찾아보기

인명

ㅅ

ㅇ

ㅊ

ㅋ

ㅌ